沉静、优雅和迷人是每个女孩和女人与生俱来的权利。

——琼·达领－霍特金斯

June Dally-Watkins

微笑依然　STILL SMILING

〔澳大利亚〕琼·达领-霍特金斯　著

王如利 译　张洋睿 尹武进 译校

中央编译出版社
CCTP　Central Compilation & Translation Press

图书在版编目 (CIP) 数据

微笑依然 ／（澳）霍特金斯著；王如利译 . —北京：中央编译出版社，2016.1
ISBN 978-7-5117-2819-7

I. ①微… Ⅱ. ①霍… ②王… Ⅲ. ①霍特金斯－自传 Ⅳ. ① K861.157

中国版本图书馆 CIP 数据核字 (2015) 第 259846 号

微笑依然

出 版 人：刘明清
出版统筹：贾宇琰
责任编辑：廖晓莹
责任印制：尹 珺
出版发行：中央编译出版社
地　　址：北京西城区车公庄大街乙 5 号鸿儒大厦 B 座 (100044)
电　　话：(010) 52612345（总编室）　　(010) 52612345（编辑室）
　　　　　(010) 52612316（发行部）　　(010) 52612317（网络销售）
　　　　　(010) 52612346（馆配部）　　(010) 66509618（读者服务部）
传　　真：(010) 66515838
经　　销：全国新华书店
印　　刷：北京佳信达欣艺术印刷有限公司
开　　本：880 毫米 ×1230 毫米　1/16
字　　数：300 千字
印　　张：18.25
版　　次：2016 年 1 月第 1 版第 1 次印刷
定　　价：49.80 元

网　　址：www.cctphome.com　　邮　　箱：cctp@cctphome.com
新浪微博：@ 中央编译出版社　　微　　信：中央编译出版社（ID：cctphome）
淘宝店铺：中央编译出版社直销店 (http://shop108367160.taobao.com) (010)52612349

本社常年法律顾问：北京嘉润律师事务所律师　李敬伟　问小牛
凡有印装质量问题，本社负责调换，电话：010-55626985

致辞

如果没有家人和朋友们的鼓励，我不会动笔写这本书，是他们一再说"总得有人书写你的时代"。那么，就由我来写吧。

我必须要诚实地面对自己的一生，这意味着要揭开那些一直以来都隐藏在我微笑背后的痛苦。我不知道这将带来怎样的伤痛：曾几何时，它令我无力承受。

慢慢地，我开始以一种最为莫名其妙的方式写作，就好像有一股无形的力量在驱使着我。我在马奇（Mudgee）与玛格和沃里克·吉茨（Marg and Warrick Gietz）同住时，一天清晨醒来，我感到无法克制自己，便开始拿着铅笔在一个小笔记本上不停地写起来。日积月累，在接下来的四年中，往事的点点滴滴重新浮现。

特里·道林（Terry Dowling），我商业精修学院里难能可贵的交际学老师，将我的手写稿打字成稿。作为已出版几部著作的作者，特里在这个对我来说全新的写作领域给予我指导。感谢你，特里，为了所有清晨上课前的交谈、倾听和鼓励。

悉尼大学的罗斯·斯蒂尔教授（Professor Ross Steele）在我写作期间经常打电话说"坚持下去"。

萨利·贝格比（Sally Begbie），我的朋友，也是我在饱经战乱的克罗地亚和波斯尼亚黑塞哥维那时的慈善行动旅伴，不断地给予我鼓励、爱和祝福。她和爱人创办了国际十字路会，并以自己的榜样力量让全家 6 口人无私地投入其中。

最先阅读我初稿的人之一是布鲁斯·史密斯（Bruce Smith）。他鼓励我相信这是一件有意义的事情。

在布里斯班分院工作 50 年的戴老师和约翰·坎特（Di and John Cant）把他们在昆士兰黄金海岸（Gold Coast）的公寓借给我，让我闭门写作；科莱特和麦克斯·亨特（Colette and Max Hunt）也让我借住他们在巴厘岛的家。

克莱尔·利特尔伍德（Clare Littlewood）和詹马里亚·伯莱塔（Gianmaria Beretta）把他们在南意大利费利库蒂岛（Filicudi）上的别墅借给我，那里友好的当地人殷勤备至。风神埃俄罗斯（Aeolus）吹来大海的情怀，莫林·戴利（Maureen Daly）烹出可口的饭菜。

我的亲家婕玛·罗西·康苏米（Gemma Rossi Consumi）在亚平宁山脉（Apennine Mountains）康苏马山（Consuma）上的托斯卡纳农舍（Tuscan farmhouse）使我暂避八月酷热，独享幽静清凉，得以继续奋笔疾书。

感谢伯特·斯库斯（Bert Skewes）和那些隔了三四代的表亲们。我的生活里出现的他们，成为我了解家族知识的宝藏，其中基思·斯库斯（Keith Skuse）介绍了我母亲家族姓氏的不同拼写方式，并将 Skewes、Skues、Skuse 一直追溯到《末日审判书》（*Doomsday Book*）时代。

承蒙标准出版社（Standard Publishing House）的伊莫金·罗（Imogen Rowe）、米凯拉·阿特金斯（Mikaela Atkins）和梅尔·阿姆斯特朗（Neil Armstrong）长期艰苦的工作，使我这部英文原版的自传得以付梓。

当我对艾塔·巴特罗斯（Ita Buttrose）谈起写作这本书的过程中所经历的痛苦时，她深表理解。她说这就像分娩一样，它会带来痛苦，不过一旦生产结束，你就会忘记所有的疼痛。我只能希望如此。

❖ 澳洲著名摄影师马克斯·杜培的作品，被澳大利亚国家肖像馆永久珍藏。

目录

一　盛名之下

一股慵懒、炙热的气流缓缓漫进我外祖父母家的窗子。酷暑使乡村陷入一片静寂，而我却感到焦躁不安。几年前，我和母亲离开了令人窒息的新南威尔士（New South Wales）乡村的沃森溪（Watson's Creek），去悉尼追求我们的梦想。1949年夏，我们返回这索然无味的童年故地与家人共度圣诞和新年。因为百无聊赖，我重拾儿时旧习，时常和母亲步行去邮局取邮件和报纸。我们急切地想了解悉尼最近的新闻和社会事件。母亲已经打算好要把这些出版物上所有我的照片都剪下来贴到一本剪贴簿上。

报纸是连接我们与外面世界的生命线——而这一次，我看到《真理报》（*Truth*）头版上我的黑白照片正在对我微笑。我的眼睛快速浏览着照片旁边的文字。报纸上说我是1949年澳大利亚年度模特和全国最上镜模特。澳大利亚的时装摄影师们推选我为全国顶级模特。这些无疑是所有澳大利亚模特都梦寐以求的荣耀。年轻的我，始终执著于一种希冀：如果目标是远大的天空，至少我能揽到星辰。而今，我似乎已然星辰在握。我如愿以偿了！

那个时代的职业模特屈指可数，所以一夜之间就会被捧为超级巨星。我们如被众星捧月一般——受到媒体的赞誉、女人的艳羡、男人的追求。每次时装表演都是一场隆重的欢庆。我的名字和面容家喻户晓。但人们很少知道我原本是出身卑微的琼·玛丽·斯库斯（June Marie Skewes）。我于1927年6月13日出生在一个无人知晓的地方，之后的 12 年都在乡村度过，城镇的聚光灯，甚至微光灯，对我来说都遥不可及。
我还远非日后在模特和礼仪界叱咤风云 60 余载的琼·达领－霍特金斯集团公司（June
Dally-Watkins Group of Companies）的掌门人。

　　但那个奖项向我证明，我已经从乡间平步 T 台，从"无名小卒"变成了"重要人
物"。于是，我开始寻找新的冒险和机遇。我明白，如不竭力争取，就永远一无所获。
就这样，在那个女商人还是凤毛麟角，只不过开个女装店、发廊，或帮着丈夫打理生
意的年代，我成为了事业型女性的先驱。我创办了南半球第一家个人精修学校、模特
经纪公司和商业精修学院；我推出了第一个海外澳大利亚模特和设计师时装表演，澳
大利亚首次空中时装秀（搭乘环澳航空 TAA）；我是在美国举办个人时装秀的第一名
澳大利亚人。多年来，我门下培养出近百位澳大利亚小姐（Miss Australia）、国际小姐
（Miss International）、世界小姐（Miss World）、环球小姐（Miss Vniverse）、国际青少年小
姐（Miss Teen International），还有几百位在其他选秀中赢得桂冠，数百位成为崭露头角
的模特。1993 年，我获得了女王钦准的澳大利亚勋章（Order of Australia）。我很欣慰这
个荣誉是因为我在企业界的贡献而授予我。我更愿意作为一位女企业家而不仅仅是一个
曾经的模特而得到认可，因为我对模特界的影响已远远超过我身为模特之时。鉴于此，
1998 年，澳洲女企业家联盟（Australian Business Women's Network）授予我"澳大利亚
最励志女企业家"（Australia's Most Inspirational Business Woman ）的荣誉，并使我荣登女
企业家名人堂（Business Women's Hall of Fame）。超过 40 万男女学员和少年学子在我门
下受到教育和培养。2013 年，我被澳大利亚国家肖像馆评为"澳大利亚百年第一女性"
（First Ladies，Significant Australian Women 1913—2013），与其他 99 位对澳大利亚乃至世
界影响巨大的女性的油画和照片一起在国家肖像馆展览。其中包括我亲爱的朋友，澳洲
总督昆廷·艾丽斯·路易丝·布赖斯女爵士（Quentin Bryce）[1] 和我眼中的骄傲——妮可·基

---

[1]　昆廷·艾丽斯·路易丝·布赖斯，澳大利亚律师，曾任昆士兰州督（2003—2008 年），第 25 任澳大利亚
总督，1859 年以来昆士兰州第二位女性总督。

德曼（Nicole Kidman）[1]。2014 年我被称作"100 位澳洲传奇人物"（100 Australian Legends）之一，与其他 99 位传奇人物共同"构筑起澳大利亚精神"。

　　但是我的四个孩子，以及七个孙辈才是我最大的成功。我有充分的理由微笑，然而每当我的笑容越灿烂，心头就隐藏着越大的苦痛。

---

[1]　妮可·基德曼，澳大利亚女演员。1983 年，出演《丛林圣诞节》进入演艺圈。1995 年，凭借在《不惜一切》中的演出获得金球奖音乐喜剧类最佳女演员奖。2002 年，凭借在《时时刻刻》中的演出获得奥斯卡奖、金球奖等多个最佳女主角奖。2013 年，获得全球最佳电影女演员奖。

二　积毁销骨

　　在偏远的沃森溪，偶尔一次的周六夜间舞会是人们翘首期待的，那是能为生活增添异彩的盛事。距离和僵冷的新英格兰严冬都不能抑制当地人的热情，他们要抓住机会见见那些所谓的外乡人——来自周边村庄的人们。确实，在沃森溪再也没有其他能激起一点波澜的社交场合了。我幼年时，即使前往举办舞会的上沃森溪（Upper Watson's Creek）需要步行 5 公里也丝毫不会减少我们的热情。这段路程的起点就是我外祖父母家布满花岗岩的牧羊场，春谷（Springvale）——我孩提时代的家园。后来，在离春谷更近的地方又建了一个舞厅，但是对于我幼嫩的双腿来说，仍然意味着要跋山涉水。出门要走过一个陡坡，再过一条小溪，然后还得爬一个高坡。在回家途中，有时妈妈和舅舅们需要轮流抱着睡熟的我，直到后来我长大一些才开始借着月光自己步行。

　　我一会走路就开始学习跳舞了，舅舅们让我踩在他们的鞋子上教我。在那些晚上，随着夜色渐深，我总会发现自己被裹在一个小毛毯里，和其他当地的孩子一样都睡在了台上。我们在亲切的布鲁大叔（Uncle Blue）身后沉入梦乡，他在琴键上演奏着当时流行的曲子——《耳语》《晚安甜心》和《把最后一支舞留给我》。女人们大都坐在舞厅的瓦楞铁墙边，等着别人来邀请。随时都有人上场来宣布接下来的舞曲，诸如欢快的磨坊主、谷仓舞和狐步，或许是为了把那些还在外边磨蹭的人召集进来，因为他们还在欢畅地痛饮着藏匿在黑莓丛中或汽车后备箱里的白酒、啤酒。

也是那样一个夜晚——当时我已满 6 岁，有点儿爱出风头——妈妈在外面时我爬上了舞台："女士们先生们，下一曲是支快步。"霎时间，一个我家的熟人已经耸立在我面前。他怒斥道："闭嘴，你这个私生女！"我不懂"私生女"是什么意思，但从那大个子的怒容中我猜出它不是什么好词。虽然很久以后才理解这个困扰我一生的词的真正含义，我当时还是很尴尬和懊丧。如果那个人是想让我安分守己，他的目的显然达到了，我一时信心大挫。多年以后，我熟谙演讲之道，也频频主持时装表演，可毕竟那才是我的第一次演讲，我永生难忘。

我在成长的历程中对自己的身世一无所知。没人跟我提起过我出生时的情形，因为隐隐感到这个话题是不能触碰的禁忌，我也三缄其口。爱异想天开的孩子也许会喜欢这样的疑团和秘密，但对于我来说，疑团就是不解之谜，秘密就是含沙射影的耳语。有些大人，甚至我自己的家人，都对我白眼相加。孩子们总以"私生女"来辱骂我。也许他们也不知道这个词是什么意思，但他们满怀恶意的表情告诉我"私生女"绝非好人。妈妈安慰我说："别担心，琼妮。棍棒和石头也许会打断你的骨头，流言蜚语并不能伤到你。"而她自己也在忍受着邻居和家人的恶语中伤。

人们关于我父亲和我身世的窃窃私语对我却如振聋发聩，并如影随形地伴随我的一生，有时还会以迅雷不及掩耳之势将所有快乐扼杀。于是，我只能包羞忍耻，用微笑掩盖内心的尴尬——终其一生，台上台下俱是如此。没有人知道我的内心感受。在学校我落落寡合，只能沉浸在想象的世界中寻找安慰。我独自幻想着不同的地方和别样的生活。母亲也把她的梦想植入我的头脑，包括要我成名的渴望，那将是一条让我们平步青云，摆脱日常劳碌的阳光大道。谢天谢地，母亲让我相信我并非别人眼中的那个社会弃儿。她说，是我的特别让我与众不同。她是多么的智慧啊！她的安慰和爱使我的内心坚强起来，能够无视那些冷嘲热讽和恶言相加的人们。我的头高高地昂起。

那个年代，体面的女人理所当然都要结婚、生子、料理家事，所以未婚生子是大逆不道的行为。单亲妈妈在社会和道德层面都是遭人厌弃的对象。这些根深蒂固的思想在乡村就更是难以撼动。怀孕的单身女孩藏身到别的城镇分娩并找人收养婴儿，或者躲到后院把孩子流产。同样，人们对酗酒和癌症也是讳莫如深。我母亲那一代人把酗酒称为"好饮"。他们会说"他好饮成性"或"她改不掉好饮的习惯"。人们说起癌症也是用些含含糊糊的词。尽管乡下人有些懒散，但在掩盖和隐瞒难以面对的家庭真相方面他们却又是些坚忍克己的人。成长在那样的氛围中也使我学会了克制自己的感情。比如，我绝少跟朋友谈起我私生的身世。我整个一生都在试图撕掉这层掩盖我过去的遮羞布，寻找到真正的自我，无视那些窃窃私语的存在。如果今天"私生"还是耻辱的标签，也许我仍然会缄口不提自己的过去。不过，在当今，很多人主动选择婚外生子，这已经无伤风化。

如果我的母亲，卡洛琳·玛丽·斯库斯（Caroline Mary Skewes），仍然在世，她也许还会因为公开我的私生身份而窘迫不安。我母亲喜欢呼朋唤友，机智聪敏，但是拖着我去参加舞会恐怕对她的勇气也仍然是个挑战。凯莉（Carrie），家人都这么叫她，在坠入爱河时是个 22 岁无忧无虑的女孩儿，然而怀孕后却遭到她爱人的遗弃。她一直渴望离开乡村去悉尼，令人伤心的是，她终于去那里的时候却已怀孕 3 个月。为了隐瞒状况，她在牧场里生活，直到我出生。外公得知真相后给母亲写信说："回家吧。我们爱你，我们会照顾你和孩子。"于是，她怀抱着我，一个婴儿，回到了沃森溪。我们还能去哪儿呢？

我的祖先是康沃尔人（Cornish）。我愿意相信，是这一血统使我坚韧不拔，对工作全力以赴，面对任何情况都能泰然处之。康沃尔的矿工们被迫在肮脏危险的地下劳作，生活条件骇人听闻。所以当锡矿枯竭的时候他们就借酒浇愁，直到约翰·卫斯理（John Wesley）帮他们戒掉酒瘾并使他们皈依卫理公会派。很多人远走他乡，谋求新生。

我的外曾祖父母，威廉和伊丽莎白·斯库斯（William and Elizabeth Skewes）是来自英格兰康沃尔郡克里（Cury）的移民。他们在 1855 年成婚。尤腊拉（Uralla）附近的洛基河（Rocky River）突然发现金矿的消息使这对新婚夫妇以及伊丽莎白的两个哥哥和母亲决定前往。他们乘船北上至莫珀斯（Morpeth），然后在附近的迈特兰德

（Maitland）买了一匹马和一辆马车并开始向北艰苦跋涉。洛基河山迢路远，人们赶着运行李的牛车从悉尼出发，需要三个月才能到达目的地。途中经常还会有绿林草莽拦路抢劫。莫西（Mercy）舅妈对我讲过，斯库斯太姥姥（Great-Granny Skewes）总是在房子外的走廊上搭一张床给那位传奇的绿林好汉弗莱德·沃德（Fred Ward），他也被称为"霹雳队长"（Captain Thunderbolt）。有时，她会发现她的床被睡过了，马儿的草料也不见了——同时不翼而飞的还有她的一些母鸡和鸡蛋。外祖父的一位姻亲，诺西老太（Old Mrs Northey），坚称她经常戴着的一枚紫水晶和银制的胸针就是霹雳队长送给她的。按照一些历史学家的说法，霹雳队长并非在 1870 年被击毙并埋在尤腊拉——他们称，那座坟墓中埋的是一个叫摩根（Morgan）的盗马贼。据说，有一个警察恰巧是霹雳队长的朋友，他故意误认尸体，沃德的母亲也一样如此。莫西舅妈跟我说，霹雳队长在沃森溪住了一阵子，因为他确信没人到这么偏远的地方来搜捕他。

威廉和伊丽莎白的 12 个孩子中有一个叫詹姆斯（James），他去了也是在新英格兰地区的廷加（Tingha）谋生。他在那里死于矿难。在 19 世纪末期，我外公山姆（Sam）和他兄弟威廉（William）南下梦比山脉（Moonbi Ranges）去采掘锡矿。他们在巨人洞山（Giant's Den Mountain）运气还不错，此山之所以这样命名是因为当地人传说有个中国巨人住在那里，保护中国矿工。慑于此，欧洲矿工和中国矿工不相往来，也永远想象不到有一天他们的窝棚和草屋会发展为沃森溪这个小社区。

山姆每周都步行往返于巨人洞山和沃森溪之间。他在春谷属于自己的那块土地上也在溪中淘锡，但后来逐渐把它变成了一个很好的牧羊场。这都是为了他的新娘，来自阿米代尔（Armidale）以北的盖拉（Guyra）的萨拉·潘奈尔（Sarah Pennell）。他们共有 13 个孩子（有一个夭折了），山姆用木板建起一座家园以养育他们。房屋四周果树环绕，有木栅将牲畜隔开。后来，全家又搬到他在山上建造的一所更气派的房子里。春谷的地基是水泥板建造的。外公已经从矿工变成了乡绅。他视春谷为骄傲，所以妈妈称之为"他的磐石根基"。在我看来，外公就是整个家庭的磐石。

乡间的生活总是很简陋，所以春谷在当地成了让人艳羡的建筑。我们没有自来水，但是有自己的卫生间，有一个独立的洗衣棚，里边装了一口烧木柴的铜锅，有一个很少使用的正式的餐厅，还有一间放着钢琴的起居室，当然只有我妈妈会弹。房子有凉台，围绕屋前和屋的一侧，那里用作莱斯舅舅（Uncle Les）的露天卧室。我总是很羡慕他。我和妈妈蜗居一室，共用一张双人床，而莱斯的床上却能仰望星辰明月。事实上，他睡觉的地方在冬天温度降到零下的时候肯定寒冷难耐。

房子居高临下俯视着一片果园、旧家的遗迹、一间禽舍以及一个钉马掌、修鞋和做其他农活的棚屋。在房子后面，舅舅们开辟了一个网球场，再往后是山姆屠宰牲畜的院子。我们把肉储存在水泥冷藏室里。每天吃的易腐食物存放在后凉台的纱橱——用细纱围起来的一摞架子。在纱橱顶部有一个金属盘子，里面的水沿着拴在上面的麻布条缓缓滴下，浸湿纱帘。这能冷却气流，使纱橱里的食物保持新鲜。它是再好不过的非电动冷藏箱了！

剪羊毛的棚屋以及与之相连的羊圈和牛圈坐落在离小溪更近的地方，它代表了整个家业的神经中枢。春谷在剪羊毛的季节才真正充满活力。外公负责监督，外婆、妈妈和姨妈们不知疲倦地为剪毛工和牧场的杂工准备饭食。我希望自己是个男孩，也能像那些剪毛工一样，于是就跟着学他们的脏话和腔调。"别用那些脏字，别那样讲话。"妈妈憋着笑强调说。在剪毛棚，我极力表现自己以赢得剪毛工和外公的青睐，一会儿扫地，一会儿把新剪好的羊毛摆到分类桌上。在所有杂务中，我最喜欢的就是外公让我下到压毛坑里踩羊毛。我是个能干、强壮、健康的孩子，但是如果我捣乱的话，外公就让我回房。他的不满使我感到伤心，但我知道他是爱我的。有很多次他都对我法外开恩，甚至有一次，还在上幼儿园的时候，我把他的印花税票当成邮票贴到发货单和信封上从一个篱笆洞"寄"了出去。外公没有为此恼怒，反而很自豪地对亲戚们说："记住我的话，这孩子早晚会成名的。"

农活把我变成了假小子，其实乡村孩子大多如此。我在篱笆上把瓶子排成一行练习射击，把自己练成了神枪手。我也是骑马能手。不过我也拿我的橡胶娃娃玩"淑女"游戏，模仿妈妈收集的杂志和商品目录上的模特儿。我会穿上妈妈的衣服，点起蜡烛，在饮水车的水槽边上看着自己的影子在水面上，搔首弄姿。也许这听起来有些虚伪，但我的确不认为自己很美。我只不过想展现最好的一面，在意自己一些，就像妈妈在意她自己的容貌和言行那样。所以我在水槽边使劲地刷牙，一次次地梳头发，想让它更亮。不经意间，我在为自己的事业做着准备。

妈妈也监督我举止像个淑女。她教我吃饭要安静优雅，站要大方，坐要娴静，做到行为举止无懈可击。妈妈竟知道这些品质会帮助我成就一生的事业，真是有先见之明。如果我有一个词发音不正确，说话像个澳洲佬（Strine），或语法错误，她就会轻轻拍我一下，甚至我都长成大姑娘了，还是如此。"别说那话，琼，我已经告诉过你不要那样讲话了。"她会教训我说。我能很好地用澳洲腔，但是在商界、出国旅行、或在某些圈子中，这对我无甚好处。尽管妈妈在沃森溪没有接触外界的机会，但她训练自己说话语调悠扬，用语准确，更像是英国而不是澳洲英语。当地人认为她拿腔作调。我还记得一个表亲拖着长腔说："你妈妈真是自命不凡。她以为她是谁啊？"

当我翻看母亲和她的兄弟姐妹的照片时，发现她的确有些与众不同。像我一样，她鹤立鸡群。只有来自英国大户人家的艾尔西姨妈显露出类似的气质和教养。也许这就是为什么有些女人嫉妒我母亲的原因吧。她们都把中分的头发紧紧梳到脑后——也许是太过劳累懒得费劲，也许是对生活乐趣缺乏追求。我母亲也同样辛苦劳作，但她总是穿着入时，很多衣服是用外婆的踏板缝纫机自己缝的，也有些是从邮购商品中挑选的，那些是外公送她的礼物。她对时尚有独到的眼光，随着我渐渐长大，她也鼓励我追求时尚，允许我从外公为我们付账的邮购目录中挑选衣服。他供养了我们两个人。

母亲仿效产品目录和杂志上的样子打扮自己，紧跟最新潮流。在我很小的时候，她留着时髦的栗色短发，后来又模仿沃利斯·辛普森（Wallis Simpson），即温莎公爵夫人（the Duchess of Windsor）。两个大大的发卷衬托着她大理石般的面容和漾着酒窝的双颊，余下的头发则在脑后缩成一个低低的发髻。我母亲五英尺七英寸高——比我长成后高一英寸——她很苗条，有两条有目共赏的美腿。纽约的模特经纪人艾琳·福特（Eileen Ford）在1965年访问澳大利亚期间告诉《女性挚友》（Woman's Day），她在澳大利亚看到的唯一"完美的一双腿","修长，造型优美，脚踝纤细"，就属于我的母亲。那时我母亲已经做外婆，可以想见她是多么受宠若惊。我也感到非常骄傲。

20 世纪 30 年代的那些产品目录和杂志极大地影响了我母亲的风格、举止和谈吐，她坚称我也受到了这些的耳濡目染——在 1976 年我登上《这是你的生活》(*This Is Your Life*)时，她再次强调说："她一坐就是几个小时，翻看那些邮寄来的时尚杂志，甚至还是个小不点儿的时候就穿上我的衣服走模特步，还跟我说：'噢，天哪！我真想长大当个模特或时装演员。就像玛格丽特·维纳(Margret Vyner)一样。'"维纳在阿米代尔附近一个有名的养羊场长大，20 世纪 30 年代在悉尼成为著名模特，是我母亲的偶像。

在还没有电视的年代，来自悉尼法摩尔公司〔Farmer & Co，后来被迈尔商场(Myer Emporium)并购，成为格瑞斯兄弟—迈尔(Grace Bros-Myer)连锁百货商场的一部分〕和墨尔本威克斯公司(Wakes)的产品目录，诸如《澳大利亚女性周刊》(*The Australian Women's Weekly*)这样的杂志使乡村妇女能够与外界保持联系。尽管处于大萧条时期，《周刊》的首期在 1933 年的发行量还是达到了 12 万册。

为了收集这些珍贵的刊物，我和妈妈要步行两公里到邮局，排队等在女邮政局长艾米·豪沃思(Amy Howarth)"阿姨"的窗外——就是在她房子墙上开出的一个正方形木框。艾米阿姨拥有当地唯一一部电话。邮差在距离沃森溪 51 公里的库丁加尔(Kootingal)与悉尼来的火车碰头，为临近村庄的人们取信件和其他供应物资。他不住在本地，所以取信日一周只有两次。除了偶尔的舞会和春谷的网球比赛，取信日大概是沃森溪最令人兴奋的事情了。

那些杂志提供的解脱帮助妈妈熬过了乡村的孤独，也点亮了她的想象。当谈到未来将在我们两人面前怎样展开，她双手兴奋地挥动，绿色的眼睛闪耀着光芒。她的热情感染着我，不久，我也成了一个梦想家。我相信这正是我事业成功的原因；我总是不断梦想着我的下一次大冒险。我现在仍旧如此。

我开始想象自己能够跻身于产品目录和杂志上的那些时装女郎中。不过，我的第一个梦想是当电影明星。月亮成了我的倾诉对象，我开始天真地猜测在哪颗星星上能找到我闻名已久的好莱坞（Hollywood），以及怎样才能到达那里。想不到有一天我会造访好莱坞，在照耀着罗马圆形大剧场（Colosseum in Rome）的浪漫月光下畅游；会在费利库蒂岛——伊奥利亚群岛（Aeolian Islands）之一——流连忘返；会在俯视里约热内卢（Rio de Janeiro）的科尔科瓦多山（Corcovado Mountain）上点起基督圣像（Cristo Redemtor）的灯光；会在巴厘岛（Bali）的海上悠缓地浮潜；会在马里拉的酒店门口被当时的美国总统认出，向我礼貌致意；会在香港中秋节的璀璨灯光中大放异彩。

我小时候最喜欢也是最经常的出游是沿着一条崎岖的泥路去离沃森溪 24 公里的班德米尔（Bendemeer）。去其他的地方绝非易事。塔姆沃思（Tamworth）路途遥远，难以成行，去往河流西岸的马尼拉（Manilla）又道路坎坷，我都担心它会把路上的牛车颠散架。而且，班德米尔对我们来说也算个大都市了。那里有一个面包房、一个商店，还有班德米尔旅馆（Bendemeer Hotel）。

通常，当舅舅们想去看足球赛或板球赛的时候，他们中的一位就会开车带我和妈妈去班德米尔。我之所以喜欢去班德米尔，原因之一是妈妈似乎在那里感到最快乐。我们会拜访她的朋友赛丽和奥西·沃洛（Celie and Ossie Warlow），他们拥有并经营着班德米尔旅馆。她轻松惬意，开怀大笑，他们还开怀畅饮。奥西和赛丽流露出一种干练世故的神情，一看就知道他们去过悉尼。奥西英俊潇洒，留着整齐的小胡子。不过，赛丽和我妈妈是沃森溪公立学校（Watson's Creek Public School）的同学。物以类聚，人以群分，妈妈和赛丽从坐姿到飘然而过的步态都如出一辙。她们都穿轻柔的面料，雪纺绸或丝绸，佩戴农村女人很少用的珍珠和水晶珠宝。赛丽让我感觉很特别，我认为她很有品味，声音欢快清亮。

在拜访沃洛夫妇的前夜，妈妈总会给我卷头发。她把一个旧枕套撕成条儿，将我齐腰的金褐色长发一绺一绺儿卷起，系在头上。我头上紧紧打着节儿，缕缕头发撕扯着头皮，难以入睡，但是我愿意为了妈妈和沃洛夫妇而看起来漂亮些。

为了显得卷曲，我要梳出卷儿来。"出"是个关键词。我越梳，发卷儿出得就越明显。为了这些出行，我穿上家做的最好衣裙，按照当时的时尚把假的金镯子套在肘臂上方，戴着水晶串珠，穿着黑漆皮鞋和齐膝长袜，不过一离开妈妈的视线，我就会卷到脚踝。

在我看来，我妈妈和赛丽吸烟的姿势是那么优雅。如果有男士在场，他会点上轻盈地翘在她们红唇间的香烟。她们一边轻柔地吸着，一边微微仰头向着天花板，然后头缓缓转向一边，从翘唇中吐出银灰色的烟圈儿。香烟捏在两根纤指间，手背翻转，掌心向上，露出一段纤巧柔美的手腕。那种样子很像玛琳·黛德丽（Marlene Dietrich）[1]或卡洛尔·隆巴德（Carole Lombard）[2]。像我妈妈和赛丽那样吸烟的淑女艺术形式早已不复存在。现在，我看见十几岁的女孩和女人都一边走路一边狠命地抽着烟头儿，将致命的尼古丁深深吸进肺里。她们将烟头儿随便一扔，用脚碾灭，或者满不在乎地把还在燃烧的烟蒂弹到路上。我的一位朋友的女儿从荷兰来访，提到很多妓女白天在悉尼市中心招摇过市。我突然意识到，她所说的那些站在城市大楼外的女人并不是妓女，而是在烟歇或休息中的办公女性。这些女人一副无所谓的样子。她们懒得站直，一定靠墙倚在那里。

外公讨厌妈妈吸烟。"那东西会害死你的。我不准你在这座房子里吸烟。"如果闻到从我们房间里散出一点儿烟味，他就怒吼："我知道你在抽烟，凯莉。我能闻出那东西。把它扔掉。"但是当他坐在凉台上几个小时地观天察雨时，一支抽了一半的卷烟总是叼在嘴边。为了避免这些冲突，妈妈和姨妈们只能在晚间从住房溜达到"擦抹房"——我们对用来指"旅馆"的俚语"擦擦抹抹"（rubbity-dub）的戏谑曲解——途中吸烟。这是她们洗完晚餐餐具后的例行公事。"擦抹房"是我们简陋的户外厕所——在供人坐便的木箱上有个洞，洞底下挖个深坑。那时也没有卫生纸，我们用的是报纸。在这些偷偷摸摸的烟歇中，妈妈和姨妈们会进行比赛，看谁是最佳卷烟手。我要她们

---

1 玛琳·黛德丽，著名德裔美国演员兼歌手。1929年因出演约瑟夫·斯藤伯格的《蓝天使》一跃成为国际影星。1999年，被美国电影学会评为百年来最伟大的女演员第9位。

2 卡洛尔·隆巴德，20世纪30年代好莱坞最有才华的女星之一。1932年，在和约翰·巴里摩尔袂主演的《二十世纪快车》中一展喜剧表演天赋而名扬天下。与《乱世佳人》的男主角克拉克·盖博是一对令人称羡的明星夫妻。

教我，也亏了这些经常而必要的夜游，我成了一个出色的卷烟手。不过我从未吸烟。

　　这种自娱自乐是我们平静、简单的生活的反映。不过，间或也会有来自临近牧场或村庄的男人打破这种平静，来邀请妈妈去参加舞会。她总是坚持带上我。我们两个是一对搭档。小时候，我是妈妈最好的朋友，我们无论去哪儿都在一起，连她约会也是。妈妈化好妆，用灯光烫好头发，我们两个都穿上最漂亮的衣服，就坐在凉台上，翘首期待着爬过山头开向沃森溪的汽车。偶尔有人爽约，听着月下的犬吠声，我能感觉到她怅然若失。她是个骄傲的人，不想让别人觉察到吞噬着她生命的那种悲哀，但是她不开心时我凭直觉能感知到。天色已晚，她终于说道："他不来了，我们还是去睡吧。"然后，妈妈无精打采地洗过脸，脱掉漂亮的裙子，爬上床，想着那等待她的更多死寂的漫漫长夜，她心灰意懒。或者，她会走向钢琴，伤感地弹奏着20年代的流行曲《耳语》，并伴唱着它的歌词，那是她最爱的歌曲。可惜，没有人对她耳语那些歌词。没准，她的约会对象遇到了拦路抢劫，或是在班德米尔旅馆多喝了几杯。我觉得这些偶尔的爽约并非出于恶意。可能那个人会想"她会没事的"。这种欠考虑的行为使我刻骨铭心。如果我对人家说"我会到那儿"，我就会千方百计按照约定的时间地点到达。如果有人对我作出承诺却没有实现，我也会同样感到失望，我妈妈在那些夜晚定也是这种感受。

　　外公也教育我守时守信的重要性："言出必行。不要让任何人失望。也不要让自己失望。不要说谎。不要偷盗。人最宝贵的财富就是时间；我们每个人的时间都是有限的。不要浪费别人或是你自己的时间。"这些教诲我一直努力在自己的事业中贯彻，但是经验告诉我，现在的一些生意人更看重进攻、欺骗和操控。

　　外公是一个原则性强、勤恳努力、聪明睿智的人。山姆六英尺高，一副花白胡须，声音低沉，是个很强势的人，对自己的孩子高标准严要求。他在当地很受尊敬，勤劳致富。在第二次世界大战期间，他开辟了一个赛马场为战事进行一次性募捐，这让他远近闻名。远在塔姆沃思和阿米代尔的人都赶来参加这场盛事。

　　外祖父是我的偶像。我从小就叫他"爸爸"。我像爱父亲一样爱他，而且从来也没觉得他不可能同时做妈妈和我的父亲，直到我的一些表兄弟姐妹和同学纠正我。从那以后我就什么都不叫他了。我13岁时妈妈结了婚，从那时起我管继父叫"爸爸"，管山姆叫"外公"。我想那对山姆的伤害不亚于令我尴尬的程度。那年我过生日时，他送我一本《圣经》，我至今珍藏着。当时，我在扉页上写下："我把他当作偶像——他的位置从未动摇——他是善良、诚实、勇气的象征——一个我想让他为我自豪，我也以称他为外公而自豪的人。我会永远爱他，他永远是我的指路明星。"

尽管外公是我的楷模，但他和外婆的结合是我见过的许多不幸婚姻中的第一个。我从没见过他们和颜悦色地讲话或对彼此流露感情。外公在户外干活，进屋吃饭，然后坐到凉台他的专座上观望天色，看是否会下雨。而且我的外祖父母分房而睡，外公睡觉的地方比较简朴，而外婆睡在主卧室。我喜欢深深陷进外婆床上的羽绒垫子里，有时我会在那里过夜。从她的床上，我可以透过双扇门观望整个沃森溪，尤其是满月当空时，圆月引得犬吠不止。

我爱外婆，尽管她永远忙碌不停。如果圣诞节或有特别庆祝时需要杀一只家禽，外婆会把院子里最肥的一只指给我，我就开始追着抓。我迈开瘦长腿飞快地抓到一只拿给她。外婆捅捅它的胸骨，觉得符合要求，就砍掉它的脑袋。我以看着掉了脑袋的家禽扇着翅膀到处乱跑为乐。现在想起来真是毛骨悚然。家禽一旦不挣扎了，外婆就把它扔进开水锅里烫毛，然后拔毛、填料、烘烤。现在合上眼睛，我仍然能闻到那些放在火炉里烘烤的禽肉的浓香。

某些早晨，在别人起床之前，外婆已经砍好了柴，架起火炉，点着火，从外边的水池取来水，烧开水做粥。砍木柴是做饭和取暖所必需的，而这本来是属于我的职责，我每天要从屋后的柴堆（有时里边藏着蛇）把柴火抱到储藏间的木箱里。一天早晨，我发现我的白色猎狐犬毛毛（Fluffy）吊在柴堆上已经冰冷僵硬，这令我一直心碎。毛毛是要从柴堆顶上往下跳，可是被链子挂住了。他的腿够不到地，就活活儿地被吊死了。

可是，在忙碌的牧场上根本没有时间为那些死去的动物哀伤。外婆监管每个人各尽其责。她不停地支使着我母亲："你把炉子熄火了吗？为什么衣服还没烫完？"熨衣服是最让我母亲恐惧的差事，尤其是在夏天，因为她得站在烧烙铁的火炉旁。她会用一块碎布垫在沉沉的烙铁把手上以防烧伤，但是把手导热很快，她的手经常被烫得通红。伴随这一切的，是外婆和母亲的争吵、和解和再次争吵。

抚今追昔，我能够理解这两个我爱的女人心中的沮丧。外公也知道她们之间的激烈争吵，但没有一个人干预，何况这些争执大多发生在男人们出去干活的白天。放学回家时，我总会听到外婆的吵骂。"滚出这个地方，凯莉。你为什么不离开？滚！"在她们大吵之后，妈妈有时会带我离开家到艾达姨妈那儿，她们把我支到外边和表兄妹们玩。但是，更多时候妈妈和我会逃到附近的丛林里，我们两个都号啕大哭。担心是由我引起这些吵闹，她的痛苦我感同身受。在一次激烈的争吵后，妈妈没有带我，一个人跑进树丛中。我找到她的时候，她倒在地上，用一根棍子不停地敲打自己的前额。她尖叫着，情绪失去控制。我想，妈妈是面对不公的命运万念俱灰，所以才拿自己发泄。我当时只有 8 岁，她当时的样子把我吓坏了。我使劲拉着她，说："住手，妈妈。住手。"她渐渐地平稳安静下来。这件事使我不敢再让她有一点儿失望。也许是我使她免遭严重的自我伤害，我是她继续生活下去的理由，但如果不是因为我，她根本无需被困在沃森溪。我们在树丛中坐了很久，直到天色黑下来，到男人们回家的时候，才往回走。我们无处可逃。

三　醉魔幻影

我是家里唯一的孩子，从小就被 11 个舅舅和姨妈簇拥着。妈妈是 12 个子女中的倒数第三个，不过她的有些兄弟姐妹有自己的孩子和问题要操心，对我和妈妈并没有太多关注。

希德（Sid）舅舅的从商之路开局良好。他建了一个木板棚，并在那开了一家肉店。他的第二份生意需要他花两天时间赶马车去塔姆沃思，为他的杂货店买回杂货、食物和酒。他挣了很多钱，成为我们那个地区第一个买汽车的人。他的汽车有脚踏板，还有可拆卸的赛璐珞窗子用来御寒挡风。然而就消费酒精而言，他成了自己最好的顾客。很快他就失去了一切：妻子、孩子、生意，还有他珍贵的汽车。后来，他喝多了就会在夜里跑到春谷，在凉台上走来走去破口大骂，把每个人都吵醒。妈妈和我躺在我俩共用的床上，吓得不敢动。只有当希德离开或喝光酒后睡着了，喧闹才会停止。我怀疑希德带酒给外婆。他们的亲密使我母亲感到沮丧又嫉妒。"你为什么那么爱希德？我熨衣、做饭、清洗，而你却如此苛待我。我给你卖命，什么都为你做，你却把一无是处、只会让人痛苦的希德当成心肝宝贝。"但是，父母通常都是更加关心照顾折翅的鸟儿，而不是更强壮的那只。希德 48 岁的时候因饮酒过量而死。

艾尔西是个美人，也是第一个离家闯荡的女儿。她是个很有才华的裁缝，在悉尼见多识广，她回家时让人大开眼界的时尚气息令妈妈心生妒意。但是，酗酒毁掉了她。

我不知道是酗酒破坏了她的婚姻，还是婚姻破裂后她才开始频繁酗酒。不管怎样，她的酒瘾迫使她回到春谷。我记得她夜间在房子里踱步或一连几天消失得无影无踪。在一次酗酒之后，她消失的时间比以往都长，莱斯舅舅搭邮递员每周来一次的车去一位亲戚的牧场［具有讽刺意味的是，它叫作"何忧"（Why Worry），离春谷 16 公里］去寻找她。他到那儿时，发现牧场已然废弃，艾尔西躺在屋外的小路上，已经死了。她已经在酷热围绕和蚊蝇叮咬中暴尸数日。

塞尔玛（Thelma）姨妈、布鲁姨夫还有他们的三个儿子住在附近的三间木屋里，但他们只用两间——有一套木板家具和餐具柜的餐厅只是个摆设，只有圣诞午餐时才能派上用场。男孩子们都睡在凉台的床上，那里有一个很大的卷帘式帆布屏风，夜晚时可以为他们遮风挡雨。偶尔我会在那里过夜，和塞尔玛姨妈和布鲁姨夫睡在他们的双人床上。我喜欢受到关注，享受家的感觉。塞尔玛是我最小的姨妈，对我就像个大姐姐，所以得知她也酗酒让我很伤心。她酗酒的问题在她和布鲁姨夫搬到班德米尔后才开始露出迹象。她到底是因为布鲁姨夫外出工作，还是因为住在班德米尔旅店对面才造成酗酒对我来说是个不解之谜。不管原因如何，这给布鲁姨夫和他们的红发儿子们造成了极大痛苦。毫不夸张地说，她是把自己喝死的。

为什么我的有些亲人难逃酗酒的诅咒，而有些可以？也许是乡村的孤寂和无聊带来如此厄运，也许他们生而如此。因为担心历史会重演，我从小就对酒精敬而远之，而且养成了一种体内预警机制：我喝超过两杯酒就开始感到恶心，并马上止杯。有几次我喝得太多了，但也只是喝到高兴为止，就像在我 21 岁和 40 岁生日的时候。我喜欢吃饭时偶尔喝杯威士忌、啤酒或葡萄酒，但仅此而已。

然而，外公憎恶此物。"离那可恶的酒远点儿，"他提醒我。"它会害死你的。"我的另一些舅舅和姨妈也像外公一样。吉姆（Jim）舅舅娶了珀尔（Pearl），在马尼拉附近买了个牧场，一直在那里工作到 80 岁寿终正寝。他几乎滴酒不沾。珀尔死于乳腺癌，那时人们还把它当成羞于启齿的事。艾达嫁给了她的堂哥威尔·斯库斯（Will Skewes），并生了很多孩子，包括两对双胞胎。她是个出色的厨子，她做的奶油酥皮点心是沃森溪最好的，因为她有一台令人艳羡的奶乳分离器。像斯库斯家的其他女人一样，伊莎贝拉（Isabella）姨妈是个手巧的裁缝。1921 年，她被任命为沃森溪学校的缝纫老师。贝拉（Bella）是个娴静端庄的淑女，她也憎恶酗酒。她婚后生了 6 个女儿，在塔姆沃思终其一生。奥斯瓦尔德（Oswald）娶了艾米丽（Emily），在悉尼过着平静的生活。奥斯（Os）舅舅在码头上工作。杰克（Jack），我妈妈兄弟姐妹中的老大，和他的妻子艾迪斯（Edith）住在沃森溪同享高寿。他也对酗酒深恶痛绝。

莱恩（Len）舅舅能够控制饮酒。在我儿时，他住在家里。他的伙伴是加勒姆先生（Mr Galom），一个印度旅行推销员，他每次带着用马车拉着的货物前来，都在我们剪羊毛的棚屋宿营。着迷于加勒姆先生富有诗意的声音和他的出身，我们都围坐在营火旁看他为我们做咖喱。我试探着吃了这辛辣的食物，不确定是否喜欢它。现在我确信无疑了。羊羔咖喱成为一道我钟爱的家常菜。

莱恩试着经营一家杂货店，攒了足够的钱买了汽车。他带着妈妈驱车数小时到沃森溪以外的地方参加社交活动。我妈妈和莱恩年龄接近，都渴望着"美好生活"。为了在我们院子里举行的网球比赛，他们穿上米色衣服，和朋友们欢饮。为了看这些比赛，我会爬到一块巨大的饱经风霜的花岗岩上，可这不总是安全的，我下巴上有一块浅疤为证。莱恩不仅是本地区最好的网球手和板球手，而且也是头等的花花公子。英俊、高大、瘦削、整洁，他有着出人头地的潜力，然而却时运不济。他与莫西舅妈的婚姻失败，与孩子们也都没有保持联系。我对此不明就里。他成了孤家寡人，住在溪岸边的一间小棚里，以淘锡为生。当他年老来到悉尼时，妈妈和我试图在我的朋友鲍勃·梅尔维尔医生（Dr Bob Melville）的帮助下照顾他，但是最终还是不得不把他安置到疗养院。他依然是个喜欢扎到女人堆里的俊男，我们接到投诉，说他追逐女住客并爬到人家床上去。我们不管什么时候去疗养院看他，他都会和一个女人挽着手，而她总是面露喜色。莱恩 80 岁时孤独终老。

埃塞尔（Ethel）姨妈嫁给了鲍勃·斯特瑞廷（Bob Streeting），他也一度开过杂货店。他们家在学校旁，鲍勃有一辆威利骑士牌（Willly's Knight）卡车。我很怀念那些所有斯库斯家人都挤在鲍勃姨夫的卡车后斗里一起出游的时日。那让我感觉到自己是家庭的一分子。妈妈也同样开心。在节礼日（Boxing Day），鲍勃姨夫会开车带我们到班德米尔附近的麦克唐纳河。表兄妹们和我脱得只穿着内衣，从低垂的柳条上荡到河里。我们还打棒球或板球。我们曾 10 个人坐在卡车后面去扬巴（Yamba），睡在帐篷里。那是我第一次见到大海。我喜欢和埃塞尔的孩子们在春谷后面的山上野餐。她的儿子和我同岁。鲍勃 46 岁死于饮酒导致的疾病时，他的财产只有衣箱里的几件衣服和一张我的照片。

莱斯是所有姨妈和舅舅中我最喜欢的一个，他走路有点儿跛，左手扭曲成一个无法展开的拳头。我听说是因为他爬篱笆时自己的枪走火了，造成左腿残疾。再后来，据我表哥伯特·斯库斯透露，莱斯舅舅年轻时曾经历过一次伤心的失恋，并引发抑郁。莱斯给伯特的爸爸威廉留了一张字条说他要自杀。当搜寻的一行人在矮树丛里找到他时，发现他头部有一处弹伤。威廉骑马到班德米尔给最近的医生打电话。而医生正在阿米代尔以西的金斯顿（Kingstown）出诊，威尔去路上迎他，他们横穿田野以缩短路程。医生在路上喝醉了，所以等到三天后他清醒过来时，莱斯才得到诊治。没有任何麻药，医生就用一根煮过的围栏铁丝伸进伤口，结论是要取出子弹太危险了。不管怎样，莱斯还是活了下来。

莱斯是个温和的人，没结过婚，也不酗酒。他唯一的排遣就是干活。我很多时间都在帮莱斯赶小牛并给母牛挤奶。我在莱斯照管的果园里摘杏、桃、芜青、胡萝卜，到溪水里洗一洗，经常在回家的路上边走边吃。莱斯的姜汁啤酒是难以抗拒的诱惑。夜间我会听到姜汁啤酒的瓶塞爆开的声音，这意味着这种香甜的发泡饮料已经可供品尝了。

莱斯舅舅总是为我挤出些时间。他给我做了一个木板箱子来抓果园里栖息的小鸟儿。把一根线绳拴在支箱子的木棍儿上，我抓着线的另一端在灌木丛后等着，有鸟来吃我撒在地上的种子时，就猛地一拉，把它罩住。这只是设想——鸟总是太快了。傍晚，莱斯和我会设下兔子陷阱，第二天早晨我们就绕着牧场收集猎物。我毫不畏惧地仔细看莱斯从死兔子身上扒下皮。他把皮放在一个网架上，然后挂在棚屋的墙上晾干，等着收兔皮的人来买。剩下的部分就供狗享用了。

莱斯对我关怀备至，即使在 20 世纪 40 年代后期我已经是个成名的模特，他还把自己卖小母牛挣的钱寄给我。那时我的外祖父母卖掉了春谷。上了年纪之后，他们和莱斯疲于应付，所以他们搬到溪对岸一座俯视着他们故园的防风板小房子里。离开春谷对于山姆来说定是肝肠寸断，那是他一生的杰作，之后他只能望眼欲穿地看着它，直到 87 岁时去世的那一天。莱斯在那栋小屋的凉台上度完余生。

尽管他们被埋葬在班德米尔公墓属于卫理公会教派的地方，但我从小受的教育并非如此。山姆给了我很强的道德观念，但我一直感到精神上是空虚的。圣诞节没被作为宗教节日，它之所以重要是因为圣诞节那一天当地的男人们会开着车成群结队前来拜访，他们带来一桶啤酒，喝到酩酊大醉才回家吃午饭。我们从来不去教堂，而且觉得艾米阿姨很奇怪，因为她和她的亲戚们诵读《圣经》并举行聚会。"瞧！那些教徒又去弥撒了。"有人看到一辆汽车从山头消失时会说。教徒住在马尼拉附近的一座牧场上，他们和溪区的人们不相往来。我原以为弥撒是座城镇，觉得教徒很怪异。他们也许认为我们不虔诚，很无知。现在，当我回到沃森溪时，人们会到那间破旧生锈的瓦楞铁大厅来听我在伯特表哥的教堂集会上谈论基督教，我想那些不来的人也一定认为教堂会众和我都不可思议。

我在沃森溪公立学校没有接受任何宗教教育，它在 1885 年建立时只是一个硬泥地的小板房。1907 年外公发动了一场请愿，要求建一所有雨棚和雨水箱的更大的学校，这样学生们就不用冒着跌进矿坑的危险走到蛇满为患的湿地去找水喝了。次年，一间新的 35 平方米的学校建立起来。我母亲就是挤在里面上课的 40 个学生之一。这所学校在百年校庆时似乎还前途一片明朗，可惜，1987 年却被关闭了。

我为在沃森溪受的教育感到自豪，尽管那里只有一个老师教一到六年级的学生。这一基础教育使我永远保持对知识的渴望，并引领我走上各种发现之途。我不是个勤奋的学生，但是我能很快掌握一门科目，而且是个善于横向思维的人。在学校里，不耐烦的时候，我会神游千里。数学和记日期没有历史和地理那样使我感兴趣。我书写潦草，外公执意要我改进："你必须得写一手漂亮字，因为人们以字断人。"现在他可以感到自豪了，我不用电子邮件，而是手写所有私人信件。外公知道我要自谋生路，故而很看重我的教育。他也很看重我老师的无线电收音机。在他自己买收音机之前，他总是在晚上去我老师瑞·拉姆齐（Ray Ramsay）家听英国广播公司（BBC）转播的英格兰板球赛，然后在寒冷的凌晨步履艰地走回家。

学校离家至少两公里远，回家的路上清冷孤单。有一天，妈妈决定来学校接我。在回家的路上，我脱得只穿着短衬裤泡在小溪里。我只有7岁，还不会游泳，这对一个乡下孩子来说并不稀奇。当我在水面消失很久之后，她意识到我有麻烦了，跳进水里救我。那之后我再也不敢到小溪中戏水了。我更愿意把它想象成冰面，而我是滑冰电影明星索尼娅·海妮（Sonja Henie），我曾在《女性周刊》上读到过她。想象总能成为我的救星。

因为我的速度，学校的男生们给我起外号叫"菲尔·莱普"（Phar Lap），我打板球时他们又给我起了绰号"唐·布莱德曼"（Don Bradman），都是当时赫赫有名的运动员。我喜欢和他们比赛，因为这能激励我全力以赴。在一次学校板球赛时，一个穿西装戴礼帽的英俊男人朝我招手。我小心翼翼地走到学校栅栏前他站的地方，并注意到他的车里坐着一位女士。那个陌生人给了我一个棕色纸袋，里面装满色彩明丽的棒棒糖，是那种不光在沃森溪的杂货店，甚至在班德米尔都买不到的糖。然后他就走了。我回家前就把糖都吃掉了，因为我不想因为接受它们而惹麻烦。我记得这个人之前去过春谷。我妈妈、外公、外婆、莱斯和我聚到凉台上猜测那辆正在驶来的汽车是谁的，我们没想到会有不速之客。当司机把车停下，每个人都戛然住嘴。那个人外表光鲜，穿着双色鞋子，戴一顶宽松的帽子，吸着烟斗。外公对他正颜厉色，也没有请他进屋。其他人都静默无语。那人一直盯着我，但没人给我们介绍。我感觉出他大有来头，尽管并不知道他就是我的父亲。这个幻影般的男人在我的生命中来去无踪。这次校园探访之后再次见到他时，我已是悉尼的知名模特了。

我母亲从未谈起我父亲——从来没有。我后来知道父亲叫鲍勃·芒克顿（Bob Monkton）。他第一次见到我母亲是在 1927 年的春天，当时他和一个同伴开着一辆华丽的汽车来到沃森溪。显然，他是从家乡阿米代尔来此猎兔。他在沃森溪待了几个星期，并在此期间引诱了我的母亲。在她眼里，鲍勃精于世故又活力动人。他在墨尔本受教育，而且走南闯北，至少他对她是这么说的，而我妈妈没有去过比塔姆沃思更远的地方。鲍勃带她去阿米代尔见他姐姐莫德（Maude）时也许考虑过婚姻，但当我母亲后来发现他已经结婚，便返回沃森溪，一下子声名扫地。有人跟我说是外公付钱让他走开的，但我无从证实。

四 更名换姓

"瞧瞧琼妮（Junie），她要去塔姆沃思上高中了。"听到当地人的羡慕而不是奚落，我感到自鸣得意。沃森溪从没有人上过高中。男孩们都待在农场干活，女孩们结婚前都帮妈妈做家务。尽管妈妈没有上过高中，但她向我保证那将是一个激动人心的经历。它也是我们离开沃森溪前往塔姆沃思的通行证。

另一条出路是结婚。当戴维·达领－霍特金斯少校（Major David Dally-Watkins）到来时，我母亲正在班德米尔旅馆旁的球场观看足球比赛。戴维是奔富酒庄（Penfolds Wines）的销售代表，所以沃洛夫妇把他介绍给我母亲。戴维比妈妈年长 13 岁，有军人气质，留着整洁的小胡子，器宇轩昂。他曾经登记做布尔战争（Boer War）的司号兵，后来他母亲争取让她的儿子免除了兵役，所以他只得等到第一次世界大战才有机会建立战功。戴维开一辆华丽的汽车，玻璃窗可以摇上摇下，不像我们周围见过的任何汽车。

戴维爱上了妈妈，并开始追求她。外婆和我陪伴他们一起到林中野餐。妈妈觉得戴维会像其他那些让她失望的男人，所以当他外出工作时，她怀疑他是否会信守承诺重新回来。但是，戴维说话算数，于是当他求婚时妈妈就答应嫁给他了。我不知妈妈是否爱他，但她已经 35 岁了，再碰到单身男人的机会很有限，何况她急于离开沃森溪。

　　就这样，我们在 1940 年来到悉尼，我母亲和戴维在国王十字街（Kings Cross）威廉大道（William Street）上的卫理公会教堂（Methodist Church）结了婚。我母亲开始称自己为"凯"（Kay）而不是"凯莉"，从那一天起"琼·斯库斯"也不复存在。我母亲告诉我要保守过去的秘密，并假装戴维就是我的生父。所以，我成为了琼·达领－霍特金斯，尽管直到 1943 年 2 月 23 日戴维才正式收养我。虽然有些不可告人的隐情，我还是非常感激戴维让我用了他的姓氏。当我看到收养表格上"生父"一栏没有填写任何细节时就感到没那么沮丧了。我竭力想成为戴维的好女儿。

　　戴维与前妻有三个孩子。我们和他的两个成了年的孩子托尼（Toni）和阿琪（Arch）搬到威洛比（Willoughby）一所舒适的租住屋，建立了一个重组家庭。我和托尼同住一屋，睡在窗边的一张单人床上，窗口俯视着一座美丽的花园。我常常在那里做白日梦，思念着我的祖父母和沃森溪。我很想有个家，但是又感到孤单、不自在，在这些陌生人面前不知所措。阿琪和托尼很友好，但是我觉得她们并不欢迎我们侵入她们的生活，因为我们很少在一起。我真希望能与她们保持联络。可惜现在太晚了，她们都已谢世。在电视节目《名人人生》节目中我被介绍为凯和戴维·达领－霍特金斯的独生女。你能想象那让托尼和阿琪多么伤心吗？她们向节目投诉了这一错误的介绍，毫不奇怪，是我妈妈跟节目组的人提供了这样的信息。节目期间，我一直担心有什么会被揭穿，或有谁从自动滑门后出来使我大吃一惊，但我尽量保持镇定。到那时，我已经很擅长隐藏自己的真实情感了。

　　在戴维的事业开始滑坡时，妈妈、戴维和我搬到查茨伍德（Chatswood）一所厨卫一体的房子里。我睡在凉台上，一块涂焦帆布把我的床和前街隔开。我觉得睡在外面极好，这使我想起莱斯和我表兄弟们在沃森溪的室外睡房。妈妈和戴维的卧室通往我的凉台，我们在他们的卧室进餐。狭小的空间使我总能听到妈妈对戴维的指责："你为什么没有早一点回家？你在干什么？我不能信任你。走开，你只会伤害我。"妈妈像怀疑所有男人一样怀疑戴维。她觉得会被背叛，所以在受到伤害之前试图在潜意识里破坏她和戴维的关系。我对这些争吵的反应是做白日梦，四处游荡，假装这些都没有发生。也许妈妈已经习惯了和外婆的争吵，以致不知如何成功地处理一段情感关系。渐渐地，争吵成了她处理所有亲密关系的方式。

我不确定妈妈和戴维的关系是如何结束的。也许是妈妈赶走了戴维，也许是他放弃了。我想念他，想念他的保护和拥有一个父亲的角色。戴维离开我们后，加入了战争尾声时成立的新南威尔士地区军官预备队，他没有再婚。不幸的是，在悉尼1948年澳新军团日游行（Anzac Day Parade）中一辆肇事逃逸的卡车撞伤的58人中就有戴维。戴维不久就在医院死去。我得知他死去的消息非常伤心，但是妈妈和我都没有参加他的葬礼。我并不觉得婚姻结束令妈妈心碎，不过我们没有谈论过这个话题。我们也从来不讨论棘手的个人问题、月经或性。只有男人不可靠的警告经常被发布："离他们远点，不然他们会毁了你的一生。"

我们继续挣扎着过活，并结成新的联盟。我热爱威洛比女子高中（Willoughby Girls' High），多年以后我被其收入名人堂。因为渴望交友，我加入了女童军（Girl Guides），妈妈给我做了制服。能属于一个团体——做一个"重要人物"，使我感到自豪和荣耀。"不受欢迎的人"（persona non grata）的标签像噩梦一样无法被忘记。我用了大半生的时间才意识到我永远无法摆脱过去的幽灵。

我不知母亲是如何结交住在莫斯曼（Mosman）一座海景别墅里的艾姆·洛夫特博格（Em Loftberg）的，不过她如此优雅、有教养，总是能吸引经济和社会地位都好于她的朋友。我从来没有去过那么大的房子。尽管因为战争窗子上都糊了棕色的窗纸，但当我走下旋转楼梯或从一个阳台眺望海港时还是会想象成自己已到了好莱坞。我们在那里的一个寄宿之夜是我至今难忘的。那是1942年5月底，我正在我和妈妈卧室外的阳台上凝视满月。突然，空袭警报拉响了，而且持续的时间比平时要长。我们聚在一起，不知发生了什么，这时洛夫特博格家的男孩跑回家，喊道："快，日本人来了。躲到楼梯下边。"我们躲了起来，听着信号微弱的无线电对爆炸的报道，直到宣布袭击结束。日本小型潜艇开进了港口，并炮轰了悉尼东郊。一枚炮弹在罗斯湾（Rose Bay）爆炸，据说没有伤亡。后来我们得知，用作兵营舰的库塔布尔号（Kuttabul）渡船被鱼雷击中，大约有 19 名海军死亡。潜艇事件使我们和很多其他悉尼人准备离开。外公发电报来请求："带琼回家。悉尼不安全。日本人来了。爱你的爸爸。"妈妈决不返回沃森溪，于是我们坐蒸汽火车去了塔姆沃思。

我们通过无线电收听有关战争的消息，但是对于十几岁的塔姆沃思少年来说，战争就像不存在一样。我没有家人牵绊，开始和男孩们频繁交往，并到塔姆沃思高中上学。塔姆沃思让人宾至如归。这里有种悉尼所没有的舒适的亲切感。这里与上次我们坐希德舅舅的车来访时相比没有多大变化。宽阔的街道、绿地和广阔的天空都是在悉尼可望而不可即的，而且我们离沃森溪和春谷更近了。

作为战争难民，妈妈是单亲母亲这件事并没引起多少人侧目。不管怎样，她不在身边的丈夫的确在服役中。我们搬进了鳏居的牙医纽曼先生（Mr Newman）位于上街的时髦的家中。作为回报，妈妈负责照料房子和他上小学的孩子们：泰瑞、温迪和迈克（Terry, Wendy and Michael）。妈妈和我共享一间卧室，一扇窗子把我们的床隔开。

塔姆沃思给我带来美好时光。首先，妈妈没人可以争吵。妈妈和我各自结交新朋友，并重新和那些认识外公的人熟悉起来。比如，药剂师西里尔·凯西尔（Cyril Cahill），外公敬佩他是因为他能买得起新车却仍然开着他的旧车，还有拥有 P.J. 史密斯百货商店（P. J. Smith Department Store）的 P.J. 史密斯先生。当妈妈认识的沃森溪和班德米尔周围的富裕牧场主进城时，她就和他们见面。妈妈会和朋友们喝一杯威士忌或雪莉酒，有时还会到中央和图特旅馆（Central and Tudor hotels）享用银级服务午餐。同时，我也获得了一些自由。有时我跟妈妈说出去散步，然后就到城中不同的教堂参观。我对教派一无所知，所以我会去所有的教堂并享受其中的气氛和歌唱。我心境平和，不觉孤单。

塔姆沃思使我接触到银幕，并发现了以前只在书中读到过的电影明星：珍·哈露（Jean Harlow）、克拉克·盖博（Clark Gable）、玛琳·黛德丽等等。电影画面美丽浪漫。如今充斥荧幕的暴力和性那时还不存在。去影院看星期六的日场或夜场电影是我一周中最重要的事件。中场休息时，妈妈和我会在隔壁斯特拉蒂斯·威利斯（Straits Vellis）

开的两家饮食店之一买一杯奶昔。杰克·库威利斯（Jack Kouvelis）是都会（Capital）和皇家（Regent）影院的老板，哈里·库威利斯（Harry Kouvelis）负责经营。吉姆·孔特高斯（Jim Contagos）经营着市民餐馆（Civic Restaurant），我们在那里点鱼和裹在报纸里的薯条来款待自己。他在1937年十几岁时来到澳大利亚，打过第二次世界大战。所有这些人从希腊来澳大利亚时都一无所有。他们从不抱怨，努力工作，最终成为成功的小生意人。我很敬佩他们。

网球在塔姆沃思是"入时"的运动，所以妈妈攒钱给我买了一个球拍，我们从不向外公要钱。这使我决心成为学校里最好的网球手，并使妈妈为我自豪。于是我向学校的网球冠军尤娜·约瑟夫（Una Joseph）发起挑战，她是创立了《北方领导日报》（*Northern Daily Leader*）的博迪·约瑟夫（Bertie Joseph）的几个女子之一。尤娜让我赢了几场，然后以迅雷不及掩耳之势将我横扫出局。在运动方面我总是雄心大于能力。

我最好的朋友琼安（Joan）也是因为躲避战乱离开悉尼。放学后，她和我直奔瑞克海姆和保罗店（Rackham and Paul's）去买一支奶油角——一种装满新鲜奶油的喇叭形酥饼。如果实在饿了，我就买一个一便士的肉饼。然后我们沿着皮尔大街（Peel Street）闲逛，这是城中的主要街道，两旁都是百货商店：P.G. 史密斯、福西（Fosseys）、价廉（Money Savers）、撒克（Thacker's）。现在只有特雷洛尔（Treloars）还在，但是它与昔日把钱放在现金笼里付账的情形相比已经大为改观了。那时有一个滑轮系统飕飕地把这个奇妙的装置拉到下一楼层，会计在那收钱，然后把收据和零钱放在里面再弹射回来。

我的校队队长穆里尔·凯布尔（Muriel Cable）、琼安和我把很多时间都花在研究男孩上。妈妈从不允许我和男孩单独出去，但是不介意我在家里隔着篱笆和男孩聊天。因为太想引起男孩子注意，我坚持让妈妈把我的黑色制服裙改短。我并没有有意识地打情骂俏，但是会在公共游泳池大出风头，那是钓男孩的最佳地点。我从没达到要成为学校最佳游泳者的目标，不过努力训练也使我游得相当不错。另外，为了吸引男孩子的眼球，我专注于改善自己的姿势。我不用跳板，而是站在池边用尽可能优美的姿势跳入水中。在泳池，我的女朋友们和我对伊恩·韩德利（Ian Handley，他以表演跳水来打动女孩们）、塔姆沃思高中的跳水冠军纳维尔·葛德乐（Neville Girdler），还有比尔·考森斯（Bill Cousens）垂涎三尺。我希望比尔注意我，但是他只青睐玛姬·格瑞艾姆（Marg Graham）。他们是天造地设的一对，对音乐有共同的爱好，都是塔姆沃思音乐团（Tamworth Musical Society）的成员。不出所料，他们的儿子皮特·考森斯（Peter Cousens）继承了他们的天赋，成为享誉澳大利亚和英国的音乐剧演员。

在去泳池的路上，我路过乔·福肯麦尔（Joe Faulkenmire）的音乐体育商店想看一下他的弟弟肯（Ken）是否在那。我非常喜欢肯，他有一对酒窝儿，黑黑的卷发，淡褐色的皮肤。他似乎也对我很感兴趣，后来他承认他在泳池里四处溅水就是想引起我注意。在我们从学校回家穿过澳新军团公园（Anzac Park）时肯给了我初吻。那之后，他对我不再问津。我简直崩溃了。肯看上并最终娶了琼·里德（June Ridd），她家有一大宗地产。不过，肯送过我一张可以放在钱夹里的照片，我也斗胆送他一张 A4 大的专业照片，照片是珍·所罗门（Jan Solomons）拍的——他是位男摄影师，可笑的是他娶的妻子却叫作"纳维尔"（Neville）。

珍·所罗门为我拍摄的照片改变了我的一生。一天，珍在街上碰到我们，他对我母亲说我很上相，他很愿意为我拍些照片。能有专业摄影师注意到她的女儿，妈妈简直受宠若惊，兴奋不已。

在拍摄的前夜，妈妈用布条把我的长发裹紧，做成长卷。珍答应照片洗好给我们打电话。我们等了三个星期，在珍通知我们到摄影室去之前一直担心照片不成功。很多我的手染大幅肖像摆满他的店前橱窗。手染（一种在彩色胶卷发明后消亡了的艺术）是延迟的原因。珍后来告诉著名栏目《名人人生》说："上街和布里斯班街（Upper and Brisbane Streets）拐角处再也不似从前。照片效果太好了，我建议她母亲带她到悉尼进军模特界。"我不知妈妈是否认为我有做模特的潜力，但是当珍提出这种可能时，她毫不犹豫地说："咱们去吧。"我们只带了珍拍摄的照片、几件衣服和妈妈的缝纫机就离开了塔姆沃思。我十六岁离开校园，加入了人生的课堂。从那时起，我一直在不断学习。

　　那是 1944 年。盟军在战争中节节胜利，所以重返悉尼已没有什么危险。我们住在肯星顿澳新军团大道（Anzac Parade in Kensington）上的一家旅馆。我们的房间很小，卫生间在走廊尽头。因为战争，住宿很难解决。车辆的喧嚣以及酒馆六点钟停业后在街上酩酊大吐、在沟壑里继续狂饮的酒徒都让人难以入眠。我们穷困潦倒，并对此耿耿于怀。

　　很快，我母亲开始重整旗鼓。战争使广告的需求大减，除了邮寄目录，很少需要模特。模特作为一个行业几乎还不存在。我母亲觉得做模特不会让我有什么出息，她说："你应该报名学习文秘课程。"她认为这可以带给我一份稳定的工作。外公也觉得做模特的想法不切实际。但是，我觉得秘书学校会很无聊，所以不愿意被他们左右。妈妈在市场街的墨素里（Mousoley）时装店为我们两个各谋得一份工作。妈妈成为销售员，在那些上流社会女生们购买华服的店里工作使她如鱼得水。我被培训做初级橱窗陈列工。墨素里夫妇是很好的黎巴嫩人，他们对待员工亲如一家，但是我却背叛了他们的信任。一天下班时，我未经他们同意就借走一件紧身上衣上带有蓝色镶边的黑色长裙。我被邀请参加一个约会，并打算第二天归还。可是，我睡得太晚了，忘记把它拿回来，侥幸希望它一天不在原处，墨素里夫妇也不会注意到。墨素里太太质问我，我告诉了她实情。我至今仍感到羞愧。我从中得到了教训，若想人不知，除非己莫为。那是很好的一课。

　　在一天上班的午休期间，妈妈和我去拜访了乔治街、市场街和皮特街交叉路口的法摩尔百货商场。妈妈打算问一下他们是否可以让我做模特。我穿着妈妈新缝制的外套，搭商场电梯（那时由一个电梯司机控制）到了广告部。整个面试中都是妈妈在讲。我有些青春期肥胖，穿着家做的衣服，又没有化妆，我想我更像是一个挤奶女工而不是模特，不过这也许恰恰使我与众不同。我生机勃勃，面带微笑，有一头浓密的浅棕色头发，面若玫瑰，齿如列贝。

　　当澳大利亚模特开始到海外工作时，相较于欧洲大陆模特世故、骨感的外形，欧洲的模特经纪公司也更喜欢她们自然乡野的气息。如今要开始从事这样一个吃青春饭的职业，17 岁就太晚了。而且，我五英尺六英寸高，虽然对那个时代的模特来说算是很高挑了，但按照今天的标准却不够英武。现在五英尺九英寸被认为是女孩从事模特行业的最低身高。在那个时代，模特们都要求是标准体型的女人（SSW）——穿标准的十号尺寸。尽管我的体型符合要求，但是我不像当时的某些模特那么美，所以听到他们问"她明天能来给我们的帽子做模特吗"时，我有些惊愕。我能吗？想到产品目录会送到沃森溪的人们手里，我兴奋不已。我半天能挣十先令六便士（相当于一澳元五澳分），我觉得自己就像中了头奖。1944 年第一次做模特挣的钱一直是我最引以为荣的经济回报。

我在墨索里时装店请了一天假，到位于一座城市建筑楼顶的斯科维尔·摩根（Squire Morgan）摄影室拍照。我穿着自己的衣服，略微涂了些口红，斯科维尔把嘴巴作为镜头的聚焦点。斯科维尔是一位经验丰富的黑白目录摄影师，他刚刚开始使用彩色胶卷。回想起来，能在 1944 年拍摄彩色照片是令人难以置信的经历。彩色摄影是一种新的媒介，照相机快门很慢，所以需要模特保持一动不动。照片用的柯达彩色胶片（Koda colour film），是世界上最早的真正彩色负片，刚刚上市。接下来的几年中，拍摄速度的提高和照相机技术的突破将共同给模特事业带来永久性改变。但是在当时时装拍摄还很不灵活，还要依赖于巧妙的灯光和户外拍摄引人的背景。在拍摄速度加快，电子闪光灯发明以后，模特们就可以随意地移动、蹦跳了。

我本以为摆姿势照相是轻而易举的事，结果证明它让人精疲力竭。斯科维尔使用一台安置在三脚架上的摄影室专用相机，它很沉，所以要放在一个地方不动。一个带有可伸缩弯曲金属块的钢棍支架放在我的腰部和脖子后面，帮我固定不动。斯科维尔调好了顶灯、吊杆灯和后灯，钻到遮着相机的黑布下去调焦。他再次调节灯光，检查焦距，然后我听他在黑布下说："好，闭上眼睛，翘一点儿头，稍微抬抬下巴，保持不动，湿一下嘴唇，别动，睁开眼睛……微笑。"

五 模特时光

　　我对第一次时装表演仍然记忆犹新：妈妈在观众席上朝我灿烂地微笑；我不知道该怎么走才像个时装模特（mannequin，那时都这样称走台模特），只是尽力观察其他女孩的走法，听着音乐的节奏，也许她们同样对专业模特知之甚少。妈妈称赞道："琼，你太出色了。你是做得最好的！"我知道我不是，但下定决心成为最好的——为了她。从一开始，妈妈就是我事业上升的推动力。我只得到了在法摩尔商场店内表演的工作，她还不确定他们是否会信守承诺联系我做其他的工作。随着下一时装表演季的临近，她又找到他们。她望女成凤的决心影响了我对待模特工作的方式，使我把它当成一份严肃的全职事业，即便在我认为自己已经达到巅峰时也毫不懈怠。它激励我努力"成名"以洗雪我们两个过去的耻辱。同样强大的动力是经济需求，我们要挣足够的钱养活自己。对于一些女孩来说，从事模特行业只是遇到真命天子之前的跳板，但是母亲的经历告诉我，我不能依靠男人。

　　那时还没有个人精修学校和模特经纪公司，都是妈妈待在家里料理我的演出契约。当时也没有模特照片集之类的东西来招揽工作，所以我只是在家里等着别人来联系我。悉尼的模特屈指可数，所以百货商场的经理们和广告人很快都认识了我，但是大约6个月以后模特才成为我的全职工作。与此同时，我母亲的收入补贴了我买耳环的费用，我也在一家电影广告公司——查尔斯·E. 布兰克斯公司（Charles E. Blanks）

找到一份兼职化妆师的工作。我只是刚刚学会给自己化妆，不过这对他们来说已经足够了。要知道，我在观察着周围环境中我所感到新鲜的一切事物的细节，这样我可以很快获取最多的信息，在大脑里过滤，然后在自己上身上呈现出最好的一面，我很喜欢这样做，哪怕是现在。我很喜欢见到那些广告里的电影女演员。

查尔斯·E.布兰克斯也资助我参加了1945年的澳大利亚小姐选美比赛。作为比赛的募捐活动之一，参赛选手将带有她们头像的价值一先令的徽章卖掉来为战争中的遗孀筹款。我白天忙于工作，又没有足够的人脉出售这些徽章，所以我没有别的选手卖的多。我相信自己是在浪费时间，所以在淘汰轮之前就退出了。真是如释重负！那个阶段，我缺乏自信，受不了被陌生人评头论足。然而，在后来的岁月中，我却成了那个赛事的主办者和许多大型比赛的评委。

时装目录册的工作解决了我最初的生计问题。我最早的一些模特工作不是以照片形式呈现，而是画家的速写。这些多数都是白描画，也有一些用了不同的色调和颜色，跟我本人还是很像的。渐渐地，报纸和杂志广告的预定也多起来。后者包括为各种出版物拍摄色彩非常艳丽的封面照片，其中有《澳大利亚女性周刊》和《女性挚友》。其中一期的《周刊》封面是我穿着红白相间的格子围裙正在一个配备着最新家电的蓝色厨房里开心地做一个蓝色蛋糕的特写。我想这个形象记录了消费主义的新时代、家用电器的出现和战后社会希望妇女成为迷人的全职太太的观念。尽管厨房是我在家里最得心应手的地方，我也渴望着有一天能为家人营造美好的家居生活，但是在拍那张照片时我还不知道我的每一次事业抉择都与那个家庭主妇的形象背道而驰。

在早期的一些工作中我只化很淡的妆。我学会快速把凡士林抹在一支浅色口红上，然后涂在嘴唇和睫毛上使其具有光泽。睫毛膏是块状的，需要加水来用。因为摄影室不总是有水，我就在睫毛刷上抹点唾沫，这使睫毛膏黏黏的，但比掺水能更好地粘在我的睫毛上。如果今天还有那种睫毛膏，我还愿意用，它真的好极了，只是哭的时候脸上会淌下棕色的涓涓细流！后来我逐渐开始用腮红、粉底和眼影。我们的手提包里没有什么模特"戏法"。假睫毛和假发到60年代才开始流行。胸罩也许会被垫高，但美容外科手术还闻所未闻。模特们需要天生丽质。也没有造型师、美发师和化妆师负责我们的妆容。我们自带化妆品、头饰、长筒袜、鞋子和其他配饰，并自己化妆，我们每次有工作时都把这些东西塞在手提包和帽箱里随身携带。丝巾是这套装备里的必需品。在表演过程中匆匆换衣服时，我们把丝巾戴在头上，两端系在颌下，这样不管衣服多么紧身，我们都不用担心妆容和头发，也不会弄脏衣服。我家里还有一个在用。

要保证我们的手提包里储备充足，我们的衣服、鞋子上档次，需要用去收入的一大部分。如果是拍商业广告，无论是销售冰箱还是某个牌子的芝士，我们都需要自备衣服。如果是卖衣服或帽子的时装广告，我们需要自带配饰。因此，我必须学会用少量的钱买到最合适我的衣服和配饰，而我的穿着打扮引起其他女性的兴趣。她们纷纷向我们寻求建议，因为全职模特很少，我们的脸尽人皆知，我们的名字家喻户晓。当时还没有太多对名人的追捧和宣传，因此我们是真正不拿腔作势的明星，同时，在澳大利亚人眼中我们也非常真实。

渐渐地，客户们开始在拍照时雇用造型师来保障模特形象符合要求，百货商场时装表演时也有服装师在一旁帮忙——有一次却害苦了我。一次，柯曾百货商场（Curzon's department store）的时装表演中，一个服装师在给我拉连衣裙的侧拉链时挤破了一颗痣。在我走向 T 台时，血渗出了裙子。当然，那不是走秀中的唯一一次出错。法摩尔商场建造了一个大楼梯，穿着泳衣的模特要从那里走下来。我把尖底高跟鞋踩到了最高一级台阶的边上，一下子就滑倒了。我一直滑到楼梯的底部，我戴的一只贝壳手镯摔碎了，细小的贝壳随着我一级级地蹦落下来。我无可奈何，只能自己爬起来，微笑，继续，感谢观众们给了我同情的掌声。一次，我火红头发的莽撞朋友贝蒂·格林（Betty Girling）没有看到 T 台的边缘，竟直接走了下去，跌到了观众席中。

为厂家的展销表演试衣服是我工作中最无聊的部分，修改衣服尺寸时需要我长久站立，还得在衣服架子间进进出出地换衣服。相反，我很期待百货商场的表演。这些激动人心、回报颇丰、时尚豪华、历时一小时的表演成为重大社会活动。我的全转身、半转身、入场、退场随着每次表演而日臻完善，后来竟然成为人人皆知的达领风格（Dally Pose）。后来在女儿的坚持下，她为其进行了注册，这一风格也成了后来学生们争相仿效的仪态之一。我注重精益求精。我携一把长柄伞，一手在上一手在下持着伞柄，展现一个优美的角度。当我在 T 台尽头驻足时，我用伞尖抵地，手腕做出一个弧度拿着伞柄。我潜心研究怎样在边走边向观众微笑时优雅地摘掉手套，怎样提着短裙能让它像鼓起的风帆。我训练自己在脱掉外套时不露出衬里，将它飘然拖曳身后，继而搭在臂弯上稍微向身后弯曲，这样就不会抢了我身上衣服的风头。运动衣要轻松活泼地搭在一肩上，并要轻触衣领和口袋以引人注意。时时刻刻都要优雅娇柔：走路时只有大腿以下移动，身体要保持挺拔不动，以肩为轴摆动双臂，而不能晃动肩膀。为了显得脖子长，我想象自己的头从耳朵以上都被提起，而头顶则竭力去够天花板。表情也很重要，但我尽量不做得太夸张。尽管我比其他模特笑得多，但我对自己的表情很敏感。它不是表演技巧，而仅仅是我享受这份工作的快乐流露。很多时候母亲都在观众席中，所以我会给她一个微笑，然后将这致意推及在场的每位女士，就像每个人都是我的母亲。

在戴维·琼斯（David Jones）城区店七楼举行的时装表演算得上秀场雅事。女人们戴着帽子和手套，斯文地吃着黄瓜三明治，小口品着香茗，时装模特们绕着半圆形的秀场款步而来。现场演奏的浪漫背景音乐给这样的沙龙集会更增添了几分优雅。我走秀时总是请求乐队或钢琴师演奏查尔斯·德内（Charles Trenet）的《小姐》（*Mamselle*）或《大海》（*La Mer*）。那音乐使我感觉自己似乎可以自由翱翔。另一首经常演奏的曲子是《漂亮女孩就像一首歌》（*A Pretty Girl is Like a Melody*）。

柯曾商场总是请我参加它在布里斯班和悉尼的表演。它的老板，艾希礼·伯金翰（Ashley Buckingham），对我说我是他最喜欢的模特，他像父亲一样对我的事业发展提出建议。他的调情无伤大雅，我很享受他把我当成一个女人对待。女权主义已经彻底摧毁了男女之间的这种关系，但是何益之有？我对女权主义者带来的很多东西不敢苟同。

马克·福伊百货商场（Mark Foy's department store）（在伊丽莎白和利物浦街拐角处仍可见其雄伟的外观）拥有最别出心裁的表演和光怪陆离的布景。但是它们与现代时装表演中的耸人听闻之举相比还望尘莫及——最近的一次表演竟然将老鼠放到台道上，让它们在衣衫单薄的模特的大腿间来往穿梭。马克·福伊的创意最多不过是当滑冰者在冰上正常滑动时，让模特们绕着滑冰场走秀。福伊的服装在当时也惊世骇俗。穿着长睡裙和薄纱睡裙表演时，我听到观众发出惊愕之声。我当时不知这骚动所为何故。后来才如梦初醒。我穿的奶油色纱网紧身上衣上的手型黑缎贴花就像在抚摸我的乳房。媒体将那件睡裙称为"惊魂"（The Gasper），而且有人向报纸抱怨说，我穿着那件衣服令人生厌。

天真是很多模特的大敌。在我从业的早年，曾有一个比我大很多的摄影师在拍照时让我脱掉衣服，还要我吻他一下。我拒绝了他，并马上离开了他的摄影室。身为模特，我可以为了摄影作品付出一切辛劳，但是我不会为了工作讨好任何一名有歹念的摄影师。我跟任何人都没提起这件事，连妈妈也没说。我想这是我的错，肯定是我什么地方做得不好才勾起他的歹意。我明白低俗的请求不同于一位摄影师让你想象一些浪漫的事情，比如被一个英俊的男人揽在怀中，那是为了激发出某些情感以通过你的表情和眼神投射到照片中。对于那些表示你心有所属的照片来说，表情至关重要。我本来就没有同年龄的女孩子那么放松、随便，这件事使我在摄影师面前更加拘谨。有些人甚至认为我很高傲，以致一个模特为我辩解说："琼并非自命不凡，她只是害羞而已。"

我开始从事模特行业的时候还没有模特经纪公司扮演保护模特利益的角色。所有时尚摄影师都是男性，他们可以左右客户用或不用某个模特。这使摄影师对模特有很大的控制权。当今模特经纪公司和超级名模的出现有助于打破这种权利平衡，当然还会有某些缺乏职业道德的人隐匿在这个行业的边缘，随时准备占那些天真女孩的便宜。谢天谢地，我有幸在多数情况下都是和正派、有职业道德的摄影师合作，他们很多都成了我终生的朋友。在别人眼中我是可望不可及的人，因为很多人或者机构都想收藏他们拍摄的人物作品。

其中包括魅力四射、才华横溢的马克斯·杜培（Max Dupain）[1]，一位真正天才的摄影师。马克斯在 1949 年对《周日先驱报杂志》（*The Sunday Herald Magazine*）替我善为说辞，称我具备一个模特应有的特质："面部对称，皮肤细腻，眉目疏朗，牙齿整齐——还有表情自然。"他为我拍的照片至今仍然收藏在澳大利亚国家肖像展览馆，向专业人士和公众展出。热尔韦斯·珀塞尔（Gervaise Purcell）是另一位我喜欢的摄影师。他给我拍了很多半身像，大多都是帽子广告。热尔韦斯曾经是早期的摄影大师之一约翰·李（John Lee）的助手，李的妻子桑德拉（Sandra）是悉尼最早的私人造型师，她帮助模特整理头发、化妆，或用一枚白铁胸针或一对耳环来烘托衣服，使照片光彩大增。热尔韦斯后来投奔位于卡斯尔雷大街（Castlereagh Street）的蒙特·卢克（Monte Luke）摄影室，那个摄影室最终被约翰·赫尔德（John Hearder）接手，成为寻常人都能负担得起的拍家庭照或婚纱照的地方，就像每个人走过一条城市街道都可以得到一张身份摄影室（Identity Studio）给他们拍的照片那样。身份摄影室经常在市场街派驻一位摄影师，他抓拍路人的照片并给他们一张可以打印照片的票据。诺埃尔·西克（Noel Hickey）性情平和，每个模特都把他当成朋友。我还有一些早期照片是巴里·路登（Barry Louden）拍摄的。

古灵精怪的雷吉·约翰逊（Reg Johnson）周旋于他的詹特森（Jantzen）泳装主顾和为阿尔弗雷德皇子医院（Royal Prince Alfred Hospital）的阿兰·利雷医生（Dr Alan Lilley）拍摄癌症患者的手术之间。利雷医生对摄影非常感兴趣，我们的多次拍摄都有他和艾瑞克·龙利陪伴，艾瑞克偶尔当模特以资助他的医学学业。艾瑞克的一位教授在一本出版物上看到他和我的合影时，艾瑞克立即收到了最后通牒：模特或医学二选其一。表面看来，二者毫不相干。雷吉最终离开了时尚界去从事全职的医疗摄影，不

---

1 马克斯·杜培，澳洲著名摄影师。2010 年 11 月 5 日，北京解放军歌剧院全球首演的知名现代舞《初祭》，采用了他的部分经典作品影像。

过他受雇于詹特森时有机会沉迷于他最热爱的消遣方式：滑水。雷吉总是选霍克斯布里河（Hawkesbury River）进行外景拍摄绝非巧合。雷吉穿着泳裤站在水里，肌肉发达的身体湿淋淋的，他拍完需要的照片就逆流而上，到下一节拍摄和野餐前一直不见踪影。与雷吉和管理他摄影室的妻子珍妮（Jeannie）一起工作的日子总是非常美好。雷吉试图教我滑水，但是我并不擅长，而且，正如他喜欢的其他泳装模特——多恩·弗雷泽（Dorn Fraser）和费尔丽·福克斯（Fairy Folkes）——我不想把头发弄湿再重新梳理，也不想破坏我的妆，到下一组拍摄时还得重新化妆。外景拍摄时，如果没有公共厕所，模特们就在摄影师的汽车后座上或一棵树、一块大石头后面换衣服，有时由另一个模特拿条毛巾挡着。

和今天一样，时尚行业的工作总是提前一个季节，所以我们就得忍受在冬天穿泳装而在夏天穿皮衣的情况。和其他摄影师拍泳装照，我最远只到过邦迪（Bondi）和塔玛拉玛（Tamarama）海滩，那里耸立的岩石营造出迷人的背景。我的其他外景拍摄曾到过海德公园（Hyde Park）和禁苑（the Domain）。那时根本没有跨州或海外拍摄这回事！

淘气包（Scamp）是我代言的另一泳装品牌。它的厂主本·特纳（Ben Turner）曾是最早的伞兵，他的工厂在第二次世界大战期间为澳大利亚士兵供应降落伞，后来他把生产线改为制作泳装。每当本拜访我妈妈时，如果我们任他信马由缰，他就会数小时不停地大谈生产完美泳衣所需的技术妙招。尽管淘气包泳装被认为有点儿大胆，其两件套的泳裤总能盖住肚脐，而且前面带有一个半裙。我从来没有给比基尼做模特代言。才只几年以后，我的一些模特就被检察官奥布·莱德劳（Aub Laidlaw）赶出悉尼海滩，他测量比基尼上下装之间的距离来评价其是否体面。

前《女性周刊》的摄影师鲍勃·克莱兰德（Bob Cleland）给我拍过很多专业照片。在"二战"期间，他和厄尼·纳特（Ernie Nutt）为《周刊》拍摄了最早的彩色照片。在卡斯尔雷大街联合大楼（the Grand United Building）地下一层的《周刊》摄影室中，鲍勃和我合作愉快——我命中注定有一天会在那里开办自己的个人精修学校和模特经纪公司。"你肯定是悉尼最不性感的模特，"他会开玩笑地说，"我不明白怎么别的模特更漂亮而你却能够成功。"他说的很对。我怀疑那个据我妈妈说教她讲新的骂人话的、言语不羁的著名摄影师瑞·雷登（Ray Leighton）对我也有同感。在对《星期日电讯报》（*Sunday Telegraph*）提起我作为模特的可塑性时，瑞评论说我"既适合牙膏也适合长裙"。不过，在我看来这并不像恭维。他曾在给我拍摄的一张专业照片上写道："送给我最喜爱的模特。"——但是我敢打赌他对所有的女孩都这样说。

劳里·勒瓜伊享有很高的艺术声誉，但是我发现和他合作并非易事。他性格怪戾，而且我相信他并不喜欢我。有些模特会跟他顶嘴，但是我对他的生硬态度很敏感。他的妻子，安妮·普莱斯－琼斯（Anne Price-Jones），当然知道怎么跟他顶嘴。作为法摩尔时装摄影的主管，当安妮在劳里的摄影室中监督法摩尔的照片拍摄时，她会直抒己见。他们把摄影室转变成了唇枪舌剑的战场。他们不稳定的婚姻没有像他们共同拍摄的照片那样历时久远。

得益于新闻有限公司（News Limited）一群退休摄影师成立的社交圈——塔茨塔拉俱乐部（Tutsitala Club），使我与很多摄影师的友谊得以保持。这些老男孩邀请我成为两名女会员之一［另一位是阿黛尔·赫尔利（Adele Hurley），著名南极摄影师弗兰克·赫尔利（Frank Hurley）的女儿］。俱乐部的前主席罗恩·艾尔代尔（Ron Iredale）和合伙人梅尔瓦（Melva）都是我非常好的朋友。罗恩曾经给我经纪公司的很多模特拍照，做《每日电讯报》（*Daily Telegraph*）的"三版女郎"，她们在他手上所托得人。他和各位绅士一样深情地称我为"小姐"，我也乐而受之。

❖ 一张珍贵的斯库斯家庭照。外公和外婆与他们12个子女中的9个。山姆在92岁去世，萨拉在87岁去世。我总觉得我的母亲不论在家里还是在人群中都是那么与众不同，她是我的偶像。[从后排左起按顺时针分别是：吉姆、奥斯瓦尔德、贝拉、莱恩、塞尔玛、杰克、凯（我母亲）、山姆、艾达、萨拉和艾尔西。]

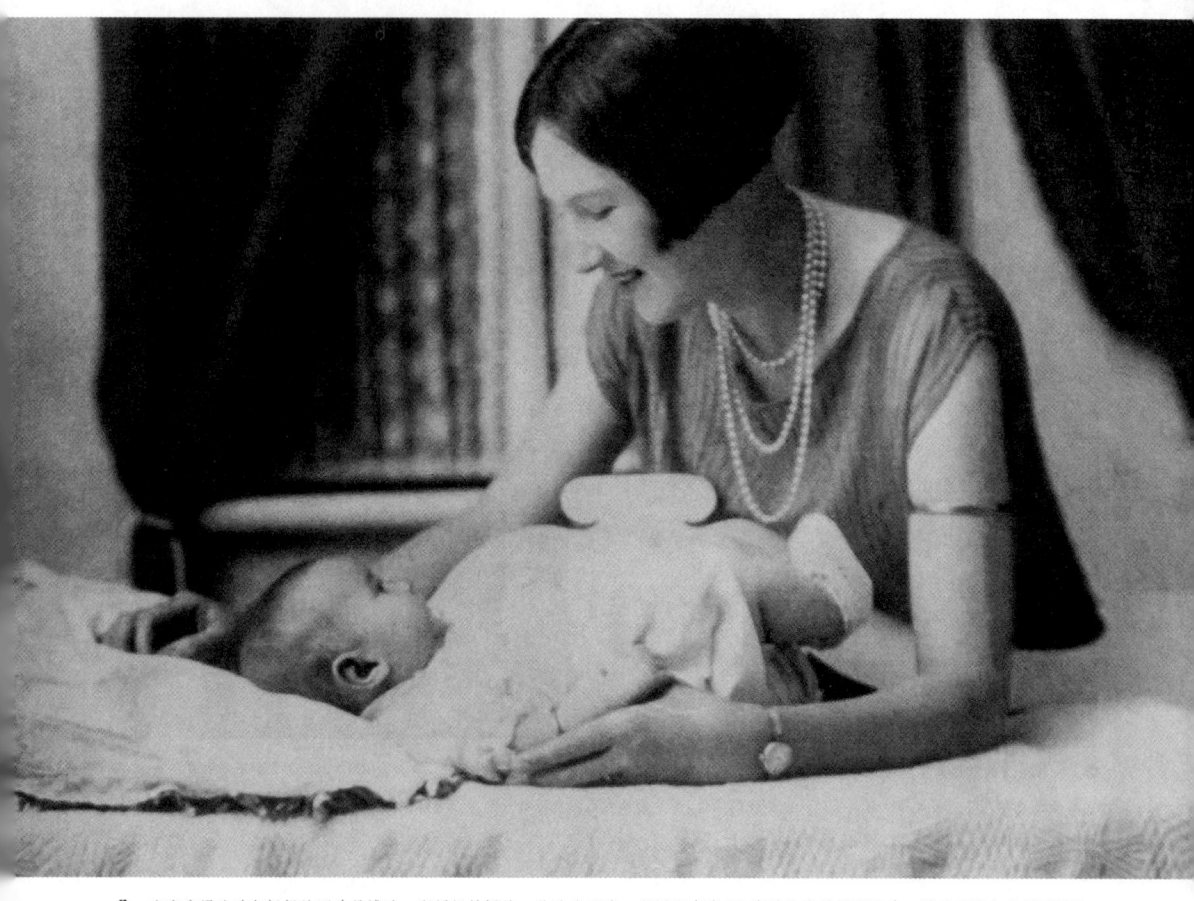

❖　这张我婴儿时和妈妈的照片是博迪·所罗门拍摄的。他的儿子珍·所罗门在我16岁时为我拍摄了照片，并建议我去悉尼做模特。
（G.A. 所罗门于塔姆沃思拍摄）

❧ 3岁时，我戴着我妈妈的手镯和项链在沃森溪外婆的花园中，练习着日后的模特姿势。

❧ 6岁时我有了自己的手镯，模仿着妈妈的样子。我的头发在头天晚上被绑在布条里，然后梳成卷发。（G.A. 所罗门于塔姆沃思拍摄）

❖ 妈妈在班德米尔的麦克唐纳河岸边优雅地吸烟。（戴维·达领－霍特金斯拍摄）

❖ 妈妈和我在塔姆沃思短期躲避战争后返回悉尼。

❧ 当被拍到这张照片而且珍·所罗门建议我从事模特事业时，我的生活轨迹彻底改变了。我的长发在前一天晚上被裹在布条里，第二天早晨在妈妈的手指间绕成发卷。（珍·所罗门拍摄）

❧ 17岁时，我的模特事业刚刚起步。（巴里·路登拍摄）

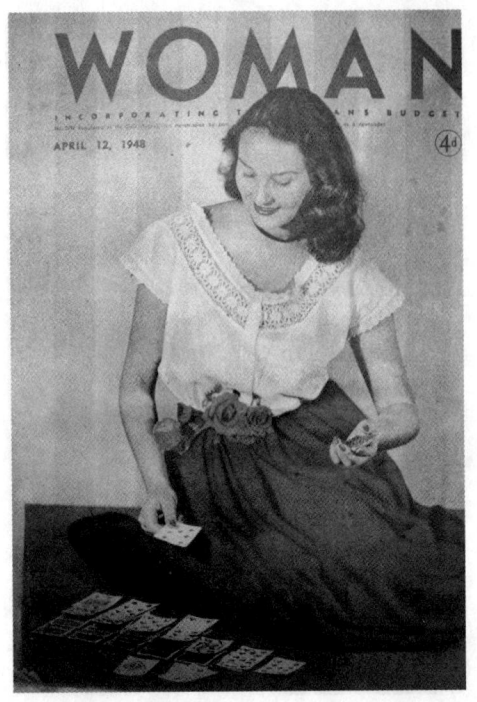

❖ 1948 年 4 月 12 日，非常荣幸地登上了《女性挚友》杂志封面。

❖ 《真理报》的公告宣布我是 1949 年度最上镜模特。（约翰·李摄影室的托尼·里尔拍摄）

❀ 阳光，小麦，花格子衬衫。早年的模特生涯，工作很累，但很充实。

❖ 我对这张照片将会被如何使用一无所知。结果，我实际上是在为香烟广告摆姿势。香烟和烟雾都是后加的，而且手表被抹掉了。

❖ 20世纪40年代末，年轻的我在一本杂志上为茶饮料做推广。

❖ 休闲装广告。

❖ 一张烘托乡村女孩的自然美的照片，由著名摄影师约翰·李拍摄。我当时18岁。

❧ 1958年我第一次来中国，到香港参加时装
秀。这是我从香港带给一个深圳朋友的收音机。

❧ 17岁时，在马克·福伊时装表演中展示"惊魂"睡裙。我没有
意识到睡裙上的黑缎贴花像一双手——难怪观众们惊得魂飞魄散。

❧ 20世纪40年代后期做模特的美好时光。自然地装扮，没有黑眼线和假睫毛。所见即所得。

六　离家出走

当我和妈妈承担得起，而且模特工作有空闲时，我们就连夜坐蒸汽火车返回沃森溪。混杂着蒸汽和煤烟的汗味遮住我们的面目，总算可以使我暂时逃避母亲无时无刻的陪伴带来的压迫感。在库丁加尔下了火车，我们会和开车带我们回沃森溪的邮递员碰面。在这些旅程中，妈妈会和我讨论关于我事业的宏伟规划。多数情况下，这些离开悉尼的短期休假都能给我时间重新修整，呼吸一下乡村的空气，可以素面朝天。然而，随着模特工作和时装表演的预约填满日程，这样的旅行越来越少了。

在悉尼，我们从肯星顿的旅馆搬到了拉什卡特斯湾（Rushcutters Bay）的一居室房子，与别人共用厨房和卫生间。我母亲一心想住到瓦克鲁斯（Vaucluse）或贝尔维尤山（Bellevue Hill）这种绿树成荫、颇有声望的悉尼东郊地区。她想让人以为我是土生土长的悉尼东郊女孩。她知道，如果我谈吐文雅、举止得体、仪态端庄，我可以和任何人交往，人们不会看出我出身于一所只有一个老师的乡村学校。她相信，既然我们能成功地离开沃森溪，我们就能无往不胜。

一天，在从城里坐电车回拉什卡特斯湾家中的路上我认出了漂亮的模特派特·福尔曼（Pat Firman）。她看起来异常悲戚，后来我才知道派特曾经住在爪哇，与一个荷兰人有一段不幸的婚姻，那个人虐待她，直到她逃回罗斯湾和她母亲一起居住。我们因做模特而成为朋友，多恩·弗雷泽曾在著名广告中称我们为双胞胎——这是极易被拆穿的谎言，因为很明显，我们姓氏不同，长相各异。派特和我的共同点是我们都承担着父亲缺席、没有兄弟姐妹和成为各自母亲世界焦点的压力。我们从没讨论过各自的境遇，但本能地能理解彼此的生活。每当去她在罗斯湾的家中拜访她和母亲米姬（Mickey）时，我都能从她身上看到我母亲的影子。米姬以她的独生女为骄傲，同时在经济上和情感上都很匮乏。我也开始为母女之间这种一对一的关系所困。为了逃避我们狭小空间的束缚，我开始自黎明时分即起，穿上衣服到拉什卡特斯湾公园一直坐到一天中第一份模特工作开始。派特和米姬的关系并没有影响派特的成功，她成为电视版《美女与野兽》（Beauty and the Beast）的主演。在她的电视事业步入巅峰时，她发现乳房上有一个肿块。她在四十几岁就去世了，病魔吞噬了她的美丽。回首往事，也许是我们各自母亲的依恋和关注决定了我们的一生。

随着我事业的起步，妈妈和我再一次搬了家。这次我们搬到了威廉大道靠近国王十字街一端的一个公寓楼街区，一套狭小的、几乎家徒四壁的单独房间。这里离高雅的东郊近在咫尺，但是公寓房的价格可以承受——在战后这么快找到这样的房子几乎不太可能，而且我们还无需付房租以外的小费。一个超大的旧茶几和餐具柜占满了狭小的起居区，小厨房只能容得下一个人，我们的单人床之间只留有很窄的缝隙。我们有一个煤气炉，我们把圆形的石棉小垫子放在炉面和烧锅之间进行温和的烹制。外公卖掉春谷以后，他寄给我们足够多的钱，使我们能把冰柜换成电冰箱。最重要的是，这套公寓房有电话，我们在它旁边放一个练习簿来记录我的模特预约。

我们的公寓俯视着布鲁厄姆大街（Brougham Street），那里耸立着一个旅馆，现在叫"奥马利"（O'Malley's）。在旅馆6点打烊以后，我们经常会听到那些醉醺醺的酒客在街上打架谩骂。我没有觉察到十字街存在非法赌博、嫖娼和日益滋生的毒品交易等阴暗面。尽管如此，当时十字街就像一个村庄，绿树成荫的街道和装饰派艺术（Art Deco）的建筑都令人联想到巴黎。我们的一些邻居来自意大利、中东和亚美尼亚，他们与我们分享其传统食谱和友谊。烹调是我放松和培养创造力的方式，所以在周末我会试验他们的食谱。

　　妈妈成为我们的邻居罗茜·豪沃思（Rosie Howarth）的好朋友。看到罗茜的女儿琼安（Joan）和杰夫·普莱特（Geoff Plater）恋情的发展，我们都为她感到骄傲——尽管妈妈和我有一点儿妒意。从我们公寓的窗口，妈妈和我会看着杰夫，一个"二战"退役军人，停下他时髦的汽车接上琼安去约会。杰夫出身于一个声望很高的创业之家。普莱特家族曾拥有达令角（Darling Point）古老的瑞内拉夫庄园（Ranelagh Estate），现在它已经被推倒并以一大片同名的公寓街区取而代之。杰夫和琼安结婚的时候就住在那个庄园，他们的女儿们只要钻过栅栏上的一个洞就可以到她们的学校阿斯堪（Ascham）。罗茜的曾孙女马蒂尔达（Matilda）也参加了我的模特课程。家族的友谊继续保持。

　　当妈妈和罗茜·豪沃思偷偷给我报名参加 20 世纪福克斯（Twentieth Century Fox）的袋鼠小姐（Miss Kangaroo）比赛时，人们对这个头衔的含金量还有所质疑。不过，其奖励的确是一次充满诱惑的解放——一次好莱坞之旅，以帮助宣传由玛琳·奥哈拉（Maureen O'Hara）、巴德·汀格维尔（Bud Tingwell）和齐普斯·拉夫第（Chips Rafferty）主演的浪漫探险故事《袋鼠》。评审在乔治街的特罗卡德罗舞厅（Trocadero dance hall）举行。我穿着一条系腰带的黑色纱裙和一件白色 V 领无袖上衣，那是我妈妈在最后一分钟才完成的手织作品。五位评委的评审团问了一些可以预知的问题，诸如"你为什么想去好莱坞？"我毫不紧张。罗茜和妈妈使我相信，即便不会易如反掌，我也能轻松赢得这项桂冠。

　　结果，我仅获得亚军，败给了洛丽塔·诺斯（Loretta North），一个刚刚在悉尼开始模特事业的甜美的、面带稚气的乡村女孩。妈妈对这个她认为不公正的裁判怒火中烧。她说一位评委告诉她："我们没给琼是因为她能凭自己的力量进军好莱坞。她能够开创自己的天地。胜出的女孩没有其他渠道获得那个机会。"因为怒气难平，妈妈和罗茜花了几小时的时间给评委之一，时任澳大利亚 20 世纪福克斯首脑的希德·奥尔布赖特（Sid Albright），写了一封恶意指责信，她们边写边咯咯发笑。她难以料到，多年以后当我们搬到拉什卡特斯湾下滩路（Lower Beach Road）的豪华公寓时，希德竟成了我们的邻居。我本来可以获得那次美国之旅，但评委们把机会给洛丽塔是对的。我已经功成名就了，而且成为袋鼠小姐为可爱的洛丽塔开启了成功之门。在她的美国之旅后，她继续在悉尼做模特，可惜最后却死于多发性硬化症。我再也没有参加任何比赛。

妈妈对我表示支持的另一方式是很自豪地剪下我的照片并把它们粘到剪贴簿上。妈妈和我在星期六的晚上会熬夜等待星期天的报纸扔到十字街的街道上。星期天的报纸满是广告，所以通常有我的照片。由于为妈妈乏味的生活和我自己的成功感到内疚，当帮妈妈找到一份模特拍摄工作时我兴奋不已。她在一个很不错的印刷广告上拿着一块骑士的卡斯提尔（Knight's Castile）牌香皂。不过，这样的经历只有一次。我暗下决心，如果我能成功达到巅峰，妈妈也必定和我同行，我们是一个团队。她为我做出牺牲，所以不管获得什么样的成功，我都愿意和她分享。

渐渐地，妈妈简直完全被困在我们的公寓里。如果她外出，就有错过一次预约的风险，所以多数时候她就待在家里，以给别人缝衣服来打发时间并挣一点额外的收入。我们买了一台新的胜家牌（Singer）电动缝纫机，但是她不让我缝衣服——即便是衬衫上的一枚纽扣。"你不能干那个，让我来。"这是她用来在我快速改变的生活中占有一席之地的众多方式之一。我母亲的另一个排遣方式是赌博。她打电话让她喜欢的最后赔率赌注登记人给星期六下午的赛马投注。按马匹出闸前的最后赔率（SP）下注赛马是一种很多人都喜欢的消遣。有时妈妈和我会穿着我们最好的自制外衣坐飞机去看墨尔本和考菲尔德杯（the Melbourne and Caulfield cups）。在比赛日，我知道如果妈妈输了，她就会情绪无常，如果她的马赢了，她就会兴高采烈——"琼，咱们到外边吃大餐。"我则悉听尊便。

她摆脱封闭生活的另一方式是参加我和我朋友们的社交。儿时，妈妈去哪儿我就跟到哪儿。现在我接近成年，急于接受男性的社交邀请、结交朋友和获得成年人的独立，她却继续陪着我出现在年轻女孩通常都不会由妈妈陪伴的场合——饭店或夜总会的约会、我女朋友的婚礼，还有我和朋友们的聚会。我几乎不记得她哪次外出社交不跟我一起。这不是很奇怪吗？分享我的生活也许赋予了母亲新的活力，弥补了她成为一个单亲妈妈时所失去的某些青春和梦想，但是这也使她变得依恋性很强。没有独立交往的自由——迈向成年的重要部分——无时没有她的干预、评判和在场，我很难过上属于自己的生活。虽然父母关注孩子的朋友和恋爱是正常的事情，但是她与男性交往的负面体验滋生出一种神经质的恐惧，即我也可能成为同一命运的受害者。她一再地提醒："要小心，不要和男人太亲密。不要相信他们。"那些警告在我心里如此根深蒂固，使我变得在恋爱中不信任男人。

因曾经被自己爱的人抛弃，使母亲害怕我也离开她。在失去理智的状态，我准备出去见人的时候，她会挡在门口，说："你不能出去。"接着就会发生一场争吵。到她终于放我走的时候，我已经被气得无心享乐了。妈妈会一直等着我回家，如果我晚于11点30分回家，她就会怒气大发。即便我母亲没能把我囚禁在家里，她也使我成了十足的感情俘虏。我对自己说，我在享受本该属于她的生活，我没有权利快乐，因为她为情势所迫而失去了这种权利。那时还没有情感虐待这一说法。

虽然从来没有明说，但和很多父母一样，妈妈也希望她的女儿和一个事业有前途、家世好、宗教背景相同的人约会，尽管她自己从来不去教堂。我的多数追求者都符合她的要求，部分原因是我活动的社交圈如此，不过我也意识到这意味着她会少些干预，我也少些烦恼。有些时候，如果母亲认可我的追求者，她会允许我单独约会。不过，多数情况下还是带上我母亲以息事宁人会让我更省心些。她的在场也许对别人来说有些反常，但我已见怪不怪。有年轻男性请求跟我约会时，我就跟他们说只有他们邀请我妈妈，我才能去。他们会出于礼貌而默许，这样的邀请就一直持续下去。带妈妈约会的好处是，她是个迷人的女性，而且相对来说心态很年轻。曾有一次，她陪我和年轻的牙医莱恩·基特（Len Keyte，他多年后成了我的家庭牙医）去了优雅的罗马诺（Romano's）夜总会。报纸的社会新闻版登出了我们三人的照片，并评论说："大千世界无奇不有。比如，星期四在罗马诺灯光下用餐的这位惊人年轻的母亲……别管你相信与否，她是琼的妈妈，凯·达领－霍特金斯太太。"她还有一种古灵精怪的幽默感，这也使她成为很好的同伴。例如，在一次饭店约会中，我们三人正在享受时鲜的美食——奶油芦笋汤，这时妈妈帽子上的假花掉进了汤里。尽管她手疾眼快地把花拉出来包在餐巾纸里，但汤里还是留下一圈圈的淡紫色和粉色染料。我和我的约会对象都哈哈大笑，妈妈也跟着笑起来说："该你们了。"

然而，她的怨恨越积越深，并开始拿我来泄愤。毋庸置疑，有些人很羡慕我的生活方式，但他们无从知晓我曾面对的艰难时刻。我几乎无法好好地睡一觉，而这对我第二天在模特工作中是否能显得神采奕奕至关重要。深更半夜，妈妈会从床上起来，走到厨房，并在客厅踱步。她再次回到我们卧室时就会大发脾气，有时是无缘无故的，有时是因为我做了或者没做什么事情。对我和我朋友们的指责伴着一把梳子或梳妆台上的其他东西穿过房间飞面而来。"你在享受快乐时光，而我在你这个年龄却没有。我为你牺牲了这么多。我恨你！"她大喊着。最后，她怒火渐息，瘫倒在床上。到了第二天早晨，妈妈表现得像没有任何不愉快的事情发生过一样。她从来没有道歉或承认这些周期性的发作。我对她亦步亦趋。不管她身陷何种心态，我都想让它烟消云散，所以面对这股紧张的暗流，我一路微笑，尽管有些焦虑不安。

虽然我们形影不离，但我们都保守着各自的秘密。是的，我们都善于此道。所以，当我父亲在戴维·琼斯的下午茶时装表演上露面时我没有告诉妈妈。我看到观众中坐着一男一女，面带亲切地望着我。我不知为什么，但疑心这男人就是那个在沃森溪从天而降又转瞬即逝的阴魂。面对观众，我还是显得泰然自若，但心里却担心他会等着在表演后见我。他并没有，但是再次见到鲍勃却令我心力交瘁。

把我妈妈的行为归咎于这个是我父亲的陌生人是理所当然的。他对她的抛弃无疑使她的心受到伤害，而且，我对自己说，他也使她精神崩溃。我当时不完全理解——并且用了一生才承认——的是，我母亲患了精神紊乱症，现在被称为抑郁症。妈妈遭受了比我更艰苦的命运，当她不堪悲苦的折磨时，就以酒浇愁。是酒精的作用使她的情绪波动如此伤人。我经常想，她嗜酒是为了控制内心的抑郁思想。对我们两个来说，每天都是一场战争。我很佩服母亲——在多年都没有专业帮助的情况下——为克服自己的问题所付出的努力。但是，在那些战争中她不能总是取胜。在家中，她会屈从于头脑中的恶魔，而我则要忍受其恶果。在别人面前，她积聚所有的精力和意志与疾病作斗争，去工作，并给他人带来欢笑。也许她能在社交场合更好地控制自己是因为这时她有合理的借口来饮酒。人们会说："你母亲太棒了。凯以你为荣。"她从没当面对我说那种夸奖的话。我母亲从没对我说过她爱我。

奇怪的是，妈妈为了不让我在公开场合丢脸，尽量掩饰自己的悲伤，以及为我奋力争取成功的努力，正是她对我的最伟大的爱的行为。即便如此，她的心理疾病还是有时让她强势、偏执、无法共处。尽管妈妈的疾病无疑使她备受折磨，但是它也摧毁了我，以至我的家庭。虽然这样说，但我并不想让人觉得她是个坏女人。的确，我们共享的美好时光超过了那些痛苦的回忆。我从没和母亲提及她的病，也没有让别人分担我的忧虑。妈妈很善于争取人心，把她的实际状况公之于众只能让人觉得无中生有。更简单的方式是默然接受或者承受这些焦虑，并独自品尝这些情绪酿成的苦酒。

唯一知道我母亲给我带来的痛苦的人是我最亲爱的朋友和唯一的知己海伦·米汉〔Helen Meehan，后来成为海伦·纽汉姆（Helen Newham）〕。海伦第一次在法摩尔百货商场的时装表演上见到我时还只是个女学生。在各种表演中，我已经意识到这个15岁女孩的目光，她显然已经把我的照片贴到了学校储物柜的门后。为了寻求美容建议，她开始在表演后留下来和我交谈。在我回复了她写给我的一封信之后，我们见了面，一起喝下午茶，并成了终生的朋友。星期六下午，海伦和我会去打网球或去看电影。我总担心回到家时我母亲的情绪。海伦能感觉出我的焦虑，而且不知为什么，我不能信任任何人，却能够把我母亲的事情告诉她。当我需要哭泣或笑几声以忘却家庭生活的压抑时，似乎海伦总是在我身边。她甚至和我一起去找医生咨询我母亲的问题，尽管我们一无所获，怏怏而归。有一次，我离开妈妈和国王十字街的公寓跑到公园街和乔治街拐角处的宾馆，都市会馆（the Town Hall），与海伦和她父母住在一起。

所幸，我妈妈喜欢海伦，还做了一些漂亮衣服给她。有时妈妈和我会去城堡山（Castle Hill）和海伦以及她的家人待在他们的种马场，那里配备鲜有的下沉式泳池和网球场地。作为回报，我介绍她进入了随着我成为知名模特而正在向我敞开大门的充满活力的社交界。我也邀她赴我的一些约会。海伦的出席减轻了我在这些场合不得不应付妈妈的压力，但有时也会使我的约会对象心有旁骛。

一位年轻的英国朋友，本·布朗（Ben Brown），也冲破了我在我母亲和自己周围虚设的藩篱。"琼，你为什么不摆脱这些呢？"一天，本发现我流泪时建议："我哥哥和他妻子住在墨尔本，我相信他们会允许你和他们同住。让你自己放松一下，离开一段时间。"我打包起所有的衣服、勇气和愤怒，带上做模特攒的钱，坐火车去了墨尔本，也因为极度的痛苦而暂时离开了前途光明的模特事业。我告诉妈妈我要离开悉尼，但是没告诉她我要去哪儿，而且在墨尔本生活的那一年我只是给她打打电话而已。我不在的时候，她靠给别人缝衣服挣钱。

布朗夫妇很同情我，我也无需和他们讨论我的个人问题。他们有两个小女孩儿，我与5岁的那名同住一室。他们用纤维板和砖盖的房子位于当时还人烟稀少的克里登（Croydon）。我经常在周末独自远足或坐公交车穿越丹德农山脉（Dandenong Ranges）。我并不感到孤独。那是暂避母女间争吵的一种平静的解脱。我在迈尔百货公司（Myer's）的英格丽沙龙（Incley Salon）专卖店找到一份销售工作——这需要我在寒冷的冬日披星戴月地徒步往返于火车站。在快到家时，听到火车上的无线电播放"爸爸和戴夫"（Dad and Dave）时我总是感到如释重负，这标志着我的旅途即将结束。不久，英格丽就请我当模特，展示他们为墨尔本有钱妇人们订做的礼服。迈尔百货（Myer Emporium）的董事长，诺曼·迈尔爵士（Sir Norman Myer），见到我后说服我为他们的店内时装表演和报纸广告做模特。据传，诺曼爵士虽然结了婚，但还是喜欢与女人眉来眼去，所以我从来不接受他的邀请。不管怎样，我已经开始结交新的朋友。我和有钱的图拉克（Toorak）单身汉林登·达克特（Lyndon Duckett）约会，和他的朋友们一起参加名贵老爷车的登山赛。在其中一次赛车中，林登和我差点儿被压扁在他的汽车里，这使我切实体会到那句老话——"我的一生在我眼前闪过。"

最终，抛弃母亲的负罪感使我回到了国王十字街。我回来时，我们都对彼此小心翼翼，妈妈表现出了她最好的状态。她认可了我在墨尔本结交的朋友，包括出身零售商家族的罗德·迈尔（Rod Myer），他到悉尼时会带我去夜总会。一如既往，我们绝口不提我为何离家出走。

七 星途闪耀

我在悉尼的模特事业迅速东山再起，结果证明这是个不错的赚钱之道，当然这要归功于我长时间的工作。有一周，我一次就挣了85镑，而当时一次拍摄的标准薪酬是1基尼（1镑1先令）。这的确令人刮目，但很难与当今超模的丰厚收入相提并论。还记不记得琳达·伊万格丽斯塔（Linda Evangelista）的名言？她说如果一天没有1万美元，她就不起床工作。在19岁的年纪，我的新富就使我能够小小挥霍一笔，买了一辆崭新的奶油色莫里斯小调1000（Morris Minor 1000）。"小家伙"（Junior）在我去外州做模特时送到，海伦开着它带妈妈到机场来给我一个惊喜。她们在车上拉了一根丝带，用她们的手绢擦去了开车途中沾染的任何污渍。女人用自己的钱买车很罕见，后来我们看到报纸上说我是澳大利亚自己购买车辆的第一位女性。当然，女人开车就更是不同寻常。如果谁家有车，通常是儿子而不是女儿驾驶。渐渐地，这种态度转变了。到20世纪50年代中期，我已经在《轮》（Wheels）杂志上为新的驾车一族——女性朋友——写每月专栏了。对我来说，有车意味着我可以开车和妈妈去沃森溪。我的富有让外祖父母喜出望外。如今，一些亲戚告诉我说，他们对我取得的成就刮目相看，但当时他们却只字未露。

1948年，我和一些著名的法国和悉尼时装模特一起被选中参加第一批巴黎进口时装的首秀。玛丽·霍登（Mary Hordern）——当时的《澳大利亚女性周刊》时装编辑，也是该杂志老板弗兰克·派克（Frank Packer）的妻子格蕾特尔·布尔摩尔（Gretel Bullmore）的姐妹——负责这次意外而惊喜的盛事。作为首屈一指的社会名流，玛丽举办的晚会，如"新风貌"（New Look），着实令人沉醉，也反映了战后的时尚复兴。玛丽邀请我到她家中参加优雅浪漫的鸡尾酒会，其宾客的举止无可挑剔。他们打着黑色领结、穿着长礼服，吃着法式美食，喝着香槟酒。法国热兴盛起来。紧步迪奥（Dior）时装后尘的是设计师皮埃尔·巴尔曼（Pierre Balmain），也来邀请我做他的模特。代表法国公司的知名富商的夫人们开办了各种高级订制女装沙龙：如杰曼·罗切尔（Germaine Rocher）、佩利耶夫人（Madame Pellier）和女帽商亨丽埃特·拉莫特（Henrientte Lamotte）在悉尼，卢浮宫（Le Louvre）的莉莉安·怀特曼（Lillian Whiteman）在墨尔本。本地的时装设计师和生产商也利用人们对法国货的热衷趁机大发了一笔。

克里斯汀·迪奥（Christian Dior）[1] 将50款设计送到澳大利亚进行一系列的时装展演以资助战后英国的食物供给。这是澳大利亚的第一次国外时装展演，也是迪奥首次在巴黎以外展出作品。这些作品界定了法国时尚新风貌：大量的奢华布料、手织腰身、伞状长裙和圆形翘肩。必须要有18英寸（45厘米）的腰才能挤进迪奥的设计款式。我要达到标准无需太多麻烦——我那时已经全无挤奶女工的模样——但是我还是精益求精地尽量完善腰部线条，要让这次有意义的走秀，办得非常成功，都少不了模特的细心准备。有几个星期，我每天将一只胳膊滑下大腿，将另一只胳膊抬到腰间，并在另一侧重复这个动作。然后我两手叉腰，左右摇摆。我每天重复这些练习大约一百次。与今天某些女士的锻炼相比，这算不得剧烈运动。得益于年轻和到处走动，减肥无需太费心思。况且，我吃的所有东西都很健康——多为烤肉和水煮蔬菜。在表演试镜前夕，妈妈量了我的腰：我完全符合标准。

---

1 克里斯汀·迪奥，不仅是代表法国巴黎高级订制服饰传统的经典人物（他于1947年所推出被誉为"New Look"的第一场个人服装发表会），更是改写近代女装时尚风貌的华丽传奇。他是第一位将自己的名字授权予其他商品，如裤袜或领带等大众化产品行销的服装设计师。

我年轻时并不像现在这样欣赏迪奥服装的完美。我被邀请展示其时装系列中的标志性长裙，叫做"多丽"（Dolly）。它由一百米长的白色透明硬丝纱和一百米长的白色蕾丝层层镶缀在冰蓝色塔夫绸上制成。为了创制这一时装系列而进行的精工刺绣和细节处理令人叹为观止。长裙由两片身制成，以烘托女性的腰身。另有一片布料加在紧身上衣下面，以确保裙子固定到位。裙子都是撑满的伞裙，下面垫有衬裙来进一步凸显腰际线，还加有紧缩的束腰，通常也用腰带。内衣制造商开发了一种收腰带，或称"紧身带"（waspie）——一种专门的腰带，它在这一时尚持续期间成为一些模特手提袋里的标准配饰。大檐的帽子看起来像迷你飞碟，手套与缝制极好的日间套装搭配。任何衣服都没有拉链，开口处用拉钩和扣眼或饰扣合拢，每颗都以与衣服布料相配的棉线密缝在衣服上。

我和其他模特都自己化妆，自己设计发型。长发被认为既零乱又易转移人们对服装细节的注意，所以我们把头发盘起使其不遮住面部。后来我又被邀请到珀斯（Perth）为这些时装品牌做模特时，我把卷曲的长发剪成了法式风格——整个头发都只有两英寸。我自己很喜欢，报纸也开始评论我的时髦发型和我在 T 台上穿的衣服。相反，妈妈喜爱我浓密的长发，当她去悉尼机场接我时，好半天才从我的新形象带给她的震惊中恢复过来。

其他入选悉尼迪奥时装秀的模特有琼·贝内特（June Bennett）、贝丝·坎贝尔（Beth Campbell）、帕姆·克莱姆森（Pam Clemson）、纳瑞尔·芬得利（Narelle Findlay）、多恩·弗雷泽、薇尔玛·霍伊（Valmai Hoy）、科拉莉·凯利（Coralie Kelly）、琼·马利特（June Mallett）、诺拉·罗斯（Nola Rose）、露易丝·斯蒂芬斯（Lois Stephens）和普鲁登斯·托马斯（Prudence Thomas）。我不记得这些模特有什么幕后的怨毒积恶，不过我们都颇为妒忌露易丝·斯蒂芬斯。她那闪着金波的秀发、棕褐色的皮肤和自信勾魂的目光形成了吸引男人的磁场。男人们认为露易丝是所有模特中最为迷人的，他们当着其他模特的面就会谈论他们觉得她是如何的激动人心。她也拥有最富有的男友——其中包括房地产开发商艾迪·科恩豪泽（Eddie Kornhauser）。而且她的手提包里鼓鼓地塞满了她的崇拜者们送的真丝长袜、名贵香水、女士内衣，以及其他礼物。露易丝嫁给了一位富有的悉尼开发商汤姆·维特勒（Tom Whittle），有时住在达令角，有时住在火奴鲁鲁（Honolulu）的公寓里。近年来，她从一次中风中康复过来，看起来美丽依旧。

在悉尼工作的这些模特中，只有多恩·弗雷泽结了婚并有了小宝宝——詹妮芙（Jennifer），是我的教子之一。尽管多恩已经尽力，但她的婚姻还是失败了，所幸她又赢得了一位"二战"老兵乔·格里菲斯上尉（Captain Joe Griffith）的爱。战后，他成为荷兰皇家航空公司（KLM）的一名飞行员。他们安排在圣斯蒂芬教堂（St Stephen's Church）凌晨1点结婚。因为她的离婚手续在午夜才通过，而他们当天就要前往乔的驻地——荷兰。我是多么羡慕多恩幸福长久的婚姻呀！乔去世后，她继续生活在伦敦以南的法纳姆（Farnham）。多恩于2010年不幸离世。

其他人境遇如何呢？我并不了解所有这些漂亮女人的命运。有些顺风顺水，有些命运多舛。科拉莉·凯利头发乌黑，拥有白里透红的爱尔兰肤色。当她钓到富有帅气的金龟婿牧场主比尔·费根（Bill Fagan）时，每个人都很羡慕她。科拉莉来自悉尼郊区的一个工人阶级家庭，与巴瑟斯特（Bathurst）地区费根家族的地主绅士阶层有着天壤之别。她发现自己很难适应乡村生活，最终还是独自返回了悉尼。我很羡慕琼·马利特与她家人的亲密。她嫁给了拥有胡普电冰箱、电器设备和大型家电（Hope Refrigerators, Electrical Equipment and White Goods）的商人瑞·胡普（Ray Hope）。他们住在布里斯班，她在那里死于癌症。薇尔玛·霍伊嫁给了一位美国化妆品经理；琼·贝内特成为一名医生的妻子；帕姆·克莱姆森的第二次婚姻很幸福。诺拉·罗斯在太平洋小姐（Miss Pacific）选美比赛中胜出，并成为最早在英国找到工作的澳大利亚模特之一。她一直在伦敦为场面宏大的都彭（Du Pont）时装表演走秀，所以我每次到那儿都和她碰面。不幸的是，她已经因乳腺癌去世。

悉尼的迪奥展演结束以后，琼、多恩、露易丝、诺拉和我被邀请前往珀斯参加这一时装系列在伯恩斯百货商场（Boans department store）的走秀。之前我们没有一个人进行过这么远的旅行，而且那个时候需要在寒冷不适的 DC3 飞机上飞行一整夜。珀斯将我们当成名人来欢迎，我们欣然接受，并住进了俯视着天鹅河（Swan River）的滨海酒店（Esplanade Hotel）。珀斯的单身汉们殷勤备至地带我们游乐，送给我们当地最好的特产红柳桉树蜂蜜。他们从 Dawn Bee Farm 农场早早买来作为珍贵的礼物送给我们，后来这种产量极少的蜂蜜，成了我健康的陪伴品。露易丝和我同赴了一次四人约会。我们坐在狭小的只有一个引擎的敞篷飞机里，忍受着上下颠簸观赏珀斯的景色。这种经历一次足矣！

让我印象更深刻的是鲍勃·莱杰（Bob Ledger）。他是位比较斯文的绅士，长着一张友善的圆脸。鲍勃在珀斯经营着卡利斯兄弟珠宝店（Carris Bros jewellery store），在我有其他模特工作，再去珀斯，或他来悉尼采办货物时，我们还会约会。当鲍勃带我到比较豪华的场所——如罗马诺——进餐时，他把黑发向后梳得油光可鉴，穿着三件套的西装，胸袋里插着白色手绢。妈妈很喜欢他，不过可能仅仅是因为她知道他最终还会返回珀斯。他比我大几岁，而且打算结婚，但是我执意在 30 岁之前不结婚。我从没看到幸福婚姻的任何迹象，所以避之唯恐不及。我对男人也很猜疑，即便是个好人。

何况，我的社交日程排得满满的，还有其他男人向我争相邀宠。我们在像格伦伊格尔斯（Gleneagles）这样的高级饭店里谈情说爱。罗马诺的餐厅和夜总会很受欢迎，它的门口有一尊拿破仑的大理石半身像，这使其平添几分高贵气氛。我也到豪华的匹克威克俱乐部（Pickwick Club）参加社交活动和时装表演。我最爱的是王子饭店（Prince's），你要从马丁广场（Martin Place）下楼走进去。那盖着白色麻布的令人倍感亲切的圆桌、环形的舞池，以及克雷格·克劳福乐队（Craig Crawford band）都赋予王子饭店一种我认为如今已不复存在的优雅。银级服务、三道菜的大餐，以及穿燕尾服的侍者是这些地方的社交礼节，而且能从只有法语的"à la carte"（照菜点单）菜单上点阿拉斯加冰冻甜点、橘子黄油薄卷饼和任何烧酒点燃后端上来的食品，我们觉得自己非常时髦。

如果要出去跳一夜舞，我通常会穿一条曳地长裙，搭配上约我的人送的一捧花束。

午夜以后的跳舞场所是海登（the Hayden）和罗斯福（The Roosevelt）。罗斯福有歌舞女郎，但在我看来那只是无伤大雅的玩乐。我全然不知妓女和罪犯经常光顾这个声名狼藉的夜总会。这些夜总会烟雾弥漫，事实上，无论走到哪里，除了我，每个人都吸烟。我因此受到质疑和奚落。曾有几次，我也尝试着吸烟——但是我会忘记自己在吸烟，并任由香烟在烟灰缸里灭掉。我不喜欢香烟的味道和气味，而且烟雾让我的眼睛不舒服，尽管你从一些香烟广告里我若无其事的姿态中无从看出这些。

在性方面，那时对男女双方都比较严格。恋爱和男女关系的规则充满了自相矛盾。比如，女人从小受的教养让她们相信，如果她不是处女，好男人就不会娶她。然而，也并非总是如此。据我所知，一些有婚前性经验的女人也并没有像传说中那样被束之高阁。婚前同居被认为离经叛道，而且在任何情况下都极为少见。一个男人如果真心追求一个女孩，他就应该向她求婚。但事与愿违，有些求婚仅仅是引诱的借口。很多年轻女孩住在家里，与男友的亲热多是在汽车后座上的匆匆偷情。同时，听说还有一种男人开车把他的约会对象带到一个僻静的地方，强迫她屈从于他的性要求，如果遭到拒绝就让她有的好受。

关于哪些女孩随便，哪些洁身自好的传言四处流行。我属于后者——贞洁类型，不过这并不表示我比其他女孩更循规蹈矩。有个求爱者送了我一只纯金手镯，我前往沃森溪时把它拿给外公看，希望他会允许我接受。他不允许，我就顺从地归还了。我经常会错过与那些缺乏自信的斯文绅士见面。虽然我挑剔谨慎，但也尽量结交了很多男朋友，他们都很敬重我的品格。我可以很骄傲地说，他们其中一些人以及他们后来的妻子成了我终生的朋友。

这些人中有希尔顿·尼古拉斯（Hilton Nicholas）——他们家族的制药公司研制出阿司匹林。另外还有玛格丽特·惠特拉姆（Margaret Whitlam）的哥哥比尔·多维（Bill Dovey），一位个子高挑、学有所成的法律专业学生，他后来子承父业，成为一名法官。多数时候，比尔和我都一起去尼尔逊公园（Neilson Park）游泳。我的另一位男友是贾斯汀·西克（Justin Hickey）。他被授予了爵位，并在黄金海岸积聚了一笔财富。贾斯汀爵士已经过世，他的妻子芭芭拉·西克夫人仍然是我的好朋友。我曾与一位成熟的英国空军元帅肖尔托·道格拉斯勋爵（Lord Sholto Douglas）约会，但从没和这位贵族认真过。富有的花花公子乔治·福基纳（George Falkiner）对我青睐有加，但是我对他以及他位于新南威尔士的大牧羊场哈登·里格（Haddon Rig）并不动心。杰克·雷德福（Jack Radford）是个可爱的男友。杰克和他的弟弟格兰（Glen）天生深度失聪，但是他们学会了讲话。我们经常和悉尼滑雪俱乐部（Sydney Ski Club）的朋友们一起到斯雷德博（Thredbo）共度周末。当我到他们家位于派珀角（Point Piper）的大宅参加网球聚会时，无法预料多年以后故地重游时，我的朋友，当时嫁给弗兰克·雷诺夫爵士（Sir Frank Renouf）的苏珊（Susan），已经将它购下作为自己的爱巢。事有巧合，苏西（Susie）的法律顾问戴维·普莱斯（David Price）是我的另一位前男友。戴维是第一个叫我"达领"的人。我们友情的开始实属偶然。在离开悉尼外出度周末时，为了躲避一场倾盆大雨，我和母亲冲进卡姆登山谷旅店（Camden Valley Inn）。当时还是法科学生的戴维正在那里，他注意到我拼命开门时，很绅士地过来帮忙。戴维对我妈妈印象很好，但是当我问他是否觉得妈妈袒护我时，他的回答是"她极是"。

我开始在本地区和全国各地表演，我的社交网络也随之扩大。我的模特同伴苏珊·米德尔迪奇（Susan Middleditch）是一位漂亮的金发英国模特，她最后做了修女。我们俩被《时尚》（*Fashion magazine*）杂志选中为一系列的旅行用冬装做适用性测试，成为了"空模"。为了检验这些衣服，我们奉命乘坐环澳航空（Trans-Australia Airlines）在整个澳大利亚进行了为期六天的旋风式旅行。我们的调查发现毫无艰深复杂之处，不过我们很享受这段时光。我们向杂志反馈，格子和条纹的衣服更适合旅行，在抵达时它们比素色布料显得更清新动人。苏珊和我还被邀请参加海曼岛（Hayman Island）的盛大开幕式。

乘坐 DC3 飞机前往布里斯班的颠簸飞行标志着每个时装季的开始。通常，贝蒂·格林（Betty Girling）、琼安·费伊（Joan Fahey）、玛格瑞特·马尔（Marguerite Marr）、罗比·罗宾逊（Robbie Robinson）和我从悉尼同行前往柯曾的时装秀。贝蒂嫁给了罗恩·伊顿（Ron Eaton），他曾在新加坡樟宜成为战俘，后来做了半岛东方航运（P&O Shipping）的主管。贝蒂维系友情的努力使她形成了一种电话癖。贝蒂在路上开着车看到一个公用电话就会无法克制地去打电话。她喜欢聊天。我们一直很亲密。

作为旅行新人，其他模特和我都惊讶于我们住的列侬酒店（Lennon's Hotel），一座位于市中心的多层砖体新楼，每天都有女仆整理房间。我喜欢布里斯班城市与乡村交融的气氛、它的炎热，以及鳄梨、番木瓜、南美番荔枝和西番莲果带来的味觉发现。那里的人们友好热情，以一种轻松低调的方式向我们展示这个州最美好的一面。这些年，我看着布里斯班从一个村镇发展成了一座美丽的城市。很多人认为我是一个住在布里斯班的昆士兰人，我以此为荣。我支持这些英国移民（Broncos），我喜欢他们的随意和热情。我在那里有种回家的感觉，但是我一直认为自己是一个四海为家的人，不属于悉尼，甚至澳大利亚。

琼·琼斯（June Jones）是柯曾的代表，也是我们的女监护。她并不比我们大多少，她允许我们在逗留期间充分享乐。布里斯班的斯坦和奥尔加·琼斯（Stan and Olga Jones）来自一家成功的印刷公司琼斯 & 汉布利文具（Jones & Hambley Stationers），他们也是我们的保护伞。他们喜欢邀请时装模特和其他社会名流访问其位于克莱菲尔德（Clayfield）的昆士兰风格住宅，或位于冲浪者天堂（Surfers Paradise）的风雨板海滨度假屋。有时，我住在他们家，享受着他们为我忙里忙外和成为其家庭的一员。在海岸游玩后，回布里斯班前，我们会在亚塔拉（Yatala）那家招牌饼店里逗留。

住在列侬酒店，我们见到了所有来访的 VIP 单身汉。我一次来访时碰巧赶上了英国板球队的巡回比赛。我把活力十足、技术娴熟的击球手丹尼斯·康普顿（Dennis Compton）带到琼斯家，以使他能够躲避在列侬饭店试图溜进他房间的女球迷。丹尼斯只想好好地睡一晚，他在琼斯家闲置的婴儿房里如愿以偿。琼斯家 10 岁的温迪（Wendy）兴致勃勃地告诉她学校的朋友们，丹尼斯如何落下了他的蓝色亚麻短裤。丹尼斯比我大 10 岁，我很喜欢他，但并不是爱情意义上的。我在布里斯班也遇到了澳大利亚对抗赛（Australian Test）的板球手阿瑟·毛里斯（Arthur Morris）和基思·米勒

（Keith Miller）。我在悉尼与阿瑟约会，但是我们各自的值守注定我们无法发展认真的感情。另一次布里斯班之旅时，我与美国网球大师潘乔·冈萨雷斯（Pancho Gonzalez）和唐纳德·布吉（Donald Budge）建立起友谊，我们在琼斯家的度假屋共度周末。潘乔和唐给了我一只签名球拍。有一天我的女儿丽萨（Lisa）把它拿到学校去展示后一去无回。

我在布里斯班结交的一位终生男性朋友是库尔特（Kurt），他的家族在 20 世纪早期成立了羊毛企业——洛曼公司（Lohmann & Co）。库尔特出生在德国，1937 年移居澳大利亚，但是在第二次世界大战期间被拘禁了五年半。被释放后，他为自家企业做羊毛购买商，他在我和一群模特聚在一个熟人家里烧烤时开始大胆地接近我。我认为库尔特的回忆最好地描述了我们第一次会面的情形："我正坐在地板上，注视着这个漂亮的年轻女孩。因为走秀很劳累，所以她脱下了鞋子，我就利用这个机会给她按摩。她有一点吃惊，但是她一直很放松，很迷人，她知道怎样应对人，尤其是男人。她对男人的判断独具慧眼。如果他们开始太过亲昵，她就会以一种迷人的方式婉拒。"

回到悉尼，库尔特住在国王十字街的一家旅馆，并开始登门拜访。妈妈认可了库尔特，我们开始约会。他追求我时用了一个非常罕见的礼物——一条他从日本带回来的织锦披肩。他带我去看歌剧的时候，我把它披在一件白色透明长纱裙上。还有一次，为了让我另眼相看，库尔特安排用他的新车———辆光闪闪的阿姆斯特朗·盛德（Armstrong Sidley）敞篷车到市里来接我。他记得当我请求让我的一些朋友搭车时他欣然接受。"那是一个美丽的夏日，五个漂亮模特坐在我的车上，有几个坐在后面。她们都在嬉笑打闹。当我开过威廉大街时我觉得自己像圣诞老人。"

忙碌的模特日程使我有方便的借口不与库尔特发展到更深的关系。如果第二天早晨有模特工作，我就要在 10 点以前上床。所以，在与库尔特的晚间约会快结束时，我就抛出我一贯的借口，说我需要八小时的睡眠以保证第二天能有最好的脸色。这也不只是随便说说，睡眠的确是青春的基础。按库尔特的说法，我只为事业而活。

　　那对琼来说不是问题。她完全知道自己想要什么。她即便喝酒，也从来不会超过半杯。她有一句名言，"婚前不行"，我认为这很好。也许我并不总是喜欢这样，但我欣赏这一点，而且那时的年轻人能尊重这一点。她非常保守刻板，教养很好。没有任何不规矩的行为。

　　共度良宵之后，库尔特会送我回家，妈妈允许他到我卧室道晚安吻别。然后他会坐在起居室和妈妈一起喝上一两杯威士忌。库尔特无法不注意到我母亲对我的控制。

　　凯非常友好，但是个很坚定的女人。她对琼保护有加。我凭感觉就知道了。就是她想规定和控制琼的每一步生活的那种方式。琼并不喜欢这样，因为她是个非常有主见的女孩。所以她们之间有一些摩擦，但我从没想干预。琼非常小心谨慎，不谈及她对母亲的想法。既名声在外又相貌出众，琼有很多追求者，所以难怪她妈妈管得多一些。我知道赢取女孩芳心的最好方式是讨好她的妈妈，所以有时我会邀她妈妈一起。我觉得她妈妈很认可我。我从来没有和她有过争吵。

　　库尔特雇用的经理的夫人提醒他，娶一个模特会降低他的标准，但他还是向我求婚了。我还没有做好成家的准备，但是库尔特准备好了。他最后与奥地利皇室联姻，而那之前我一直以为我才是他的公主。

八 初涉商海

当 1949 年我被冠以年度模特和全国最上镜模特时，我的模特事业达到了巅峰，这似乎也使追求和实现其他梦想成为可能。在沃森溪的那个圣诞节期间，我没有陶醉于新的头衔带来的成就感之中，而是为了实现母亲揣度良久的商业计划而夜以继日地工作。妈妈已经注意到，在时装表演结束以后，各个年龄段的妇女经常向我寻求建议：她们应该买什么样的衣服，某个特定的场合应该穿什么，我在哪里剪的头发，怎样化妆，怎样成为一名模特，等等。读到在纽约有两家约翰·罗伯特·鲍尔斯（John Robert Powers）和哈利·康诺弗（Harry Conover）开的魅力学校，还有露西·克莱顿（Lucy Clayton）在伦敦的学校时，她建议我的下一次冒险是在南半球创办第一所这样的学校。"我干不了。我没有足够的信心。"我抗议道。"你当然能。你会很擅长的。没人能比得上你，而且年轻女孩需要这个。"我母亲希望给予年轻女孩她自己从未得到过的机遇，想想我自己的成功之路上得到很多人的各种帮助，我突然有了尝试一下的想法，我心里答应了。

妈妈以她的热情鼓舞着我，还在身处澳大利亚的穷乡僻壤时就开始研究怎样教授年轻女孩成为淑女。无人可以效法，也没有书可供研究之用，我不得不开发自己的学校课程。我写下了自己付出艰辛努力的毕生所学：犯过的错误、克服的障碍，以及怎样达到事业的巅峰。事实证明，记录这些知识是我为自己的事业进行的最好、最持久的投资。

　　我决定利用自己盼望16年才得来的名字，把学校命名为琼·达领－霍特金斯个人精修学校。我不想模仿美国和英国称之为"魅力"学校——我认为那听起来太轻浮。我希望学校能被认真对待，希望它提供终身受益的指导。为了达到这一目标，至关重要的是所授科目针对于怎样提高一个人的整体素质。因此，关于社交和商业礼仪、良好的修养、人格、个性、演讲和自我完善的科目与关于仪态、着装、饮食、化妆、发型和健身的建议相互平衡。我为期八周的培训设计了一系列课程内容、课程时长，以及10镑10先令的收费标准。不久，这一标准提高到15镑15先令。

　　"沉静、优雅、迷人是每个女孩和女人与生俱来的权利。"我在学校的首批宣传册中这样写道。课程的销售对象是所有年龄段的女性。对于年轻女孩而言，它是实用的精修课程；对于办公人士而言，着装非常重要，因为她们的外表和举止备受关注；对于未来的商业或职业女性而言，这是对她们事业的一项投资；对于家庭主妇和已婚妇女而言，它开启了一扇大门，通往全新兴趣爱好的更广阔天地。在一本早期的宣传册中，我警告说："家庭主妇比别人有更大的危机，她们更容易忽视自己的外表，看起来比实际年龄更显老。"我也极力要求"事业型男人的妻子"来参加我的课程。"随着丈夫的进步，她需要经常会见并融入他的新朋友、商业伙伴以及他们的妻子圈中。"我想，现在依然是这样。好的妆容和礼仪秘诀帮助我过去的很多学生开启了机会之门，保障了就业，并寻求到伙伴和朋友。

　　减少营业成本很重要，所以我接受了一位朋友提供的帮助，在晚上使用他的摄影室。它位于乔治街一座办公楼的一段楼梯之上，与邮政总局为邻。我把投资的事情告诉了报社。在报纸发布了一个简短的报道后，妈妈接到了几个咨询电话。我们在1950年2月2日开业，有12个学生。两周之内，数量增加到25人。只有下班后才开课，这使我能够在白天仍然做模特。因为我继续做模特，生意有很好的资金流动，我也保持了高知名度，这对学校是一种很好的宣传。那一年晚些时候，我与一些本土模特以及四位美国封面女郎一起参加了在悉尼举办的尼曼·玛戈美国时装表演（Neiman Marcus American Fashion Parades）。在美国经营着自己的模特经纪公司的安德莉亚·约翰逊（Andrea Johnson）对媒体说，我"教养良好的模样"会在美国"声名大振"，但是为了不让自己和我母亲失望，我决心坚持自己的商业计划。

在白天的模特工作结束以后，我5点钟到摄影室与我母亲碰面，并从6点上课到7点半。妈妈会给我带来自己在家做的饭，她还与有前途的学生交谈，收费，并在一个笔记本上记考勤。作为我们25年的学生顾问，妈妈最大限度地发挥了她作为商业女性的热情。当有人告诉我"你母亲招的我。她是位可爱的女士"，"我永远不会忘记她"或"她真漂亮"时，我感到异常欢喜。我喜欢记住我母亲的这个样子：这是许多人眼中的她。这是令人欣慰的记忆。如果妈妈的生活中多一些机遇，少一些个人的烦恼，她的潜力将不可限量。她的商业眼光比我更锐利。当我们第一批的25个学生完成学业时，我打算如数印制毕业证书。"别傻了，琼，"妈妈说，"大批量印刷更便宜。我们应该订制300本证书。"我却有些犹豫地说："我们永远用不了那么多。"妈妈的劝诫使我立刻反应过来，除了教学的质量，其他的事情都无足轻重。

从模特更上一个台阶使我感到欣喜，我迫不及待地等着周末结束，以便重返工作。教学与我相契相合。它似乎水到渠成，而且我非常热爱它，因为我对自己所授充满信心，而且乐于和别人分享自己的知识并对有所需要的人进行指导。我最早的一些毕业生充满青春活力，她们也习惯了在学校和家中约束自己，而且总是有很强的求知欲。我决心要掌控局面以赢得她们的尊重，尽管在内心深处我并不总是镇定平静。虽然年仅22岁，但我感到自己对学生负有全部责任，并将她们保护在我的羽翼之下来培养她们的才能和魅力。现在，每当我们中的一些人聚在一起，我们都会对我当时那股全力以赴的认真劲头忍俊不禁。我对学生很友好，同时又希望得到她们的尊敬，所以她们都叫我"达领小姐"。那个年代，学生绝不会对老师直呼其名。如果叫"达领－霍特金斯小姐"就会显得太正式，所以"达领小姐"非常适合。直到今天，学生一直这样称呼我，后来各个阶层的人都这样称呼我，我喜欢这个名字，它听起来非常亲切。如果我现在回到22岁，我不会反对学生对我直呼其名，但是我所受的教养不允许我这样随便地称呼别人。也就是说，我认为年轻人应该称呼长者的姓，以示尊敬。我也认为陌生人，如销售员，对别人直呼其名是不礼貌的。

在班上，我鼓励学生发展与别人的重要关系，拓宽她们的兴趣，提高她们的商务和社交礼仪，记住姓名，做介绍不出错，用悦耳的声音讲话，并认真倾听——倾听即学习。知道如何言行举止和穿着打扮能够建立自信心。熟谙礼仪规则就会一切了然于心。这意味着你可以充分享受生活，在接受邀请时不必担心做错事或说错话。我相信礼仪在社会上仍然扮演着重要的角色，尽管当今有些更随意的不成文的规则。如果礼貌仅用于吸引别人的目光或在社交中往上爬，它们就只会被看作表面文章。如果礼貌真正得以善用，它们会使你成为别人的良师益友。礼貌显示了关爱和体贴。

我会告诉学生，而且我今天依然这样说："你的身体是你居住的房子，如果你的房子疏于整理，不以最佳示人，人家就不想接近它，并会瞧不起住在里面的人。"人们以貌取人。当他们对你熟悉一些时，他们也许会发现你不像他们想象中的那么好，而一个邋里邋遢的人也许比一个衣冠楚楚的人品质更好，但是人们毕竟根据你的外表做出第一判断。你应该直视对方的眼睛，友好而真诚。你需要音调和谐，礼貌待人。回答"Yes"或"No"，而不是"Yeah"和"Nah"。听起来对别人不感兴趣的人也不会引起别人的兴趣。而且记住提及别人时要有所称呼。

在姿态与形体矫正课上，我评价每个学生行走坐立的姿态和她们的举手投足。我让女孩儿们按照我的指导来完善她们的形体配合：

　　双足并拢脚尖朝前；脚踝相抵；两膝挺直；臀肌压紧内收；盆骨向上向前；腹肌紧拉上提至腰；胸腔打开以允许腹部扩张心脏跳动；双肩向上、向后再向下展开；肩胛骨向后收；使头部挺立于脊柱顶端；后脖肌拉伸，下颌稍微内收；胳膊放松垂于两侧，臂肘轻弯，手腕内侧挨着身体，拇指冲前；想象身体中央有一根直线贯穿；另一条直线穿过两肩，还有一条穿过髋骨；走路从大腿移动；甩臂从肩部开始。

我承认对于一些女孩来说，坚持达领小姐的做事方式并非易事，但那些坚持下来的人得到了回报。一个举止优雅的人进入房间时能够引人瞩目，就好像她优美的姿态宣布了她的到场。良好的姿态也能使人显得更加年轻，能改善形体和健康状况，并给她所穿的衣服增加活力。它能够减轻肌肉紧张和疲劳，而且正确的站姿和横膈膜的运用能够改善言语。姿态与文雅赋予人气质，这与金钱毫无关系。

我还设计了循序渐进的技巧帮助学生们坚持我的训练方法。比如，有一套"以达领的方式迎接每一天"的14步指南。步骤如下：

1. 淋浴，并用香波洗发或用浴帽罩头。

2. 吹干头发，或用毛巾沾干，或用手指抖干。

3. 将头发放入加热的发卷或类似的东西中。

4. 用身体保湿霜、腋下走珠液、滑石粉，全身喷上香水（或进行第12步）。

5. 检查脚趾甲油。

6. 穿上内衣和晨衣。

7. 化妆，不涂口红。

8. 吃早点，刷牙。

9. 着装。

10. 做发型。

11. 涂口红。

12. 在手腕和耳后抹香水。

13. 检查手指甲油。

14. 微笑并开始快乐的一天。

这些似乎都是常识，但是，在杂志上满是实用的自助秘诀之前的年代，这种信息对那些无处咨询穿着打扮的女性至关重要。在按照我的指导开始一天之后，学生们又接受了夜间美容规则的指导。我建议学生们，如果她们想仪容最佳，就要早早上床休息。如果她们有一天熬夜，我就告诉她们保证第二天早睡。睡眠和放松是使头脑和身体保持青春活力的最好方式。它能使皮肤、头脑和精神得到休息，用上全世界所有的面霜也无法修复由睡眠缺乏和不健康的生活方式造成的破坏。尽管如此，为了减少岁月的痕迹，我晚上总是在眼部周围轻轻涂些绵羊油。

我母亲和我都对时尚独具慧眼，所以着装课是我们天生就理解的知识的自然扩展。这些课程教授怎样以有限的开支让衣柜发挥效用，怎样有效地搭配颜色，怎样着装来烘托身体的优点并掩盖问题区域，还有预测即将到来的时尚潮流。课程的设计是为了让学生理解怎样为不同季节设计一个可以负担起又能够百搭的衣柜。我的个人衣柜是我所授知识的反映。我沉迷于款式和质量，而不是引人瞩目的华丽标签。我买不同的衣服来混合搭配，并根据场合决定是盛装出行还是聪明着装。金钱并不能买到时尚感或品位。

化妆课教学生怎样使用化妆品来改善她们的面容，什么样的色彩能使她们的脸色显得最漂亮。当女孩们妆容漂亮时我给予称赞，我想她们也知道什么时候应改善。我发现，给她们一些微妙的暗示比要求她们应该怎样打扮更加有效，比如"保养好你的鞋子非常重要"，"我觉得你涂浅色口红很漂亮，你为什么不试试这一支"。我总是尽量不让批评有针对性，不引起对个别学生服饰或妆容的注意。礼仪课程也教授皮肤和头发护理以及发型设计。如果有某种可以改善外表的方法，我就会急于引介，比如帮一个学生选择一种使她脸型显得漂亮的镜框。有些人天生丽质，但我相信，以正确的技巧、积极的态度和自我约束，改变和改善任何人的面容都是可能的。

我希望学生保持健康、健全而不超重。我提倡一种积极的饮食方式，这样学生就会把节食当作一种生活方式而不是单纯的减肥。对于有特别体重问题的学生，我会给出增重或减重的饮食建议。学校推荐的"模特食谱"要求每天吃鸡蛋和葡萄柚，外加其他低脂食品。我很幸运从没遇到控制体重的问题。作为一个职场妈妈要承担的压力和活动使我在年轻时得以保持苗条。

多年来，我门下的一些学生深受饮食失调和自卑情结的折磨，所以，如果我们要扭转这些问题，与她们及其父母建立良好的关系非常重要。首先，我要先找父母了解他们是否意识到女儿的问题。在某些情况下，父母依靠我的影响力来改变女孩的饮食习惯。他们会说："达领小姐不会希望你不吃饭。"我们学校也参与旨在进一步了解神经性厌食症的研究。

这所学校比某些人认为的更具前瞻性。在整个校史上，它一直顺应时代潮流。在20世纪50年代瑜伽课程就被引进了，尽管当时瑜伽在西方世界还鲜为人知。在20世纪70年代，男性管理课程也被引入，其中一位教师就是前模特安吉拉·百丽·麦克斯威尼（Angela Belle McSweeney），她来自澳大利亚最著名的赛马家族之一。她的父母莫莉和托尼·麦克斯威尼（Molly and Tony McSweeney）与我一直保持着珍贵的友谊。安吉拉重新介绍了皇家兰德威克赛马场时尚（Fashions on the Field at Royal Randwick），而且每年受邀为英国广播公司（BBC）做英国皇家爱斯科赛马会（Royal Ascot）的时尚报道。男性管理课程旨在将缺乏勇气的男性转变为信心十足，深受女士爱戴的绅士。现在它被设计成对男女都有吸引力的课程。为了帮助学生提高演讲能力并培养戏剧表演技巧，我开设了表演工作坊。从20世纪80年代的资深艺人莱昂内尔·龙（Lionel Long）到朱迪·麦克伯尼（Judy McBurney）等电视肥皂剧演员都是我们的老师。

1988年，我创建了南半球第一所商业精修学校。今天，它已经发展壮大为一所得到认证的青年学院。我们的毕业生供不应求。他们拥有一位苛刻雇主要求代表其公司形象的所有品质。

至今65年已经过去，我开发的最初课程还在布里斯班和悉尼的学校中使用，尽管做了一些修改与更新。为何如此？这是因为，人类并无根本变化，所以我发现我在20世纪50年代最初使用的方法至今有效，相同的规则也仍然适用。我的学校提供根本的有价值的指导，引领男人和女人们迷人、自信、快乐、成功地生活。今天的人们和20世纪50年代一样会不由自主地通过感官——视觉、听觉、触觉、嗅觉——判断别人，所以健康保养良好的皮肤、头发、手和指甲、优美的姿态、一个微笑和目光交流总是很重要。和谐的语音语调、正确的语法，加之一个微笑，是使声音动听的要素。整洁和清香使人悦目愉心，所以香水或刮胡后搽的润肤水、口气清新剂和止汗液对赏心悦目的外表至关重要。

通过穿着打扮来创造正面形象的技巧并不昂贵，它需要一个积极、自尊的人来学习、坚持，但是它让人终生受益。昂贵的衣服并无必要。我一直相信以最适合个人的颜色简单混搭就足够了。关键的是人，而不是设计标签。

我试图鼓励学生理解我们每个人都有一种深度。一个举止优雅、言谈得体、衣冠整洁的人可以游遍世界，与任何层次的人交往。重要的是美的深度。多年来，我看到过太多美貌消退、身体发福的人，而人格、魅力和品质的深度却不会消退。真正的美栖居于人的心灵深处。如果要依靠整容获得幸福感，它何益之有？皱纹彰显个性。它是我们历经沧桑的痕迹。自信来自于接受原本的自我并关注真正重要的事情。关键要在所有的事情中都尽量做最好的自己，我们应该永远不断学习。

我已经认识到，最重要的品质都是免费的。一个微笑能照亮你的脸颊和双眼。它能让我们感到愉悦，也能改变我们的语调。微笑不止能被看到，也能被听到，所以打电话也要微笑。好的体态也是免费的。它能让我们显得自信、庄重，也能避免我们的身体随着年龄的增长而萎缩变形。

我们都有能力改善自己的声音。我们应该利用自己的耳朵来调节声音，不断地倾听、改正我们的讲话方式和语调。声音应该较低，而不是高音调。它们应该从口腔中清晰可辨地吐出，而不是击中口腔顶部并从鼻中发出。声音可以扣人心弦，也可以令人生厌。

英语语言非常优美，应该受到保护。美国主义入侵给我们的语言和行为带来的影响使我感到伤心。我更喜欢"yes"而不是"yeah"，"child"而不是"kid"（毕竟，那本是指小羊的）。我喜欢听人说"谢谢"和"请"。礼貌词汇正在变得越来越简短，甚至有完全丧失的危险。

尽管时代变化，但我在20世纪50年代的建议与今天许多励志演讲家所提倡的东西还是大同小异。化妆产品和使用方法都有了提高。时尚在每个季节都有所变化，大量护肤产品被引进，所以关于这些方面的教学对此也有所反映。我相信我的礼仪和仪态建议是历久不衰的，能使男人和女人在任何社交和工作场合都很好地生存适应并光彩照人。周六和学生放假期间的课程吸引了从 10 岁到 70 岁的学生。我在沃森溪打造的科目至今还在现在的课程中：个人发展、职业发展、企业成功、商业、接待技巧、活动策划、压力管理、人生规划、体型管理、沟通、肢体语言及化妆、衣橱和模特。另外，我还有一所人才辈出、独一无二的商业精修学院。现在中国的达领精英学院让我看到崭新的未来，我把 65 年来积累的所有教学精华都放在这里，我相信随着学生人数的增加，中国很快会涌现出一批世界级的精英。他们的出现会带动一大批中国人，让他们带着这样的自信与美好生活与创造，真是一件令人鼓舞的事情。

与学校的历久不衰一样，它培养的毕业生也一直是我所授内容卓有成效的最好证明。第一年，我的毕业生就在新南威尔士州举行的澳大利亚小姐选美中摘取了冠、亚、季军桂冠；第二年，在昆士兰举行的选美中我们再续胜绩。奖项滚滚而来，美女大量涌现。这些卓越超群的女性是我们学校真正的活广告，值得用专门一章来书写。

我仍在竭力说服人们，美丽和智慧是可以并存的。做一个时刻紧跟时尚的人很重要。毒品、酒精和香烟要避而远之，事实上这些会让我们落伍，而且也会让我们容颜变老。

悉尼的第一期课程很成功，但是我妈妈担心没有足够的生源让它继续维持，所以建议我们在布里斯班也开一期课程。1950 年 6 月，我们在布里斯班开始了第一期课程，波尔森老先生（old Mr Poulsen）让我们免费使用他位于市中心王后大道（Queen Street）的摄影室。"波尔森老先生"和他的儿子哈利（Harry）对我们太好了。我无法想象今天的生意场上能有这样的慷慨大方。课程受到人们极大欢迎，我们决定在两个城市轮流开课。

我又发现了一个新的商机。随着学校吸引如此众多的美女，且使丑小鸭在毕业时变身白天鹅，广告商要求推荐模特的请求日益增长，我看到了亟待填补的市场需求的空白。我相信，建立一个模特经纪公司对模特、客户和我自己都有好处。它似乎是学校发展的自然结果。经纪公司会保护模特不被怀有歹意的摄影师左右，也会解放模特的妈妈们——就像我的妈妈一样——她们曾在家里守在电话旁处理女儿的表演预约。

我向百货商场打听他们的反映："经纪公司绝不会有前途。我们喜欢给妈妈们打电话，跟她们聊。"我并不气馁，相信他们早晚会同意我的想法。战争刚刚结束不久，广告业正在发展，时装秀日益流行，百货商场开始兴旺。所以，在学校仅仅开业一年之后，我就冒险创立了南半球第一家模特经纪公司，或许也是美国和英国之外的第一家。不久，悉尼的广告商和零售商就认识到通过经纪公司来预约模特的方便之处。而布里斯班的市场变化相对来说要慢得多。

我们在悉尼的第一位老师是小巧的吉尔·费里斯（Jill Ferris）——许多早年的学生都非常怀念她。因为学生毕业后要成为模特，理所当然应该拓展一些教授她们业内基础知识的课程。学生们可以报名参加通用的着装礼仪课程（现在称为个人精修），也可以参加我为培养未来模特开发的新的分支课程：模特课程。这个课程不仅教给她们礼仪课的基础知识，也教怎样走秀，在镜头前摆姿势，与摄影师合作，模特化妆以及怎样从事模特行业的方法和成为优秀模特的心理要素。

20世纪60年代我的学校就安装了闭路电视，这样学生们可以从镜头上获得一些模特经验。这些学生被鼓励将模特工作当成一个严肃的事业选择。我告诉她们，收集模特作品集就像开店营业时要用人们想买的紧俏奇货来装点橱窗。如果我母亲和我感觉到报名的学生有真正的潜力并有意从事模特行业，我们就向她推荐模特课程。没有任何人被忽视，也没有任何人得到什么许诺，除非我确信她们具有那种难以寻找的特质。

除非这个人出类拔萃，不然我总是建议她不要从事模特业。只有大约百分之二的人适合做模特。我的原则一直是最好对学生坦诚一些，即便冒着伤害她们自尊的危险，也比让她们选择模特课程，最后却大吃苦头强。

如果申请者能达到做模特的基本要求（身高和骨骼结构），她们就有机会从事模特行业，但是是否能在这样一个吹毛求疵的行业中获得成功是仅用一把卷尺无法评定的。评估一个人的模特潜力需要一双慧眼和丰富的经验，即便这样也还是不能保证在这样一个青春至上的行业中能有长远的职业生涯。时尚界对美的界定越来越变化无常。一个季节流行的样子，到下一个季节就已经过时。总体来说，现在业内对那种生理上罕见的类型情有独钟：极高的骨瘦如柴的超级模特。

随着经纪公司的起步，悉尼对更大营业场所的需求迫在眉睫。在一位摄影师朋友约翰·内斯比特（John Nesbitt）的建议下，妈妈和我去找了汤姆·德瑞莫（Tom Dreamer）。汤姆充分利用战后租住空间的缺乏，将卡斯尔雷大街联合大楼底层的养兔场租作商业场所。他漂亮且与众不同，他似乎总在不断翻新的摄影棚里制作一些电影广告和电影短片。我们对汤姆说明我们只需要一个小的固定空间做办公室。经劝说，他接受了允许我们在晚上使用他的摄影棚的主意，他白天的房客布朗老先生（Old Mr Brown）已经把它改造成了一个二手家居用品店。"你们能把那个角落当办公室。"汤姆指着门厅里的一个小区域说。每个营业日结束时，布朗先生杂七杂八的货物就被堆放到墙边以腾出地面空间，在第二天早晨开门营业前再把它们各自归位。

有人借给我们一张大黑桌，它占去了角落的大部分空间。我们在两道墙之间打了一个三合板隔间。我们的临时办公室加了一道上锁的门就算完工了，但是第二天我们却忘了带钥匙，汤姆从隔断爬进去才把它打开。匆忙之间，我们也忘记了申请电话，隔壁房客非常好心地允许我们使用他们的电话，直到他们接到太多咨询电话以至于无暇接听自己的业务电话。在新电话线安装之前，妈妈都要待在家里接听咨询电话。"你们永远不会有什么进展的。"汤姆警告说。但很快我们就证明他是错的，并把他也争取了过来。在摄影棚里举行学校毕业晚会期间，当学生们换下一套衣服准备走秀的时候，他很高兴地给多数学生家长放映了他的一部电影。最后我们发展到他的空间已无法容纳，汤姆还会到我的新营业地点来访，共话过去的时光。我很怀念他。与许多其他我很感恩的人一样，在我写这本书期间，他去世了。

这时我急需一位秘书。我一个学生的母亲伊士曼太太（Mrs Eastman）告诉我，她十几岁的女儿伊娃（Yvonne）刚刚从海勒斯小姐（Miss Hayles）的秘书学院毕业。"你可以以一周4镑雇她。"伊士曼太太主动说。在被桌子占满的角落办公室里没有空间给伊娃，所以我就在角落办公室外面的门厅里给她放了一张小桌子，在她缓慢地只用两根手指敲打着打字机键盘时其他房客来来往往。在汤姆的养兔场办公区中混杂着各色人等。我永远不会忘记高大、英俊、尊贵的汉斯·海因里希·弗拉基米尔·塞尔吉·克鲁尔·冯·阿尔德斯坦（Hans Heinrich Vladimir Sergie Krull von Alderstein）。他的妻子玛丽恩出版了署名为玛丽恩·冯·阿尔德斯坦（Marion von Alderstein）的礼仪书并鼓励我为《时尚》（*Vogue*）杂志撰稿。

开业大约两年以后，悉尼的生意如火如荼，办公室拥挤不堪。我突然想到，如果有个赞助人，我就可以为我的生意找个新址，也可以雇一个老师，这样我就能脱身学习一下国外的魅力学校和模特经纪公司是怎么运作的。弗兰克·帕克尔（Frank Packer）的生意——统一出版社（Consolidated Press）就在马路对面，我决定去请求他加盟做我的生意伙伴。作为我和我的模特们曾经做封面女郎的杂志的出版商，我希望他会对我在信中描述的提议感兴趣。

因摄影棚空间有限，现在已无法满足学校的报名需求。1952年的申请名单上有超过70个新报名的女孩儿在排队等待，这还不算可能在其他方向的新发展，如为已婚女性和刚从学校毕业的女孩儿开的课程。如果白天和晚上都能有更多的空间，我就可能雇用更多的老师，而现在每一门课都是我一个人在教。住在乡村的女孩们也可能非常需要一门函授课程。如果有合适的员工，在不久的将来，学校就能够在悉尼和布里斯班，甚或其他州继续拓展。许多女孩儿都来咨询服装裁剪课，这可以作为礼仪课结束后的附加课程。

当时，每个学生的学费是25基尼，而有69位女生报名。我估计学校在1952年1月的利润率将达到每周173镑。我对弗兰克先生提出，他以相当于现有净利润的一半的资产投资三年（每周为学校投入84镑，为经纪公司投入20镑），三年总计7800镑。作为交换，我要求每周工资18镑，六个月以后有四个月的海外假期。弗兰克先生杳无回音。随着模特经纪公司和学校的发展，汤姆伸出援手，同意把对面门厅的空间租给我们，这样房客们的门厅就更小了。我们用浅黄色胶合板墙壁和不透明的玻璃板将这个空间分成三个小办公室。当我们能够使用走廊对面更大的一间储藏室时，情况进一步得到缓解。最后，我们给自己的空间装了一道从地板到天花板的门，这样就有了四个办公室和一个接待区域。

我并未放弃访问伦敦和纽约礼仪学校的想法，但是我必须雇用足够的员工才能成行。我亲手将派特·伍德利（Pat Woodley）培养成了1951年的新南威尔士小姐。那年没有澳大利亚小姐，派特作为国家的使者前往海外。回国后，她同意在我首次出国期间代行教学职责。派特之前做过家政教师，我很欣赏她的敬业和凡我所说都做笔记的做法。所以，当一位业内的朋友告诉我，派特正在为自己的个人精修学校和经纪公司选址时，我心灰意冷，难以置信。当派特来侦查另一门课时，我当面质问了她。她眼都不眨就承认了要开一家竞争企业的计划，然后扬长而去。我压抑着自己的愤怒，就好像什么也没有发生，因为还有学生在等着我，她们为上课付了钱，这个时间是她们的。演出还要继续，当然，我已经习惯了掩饰。至少，我过去的隐秘教会了我这一生存技巧。

有一段时间，派特·伍德利个人精修学校（即便这个名字也并非完全原创）对我的学校来说很有竞争力。毕竟，派特教授与我的课程完全相同的内容，不过，她做模特的经验却没有我丰富。她的学校如今早已经不复存在。尽管如此，我还是认为派特的离去是对我个人的深深的伤害。这对我是一种新的商业经历。那时的生意场还是一个信守承诺的时代。如今，我能预料到生意场上的这种行为，会保护我的知识产权，并诉诸法律。那时我根本没有考虑采取法律行动，况且夜以继日的工作已经使我筋疲力尽。那是我在生意上第一次尝到背叛的滋味，但那并不是最后一次。

我一直盘算着在墨尔本开一所学校和经纪公司，所以我前往那里去征询澳大利亚最著名的时尚摄影师之一阿索尔·史密斯（Athol Shmith）的意见。我曾约会过克莱夫·史密斯（Clive Shmith），他负责管理他哥哥的账目。我很尊敬阿索尔，并在墨尔本做过他的模特，所以能够轻松地与他推心置腹。"墨尔本还不适宜你的生意，"阿索尔建议说，"你何不过一两年再试？"6个月之内，阿索尔和他的妻子，漂亮的时装模特班比·塔克威尔（Bambi Tuckwell），就开了一家和我的惊人相似的企业。当班比离开阿索尔，嫁给英女王的表亲海尔伍德伯爵（Earl Harewood），别人接手了这家企业。后来又有一家个人精修学校在墨尔本开业，我知道市场不能再容下第三个竞争者。

　　我从未后悔未能在墨尔本开学校，因为那样我可能就无法在布里斯班投入这么多时间，而这里的学校已然蓬勃发展，我也在这里建立了持久的友谊。布里斯班是我钟情的城市。我在位于爱德华大街（Edward Street）的市中心找到一个永久基地，它紧邻以蛋糕和老式家常美食著称的布里斯班地标性建筑——木瓦餐馆（Shingle Inn）。我公司的固定摄影师之一是杰夫·多思（Geoff Dauth），他的副业是为在世的亲人拍摄死者的照片。他的摄影室临近停尸房，但模特们从没觉得不自在。布里斯班和悉尼的生意已经稳住了根基，我觉得是时候休整一下了。在悉尼，我雇用了玛西娅·哈特菲尔德（Marcia Hatfield）和乔斯·戈德伯格（Jose Goldberg）来负责经营。我已迫不及待要开始一场新冒险了。

九 好莱坞星

我想出一个主意，在我访问美国和伦敦的模特经纪公司和魅力学校期间，举行个人时装秀以资助我的旅行。英联邦太平洋航空公司（British Commonwealth Pacific Airlines，简称 BCPA），后来成为澳洲航空公司（Qantas）接受了我的提议，并赠给我一张前往美国的往返机票。著名澳大利亚设计师弗兰克·米切尔（Frank Mitchell）提供给我一系列时装进行展演，它们也用作我的旅行衣柜。那个年代，年轻女性通常不独自旅行，而且也没有很多澳大利亚人出国旅行，但是我经济独立，并且急于发现新地点，学习新事物，结交新朋友。妈妈、海伦和一群模特到机场为我送行。我正值 25 岁，即将开始我生命中最美好的一年。多年来，如果有人询问我的年龄，我就告诉他们我 25 岁，因为回忆那段美好时光以及置身事外的逍遥自在使我身心愉悦。我相信一位女士不必公布她的年龄，那只不过是个数字而已。我们的感觉决定我们的年龄，我仍然感觉自己 25 岁。

我的第一站是夏威夷的火奴鲁鲁，英联邦太平洋航空公司的地勤代表艾琳·威登（Eileen Weedon）接待了我。（是她安排了我的行程并预定了我的时装秀。）回过头来看，我独自登台表演的尝试就像一个单人乐队，既煞有介事又滑稽可笑。身兼主持和模特，我先向观众宣布我将展示的下一套服装，继而消失到后台忙乱地换上衣服，然后再次出现在观众面前，在走步时尽量不显出疲惫。天气有些闷热，但是当我把全部

20 套衣服换上换下时我似乎已经达到了沸点。正如我回来对办公室里的女孩们汇报的那样，除了换衣服有些耽搁时间，我的首秀很受欢迎。

啊，孩子们，我太受欢迎了。昨晚在滨水酒店（Edgewater Hotel）的走秀也许是我有史以来最大的成功。我刚开始的时候，观众中大约有 200 人：岛上所有的服装设计师、美国来的代表、社会名流，等等。餐厅都预定出去了，阳台上的酒吧也是，还有人坐在游泳池周围。表演结束的时候，大约有 300 人，这也在很大程度上说明了表演的成功，因为只有我一个人展演这些服装。演出从晚上 7 点持续到 8 点半……表演的布景非常棒——就像电影的布景——夏威夷背景音乐，四处点缀的奇异花朵，饶有兴味地喝着鸡尾酒的人们……这里天黑得很快，所以当我 7 点钟开始展示休闲装的时候天还很亮，阳光从棕榈树间隐约可见，而当我换上鸡尾酒会礼服和晚礼服时，灯光已经照亮了游泳池和四周的树木。

当地的设计师对弗兰克·米切尔的时装系列异常着迷并交口称赞，它们与美国当时的时尚大相径庭。很多观众向我出价购买这些衣服——而且是不惜任何代价！几天以后，我作为嘉宾模特参加了在皇家夏威夷酒店（Royal Hawaiian Hotel）举行的午宴走秀。

那是做模特展示的最奇妙的地方。表演在提供自助午餐的冲浪吧（Surf Bar）举行。观众包括来自世界各地的游客。他们从海滩直接到这里来吃饭——他们的衣服大多都是最为明艳并具有异域风格的夏威夷图案。我展示的是希尔·查普曼（Ceil Chapman）的设计和其他一些很出色的服装。我们从冲浪吧（墙面都是玻璃的，而且向后滑动）向外走到拉尼（Lani），即距海滩仅一步之遥的阳台。我被宣布是来自澳大利亚的嘉宾模特并得到非常热烈的掌声，似乎澳大利亚人很受欢迎。举行这场表演的商店叫作玛丽&珍（Mary & Jane）——位于皇家夏威夷酒店。我很高兴，他们给了我一对漂亮的镶人造钻石的耳环。酒店里的伊丽莎白·雅顿发廊（Elizabeth Arden's salon）为我的表演做了发型。伊丽莎白·雅顿本人就坐在我旁边为我喝彩。我们更衣的化妆间简直世间少有。它叫作"珍珠屋"（Pearl Room）——就是因为屋中的帘子都是用从天花板到地板的长串珍珠制成。所有的灯光上也挂着珍珠。可爱的夏威夷小女孩侍者帮我们换衣服并给我们大团大团的纸巾来擦汗，因为那天很热……一个夏威夷公司，天堂运动装（Paradise Sportswear），送给我一件纱笼、几件阿罗哈衬衫、一件旗袍、一件棉布太阳装和一套中式睡衣。

也许是因为我是澳大利亚模特，可谓奇货可居，所以颇具新闻价值。我要设立一个称为模特租借方案来将我的澳大利亚模特和欧洲及美洲的模特作交换的计划得到了媒体的正面报道。我与模特夏威夷（Models Hawaii），火奴鲁鲁的顶尖经纪公司，会面以谋求达成交换协议。我带来大量澳大利亚模特的照片以推销我的计划，并告知人们通常认为澳大利亚女孩比美国模特更有魅力。她们具有自然之美。那是全世界范围内模特交流的开始。

我从火奴鲁鲁飞往旧金山，承蒙英联邦太平洋航空公司驻夏威夷代表写给旧金山一位顶级专栏作家的秘书的一封信，我有幸在那里受到了行内人士的热情接待。她的举荐对我恭维有加。

现在我们这里有位来自澳大利亚悉尼的最为个性鲜明的人物——琼·达领-霍特金斯小姐，澳大利亚最好和最上镜模特，她在火奴鲁鲁引起了轰动……她星期五晚上在滨水酒店举行的"个人"时装秀妙不可言——真是人尽皆爱，济济满堂……岛上精英荟萃。你会格外喜欢由达领-霍特金斯小姐一个人制造的沸腾气氛。她的模特风采自由不羁，令人叹为观止。

她有全套的澳大利亚设计服装，它们极为轮廓鲜明、功能多样又时髦漂亮。

而且火奴鲁鲁的设计师和购买商对此大加赞赏——千真万确！我必须说这些设计将纽约和巴黎带到了怀基海滩（Waikiki）——尽管仅有一晚——该死！

　　感兴趣吗？太好了！我来继续说——琼将于 6 月 23 日星期三抵达旧金山
［广场酒店（Plaza Hotel）］进行接洽，既为澳大利亚做宣传又向美国学习……
我已将你的姓名地址交给琼，她会与你联系。我已经告诉她你在《纪事报》
（Chronicle）的职位，你不仅对旧金山和旧金山人了如指掌，而且在当地极具影响
力。我认为你是为远方的朋友接风洗尘的最佳人选……这个女孩肯定会成为新闻
人物，甚或你的老板也可能找到很多有趣的新闻素材可写——比如租借方案——
不过你还是等着瞧吧。

　　得益于旧金山社交圈的接受和英联邦太平洋航空公司的推广，我作为电视嘉宾上
了玛乔里·特瑞堡尔秀（The Marjorie Trimball Show）并展示了弗兰克的设计。那是我
第一次上电视，4 年之后电视才抵达大洋洲海岸。自然，在其初创阶段就能在这一媒体
上镜是令人兴奋的事情。也许海外电影明星已经上过电视，但我被评论说是在美国电
视上展示澳大利亚时尚的第一人。

　　在前往洛杉矶之前，我给好朋友奥里·凯利（Orry Kelly）[1] 打了电话，他是在好
莱坞成名的澳大利亚人，为澳大利亚女演员梅尔·奥勃朗（Merle Oberon）、琼·克
劳馥（Joan Crawford）、诺玛·希拉（Norma Shearer）以及其他米高梅（MGM）麾
下的好莱坞影星设计服装。我万分感激地接受了他的邀请，住到他位于比弗利山庄
（Beverly Hills）的家中。

　　我去好莱坞并不是想当电影演员而是学习，但是见到了我儿时认为是夜空中的一
颗明星的好莱坞还是令我心醉神迷。其实，在澳大利亚它似乎就像遥不可及的天体。
好莱坞所充溢的老练世故和放荡不羁还没有沾染至与世隔绝的澳大利亚海岸。知道有
很多想要成为演员的人甘愿坐冷板凳以等待时机拍摄电影使我感到震惊。性欲和性行
为在澳大利亚还是讨论的禁忌。而这在好莱坞无处不在，但是电影制片厂的老板们竭

　　1　奥里·凯利，服装设计师。凭借《巴黎之恋》（1957）获得第 30 届奥斯卡最佳服装设计奖；凭借《热情如
火》（1959）获得第 32 届奥斯卡最佳服装设计奖。

尽全力不让公众知道这些丑闻。真是今非昔比！现在，绯闻已经成为炒作新电影的宣传工具。我知道我跟不上好莱坞的节奏，但是这不妨碍我尽情享受在那里的时光。

奥里很乐于夸耀我并把我介绍给他的朋友们：好莱坞顶层的核心集团。在几次引介之后，我的社交邀请像滚雪球一样越来越多——每个人都想见一见"那个澳大利亚人"。今天，美国人对澳大利亚来访者的兴趣和热情一如既往。

我对同性恋一无所知，但很快觉察出奥里的与众不同。当女演员埃塞尔·巴里莫尔（Ethel Barrymore）邀请我们到她家参加晚宴时，她和我是仅有的女客，我们置身于一群极为成熟的男性中，其中包括词作家科尔·波特（Cole Porter）。导演和剧作家乔治·库克（George Cukor）[1] 也是来客之一。与这样一群名士为伴，我几乎哑口无言。发现男人对彼此的喜爱超过对女人时我异常惊讶，这让奥里忍俊不禁，不过我的天真也使他对我更为保护有加。当一名很有魅力的男明星来他家约我出去时，奥里告诉他离我远点儿。"提防着他点儿，琼，他已经结婚，而且是双性恋者。"我不知道"双性恋"是什么意思，但不想显得更傻，就没问。

奥里带我去吃午餐和晚餐的地方都很"入时"，如罗曼诺夫（Romanoff's）——好莱坞影星和未来影星们云集的著名餐厅。坐什么样的座位取决于你的知名度。奥里和我总是被让到前排的座位，这样任何经过的人都能立即看到我们。所有影星都认识奥里，并到我们桌边叙谈，约翰·韦恩（John Wayne）[2]、加里·格兰特（Cary Grant）、朱迪·嘉兰（Judy Garland）[3]、雷·米兰德（Ray Milland）和赫伯特·马歇尔（Herbert Marshall）等。有时奥里喝多了会和朋友争吵。在与梅尔·奥勃朗的一次口角之后，他

1　乔治·库克，导演。其作品包括《茶花女》（1937）、《费城故事》（1940）、《窈窕淑女》（1964）等。他特别擅长处理女性主题，很能使女主角发挥所长。20世纪30年代至60年代，均有佳作问世，堪称好莱坞的常青树。5次获得奥斯卡最佳导演提名，并于1965年凭借《窈窕淑女》获最佳导演奖。

2　约翰·韦恩，以演出西部片和战争片中的硬汉而闻名。其作品《关山飞渡》蜚声世界影坛，是好莱坞有史以来最伟大的影星之一。1999年，被美国电影学会选为百年来最伟大的男演员第13名。

3　朱迪·嘉兰，美国女演员及歌唱家。在45年的歌唱生涯中，她以扮演音乐型戏剧角色和在音乐舞台上的表演而成为国际明星。1999年，被美国电影学会选为百年来最伟大的女演员第8名。

送给我一块金表。"琼，拿着这东西。我不想记起那个泼妇。"上面刻着"送给奥里·凯利，以我永恒的爱和友谊，梅尔·奥勃朗"。几天后，奥里后悔了自己的行为，并把它要了回去。

我知道澳大利亚的女孩们会喜欢关于浮华城的名人们的新闻，所以我寄去照片并写道：

　　这简直难以置信，在好莱坞一个女孩身上竟能发生如此多美妙的事情。读报纸时，我注意到一篇高登·柯里（Gordon Currie）写的专栏文章，立即想不知是否和我在悉尼认识的是同一个人。（高登给一些富人名士拍照，然后连同一些小道消息卖给报纸。他还有一个在多台同步播放的广播节目也在澳大利亚广播。）给报纸打电话得知确是同一人后，我给他的公寓打了电话，并恢复了与他和他妻子伊娃（Eve）的旧交……之后忙碌就开始了。

　　当天下午（星期日）他们就请我和他们一起去参加为玛丽莲·梦露（Marilyn Monroe）[1]举办的生日聚会，在著名乐队指挥雷·安东尼（Ray Anthony）家美丽的花园中举行。我一到那里就感到眼花缭乱。游泳池对面是用紫花拼写的"玛丽莲"。雷的整个乐队都在那里，当我们站在那儿吃着鱼子酱和其他美食，喝着任选的饮料时，雷的乐队——首次在公开场合——演奏起新歌《玛丽莲》。那首歌节奏很美，注定会很受欢迎。

　　下午5点，玛丽莲该到了，每个人都很关注她将怎样入场。我们最后看到一架直升机在头顶盘旋。别管你是否相信，她就是这样到场的！直升机降落在游泳池旁边的草地上，降落时极力让一些宾客离开并让人拿开遮阳伞。玛丽莲穿着（这让我眼珠差点儿掉出来）一件紫红色毛线裙，裙子下面没穿一针一线——绝对

1　玛丽莲·梦露，因影片《七年之痒》中的经典镜头而为世人熟知。1960年，凭借《热情似火》获得金球奖音乐及喜剧类最佳女演员。1999年，被美国电影学会选为百年来最伟大的女演员排名第6名。

一丝不挂——或者看起来是这样。她非常友好，言语亲切，有一张很美的脸。关于穿衣这个话题——我一到就马上感觉自己穿得太多了。正如你们可以从照片上看到的，我穿着我的弗兰克·米切尔真丝裙，也带着胸罩，穿着长筒袜——领口大约高出三英寸，蝴蝶结也遮盖得太多了。我和米基·鲁尼（Mickey Rooney）愉快地相处，他做鼓手，和乐队演奏了几支曲子——他是个很棒很可爱的小个子，比在电影里看起来帅多了。更有趣的是田纳西·欧尼·福特（Tennessee Ernie Ford，一个乡村和西部歌手及电影演员），追着我给我唱歌。

那晚，奥里·凯利也将我介绍给梦露。我们在一家非常高档的餐厅拉鲁（La Rue）用晚餐。在这儿，奥里还把我介绍给乔治·拉夫特（George Raft）、吉米·斯图尔特（Jimmy Stewart）、查尔斯·劳顿（Charles Laughton）、蒂龙·鲍威尔（Tyrone Power）、乔治·桑德斯（George Sanders）和琳达·克里斯琴（Linda Christian）。那是与奥里这位完美的男主人一起度过的一个美妙的夜晚。制片人的妻子杰瑞·沃尔夫人（Mrs Jerry Wall），她是我在好莱坞见过的最聪明的女人，另外还有位于得克萨斯达拉斯的尼曼·玛戈品牌的斯坦利·玛戈……

我来这里一直马不停蹄，我已经做过三次电视节目、一次广播节目——鲍勃·胡普秀（The Bob Hope Show），并拍摄了我的全部弗兰克·米切尔时装，准备用于电视节目。这是次非常美好的经历，因为那些电影人真正熟悉他们的业务，有那样的人执导，工作起来很轻松。影片将被用于全美的电视。在一次节目中，我被选为一个咖啡广告的"最杰出的女性"。

在星期天晚上做完这个节目之后，我见到了鸵鸟呆瓜（Jughead the Ostrich）——一只非常聪明的鸟。他和他的主人，珍，做了一个电视节目。珍邀请我们录完节目后一起喝一杯。我们也带了呆瓜一起。当我们大家走进去坐到吧台旁边时，吧台后的那个男人差点儿晕倒。不久，酒吧里人多起来，看着人们进门时脸上的表情开心至极。后来我们出去到好莱坞和藤街（Vine）拐角买热狗时，我们又带上了呆瓜……

　　我访问了所有有趣的夜总会，也去观看了纳京高（Nat King Cole）和贝尔姐妹（the Bell Sisters）的演出。纳京高是我听过的唱得最棒的人，现在我已成为他的歌迷。现在这里最流行的歌曲是由萝丝玛丽·克鲁尼（Rosemary Clooney）演唱的《一半》（*Half as Much*）。

　　任何把好莱坞想象成电影中看到的样子的人都会大失所望。它一点儿也不像你想象中的星光大道。电影完全是一种生意，而且是艰难的生意。有那么多女孩伺机等待拍电影，为了达到目的她们可以不择手段。见到明星是令人兴奋的经历。与你在屏幕上见过那么多次的人们面对面地聊天实在激动人心。我发现我见到的所有明星都如此自然和迷人。他们只不过是选择了那个行业来谋生的普通人……

　　我关于澳大利亚模特的大量档案在这里引起了巨大轰动。女孩们的照片在电视上播出，现在人们都想见见姑娘们本人！

在纽约，应约翰·罗伯特·鲍尔斯的邀请，我前往他的魅力学校参观学习。这所学校发掘了很多名人，包括女演员吉恩·蒂尔尼（Gene Tierney）、艾娃·加德纳（Ava Gardner）、琼·克劳馥和劳伦·白考尔（Lauren Bacall）。鲍尔斯先生，大家都这样叫他，比我大很多岁，向这位大师学习我感到非常荣幸。他的企业协议销售露华浓（Revlon）化妆品。为了效仿他，我也设法找到了位于第五大道（Fifth Avenue）的露华浓总部。我虚张声势地介绍了自己一番，希望能成为露华浓在澳大利亚的独家代理。"你来得有点儿晚了。我们一周前将代理权给了戴维·琼斯，澳大利亚最大的时装连锁品牌。"一个经理说。他在我们会面期间不加任何称呼只叫我"多领"。尽管如此，从那时起我在学校和经纪公司上课时一直使用露华浓产品。

　　我被引荐给谢尔曼·比林斯利（Sherman Billingsley），他邀请我去了他的著名夜总会史托克俱乐部（the Stork Club）。我记得，谢尔曼有点儿色眯眯的，一个晚上都对我眉来眼去。不过，能有一次涉足这个新星觊觎着接近百万富翁，从政客到演员和王室成员混迹其中的花花世界的经历也算值得了。有点儿知名度的人都去史托克。

到达伦敦后，我立时从崭新的世界穿越到了旧大陆，这里肉贩们穿着长长的条格围裙，带着康康帽，把半片的牛羊肉挂在店外。我住到了坎伯兰酒店（Cumberland Hotel），并联系到了两位曾和我一起工作的澳大利亚模特，诺拉·罗斯和琼·马西。在我给女王的服装设计师诺曼·哈特奈尔（Norman Hartnell）[1] 的时装屋做女王模特期间，天才的摄影师戴维·莫尔（David Moore），为我拍照。

尽管我能够将通过接触时尚界和在海外做模特所学带回我的学校，但我在伦敦逗留期间的首要任务并非工作。我在那里沉浸于美景和戏剧，以及结交朋友。通过好莱坞的关系，我被介绍与英国演员迈克尔·伦尼（Michael Rennie）约会吃饭，他以《地球停转之日》（*The Day the Earth Stood Still*）和《圣袍》（*The Robe*）及其他电影成名。我们刚约会了几次，他就向我求婚了。我受宠若惊，但发现他的自以为美令人厌倦。

导演兼剧作家加森·卡宁（Garson Kanin）和他的妻子，演员兼编剧鲁丝·戈登（Ruth Gordon），打电报给我，让我联系他们当时在伦敦的朋友斯宾塞·屈塞（Spenser Tracy）[2]。加森和鲁丝合写了几部电影，包括特雷西—凯瑟琳·赫本（Katherine Hepburn）的畅销影片《亚当的肋骨》（*Adam's Rib*）和《金屋藏娇》（*Pat and Mike*）。我给斯宾塞打电话时，他让我到他入住的克拉里奇酒店（Claridges Hotel）大厅见他。在约定时间，我看到他走下酒店的大理石楼梯时看了我一眼，然后四处张望，好像要寻找另一张脸。可见，他并没有被告知我长得什么样子，于是我走上前自我介绍，他似乎大吃一惊。这也难怪！喝下午茶时他告诉我，加森和鲁丝跟他开了个玩笑，说我是来自澳大利亚的一个年纪更大的女演员，并认为我很适合演他下一步影片中戴比·雷诺兹（Debbie

---

1 诺曼·哈特奈尔，早在 1923 年就开创了自己的女装沙龙，这也被视为英国时装史上的一座里程碑。作为英国女王伊丽莎白二世的御用裁缝，哈特奈尔包办了她一生最重要的两套华服：1947 年的结婚礼服和 1953 年的加冕礼服。直到 1979 年去世前，这位崇尚罗曼蒂克风格的设计师一直在为英国女王设计曳地礼服。

2 斯宾塞·屈塞，凭借《怒海余生》（1937）和《孤儿乐园》（1938）成为接连两年获得奥斯卡最佳男演员奖第一人。因其表演以含蓄自然著称，被誉为"演员中的演员"。他和凯瑟琳·赫本是好莱坞最有名的银幕情侣，共同出演过九部电影。

Reynolds）演的那个角色的母亲。

与斯宾塞共处的经历非常奇妙——他已经非常出名，演过热门电影《新娘的父亲》（*Father of the Bride*）和《金屋藏娇》（*Pat and Mike*）。我们去考文特花园（Covent Garden）看芭蕾舞，一同前往的还有当时最著名的巴黎模特贝蒂娜（Bettina）和她的情人，花花公子阿里·汗四世王子〔（荧幕妖姬丽塔·海华丝（Rita Hayworth）的前夫，以及统治着全世界数百万什叶派穆斯林的巨富阿加·汗（Aga Khan）之子）〕。后来，我们被引领到后台与芭蕾舞团首席女演员玛戈特·芳婷夫人（Dame Margot Fonteyn）见面。斯宾塞表示钟情于我，我们之间擦出爱的火花，并吻了彼此。我觉得斯宾塞很英俊，但他要坐远洋客轮回美国，我要去巴黎。那个阶段，我知道他已经离开了他的妻子和两个孩子，他们住在纽约，但我不知凯瑟琳·赫本是他的情人。我们约定在我返回洛杉矶时再会面。同时，他发来了隐晦的电报："卡宁发来消息／他们搭船／你也吗／一言蔽之，工作身体如何／爱芭蕾的男人。"不久，我到达巴黎后，又有另一条消息到达："试图通话／长时间延迟括号／也许是清早／写信后你狠心消失／跟英俊的陌生人跑掉如没有什么时候来？可爱的房子，平凡的男人等着／深爱你的山姆大叔。"

首次到访巴黎很好地分散了我对斯宾塞的注意力，这座城市很轻易地就令我着迷。仅仅买一根法棍夹在胳膊下沿着林荫大道散步就让人觉得别有一番情味。受邀参加顶级秋季高级女装展的下一季时装预展就更是如此。虽然身处时尚精英中令我心醉神迷，但我在巴黎世家时装展（Balenciaga's show）上的眩晕另有他故。展演在一个私人沙龙举行，那里没有空调。来宾们坐在很不舒服又不实用的镀金椅子上。大面积的灯光打向我的时候我开始感觉头晕，于是我离开房间并晕倒了。当我回复神志时，我的头枕在一个人的膝上，有人给我扇扇子，一个动听的声音在呼唤我苏醒过来。我睁开眼睛，以为自己已经死掉并到了好莱坞天堂；支撑我的天使是影星克劳德特·科尔伯特（Claudette Colbert）。

我的护送者之一是帅气的雅克（Jacques），他有一家时尚小餐馆，叫作玫瑰经（La Rosarie）。我本来可以和他谈一场恋爱，但明知道会结束，我也就不想开始。雅克带我到一家时髦的夜总会喝香槟——这一直是我最喜爱的餐前饮品。看到女人一起跳舞并互吻令我震惊。我知道"女同性恋"一词，但是天真地认为女同性恋仅仅是那些以女扮男装为乐的女人。我从没想过女人可以相爱并发生性关系。一旦意识到了这一点，每当在巴黎大街上的女子从我身上蹭过去时我都感到不适，而这发生过不止一次。

　　我的好莱坞新朋友们使我与平·克劳斯比（Bing Crosby）主演的电影《丢失的小男孩》（*Little Boy Lost*）的剧组人员取得联系，它正在巴黎城外的凡尔赛宫进行拍摄。他们告诉我如果我假装是一个想报道影片拍摄以回国宣传的澳大利亚记者，我就能够进入拍摄现场。我的好奇心战胜了平·克劳斯比，我受到了欢迎。我想他大概期待我像个袋鼠一样跳进拍摄现场。他请我留下来吃午饭，在此期间我坐在他身旁和演职人员一起跟着哼唱。我太开心了，很快克服了跟这样天才的同伴一起唱歌的拘谨，甚至忘记了自己完全五音不全。我的四个孩子是更严厉的批评者。这些年，每当我在家里唱歌，他们就用双手捂住耳朵并催促我停下来。"但是我曾和平·克劳斯比一起唱过歌。"我会自卖自夸道。他们可不在乎这一套。"试试吹口哨吧。"他们会请求。即使这样我也吹不上调来。

　　当火车从法国穿过瑞士向意大利飞驰时，车外景色引人入胜，但是我对浪漫、纯洁、平和的古罗马奇迹还没有任何思想准备。我的意大利之恋一直持续并传给了我的孩子们，尤其是凯瑞尔（Carel），她在那里住了四年多，还有丽莎（Lisa），她嫁给了一个意大利牙医并在佛罗伦萨定居写作。我现在有两个意大利出生的外孙，娜塔莉亚（Natalia）和里欧（Leo），而且所有我的七个孙辈孩子都用意大利语叫我"Nonna"。我喜欢它。

　　我入住斯卡拉塔（Scalata），位于西班牙阶梯（the Spanish Steps）顶部的一家精品酒店，在奢华的哈塞拉酒店（Hotel Hassler）正对面，正在拍摄《罗马假日》（*Roman Holiday*）的格里高利·派克（Gregory Peck）[1]住在那里。我的好莱坞朋友介绍我与奥黛

1　格里高利·派克，1944年出演《光荣岁月》正式出道。1947年凭借爱情片《鹿苑长春》获得第4届美国金球奖最佳男主角奖。1952年主演的《乞力马扎罗的雪》成为代表作品之一。1953年主演《罗马假日》奠定了其在影坛的地位。1955年获得第12届美国金球奖最受欢迎男演员奖。1963年凭借《杀死一只知更鸟》获得第35届奥斯卡金像奖最佳男主角奖。1968年获得美国电影学院终身成就奖。2003年6月12日，在美国逝世，终年87岁。

丽·赫本（Audrey Hepburn）[1] 见面，我们一见如故，她送了我自己最喜欢的发饰。并且在几天后就邀请我参加她主演的《罗马假日》的杀青晚宴，而且由于她需要赶赴另外一个片场，请我代替她坐在格里高利·派克的身旁。尽管极为紧张，我还是热切地接受了。由于我被安排在影帝与影片导演威廉·惠勒（William Wyler）中间的位置，近距离的接触让我对这位鼎鼎大名的男星那动听的声音发出的每个词玩味无穷。奥黛丽·赫本是那样的完美，我一直很崇拜她，而且在以自己卑微的方式步其后尘。她晚年是联合国国际儿童紧急救援基金会（United Nations International Children's Emergency Fund）大使，而我现在是国际十字路会（Crossroads International）[2] 的巡回大使，它是一个在全世界范围内扶贫济弱的提供必要服务的慈善组织。我的女儿 Lisa 与赫本的两位儿子保持了紧密的联系和友谊，更奇妙的是我们的孙子女们也能在一起上学。

在第一次晚宴上，我和格里高利就明显感觉到对彼此的倾慕。在接下来的一个月中，格里高利向我求爱并带我参观罗马的街景和历史遗迹，包括圣彼得大教堂（St Peter's）、特莱维喷泉（Trevi Foutain）和圆形大剧场。我们拥有了自己的罗马假日。当地人似乎不知道他是名人，所以我们能够享受安静的晚餐并得以相互了解。他带我到古罗马城市广场（Roman Forum）并在月光下吻了我。我们手挽手走上西班牙阶梯，他向我吻别道晚安，在我的酒店门前离开。他是位有深刻内涵的真正绅士。我不知是该欣慰还是失望。

我想让自己爱上他，如果我放下防卫的话，我们本可以有更深的关系。我好像到达了那些星辰中的另外一颗，却不知何去何从，相反，格里高利准备好了开始一段严肃的感情。他已经和他的第一任妻子分开，似乎很孤独。他请我陪伴他去巴黎，但我却对将这段假日恋情进行到下一阶段有所保留。我不知如何处理亲密关系，而且我怀

1　奥黛丽·赫本，英国电影和舞台剧女演员。1954 年，在影片《罗马假日》中第一次出演女主角，并获得奥斯卡最佳女主角奖。同年，因在舞台剧《美人鱼》中的表演，获得托尼奖的最佳女主角。1989 年，客串出演最后一部电影《直到永远》。1999 年，她被美国电影学会评为百年来最伟大的女演员第 3 位。

2　国际十字路会，1995 年成立于中国香港的非营利机构。其主要工作是通过收集各公司及组织赠送的物品，为世界各地有需要人士提供可再用的物资。

疑他对我只不过是一时兴起。而且，我也不懂得如何做爱。女性杂志上还没有密封的部分对性事细节做露骨的说明，我和女友或妈妈也从没讨论过这些。妈妈的告诫一直在我头脑中浮现："不要对男人投怀送抱，他们会占你的便宜。不要信任男人。如果你不跟他睡觉，他会更尊重你。"所以，我决心向格里高利表明我不是随便的人，并告诉自己我宁愿作为一个朋友赢得他的尊重。现在，我很后悔没有接受他的邀请去巴黎见他，不仅因为这会发生的事情，而且因为我的决定是基于恐惧。

那么，我拒绝格里高利提议的借口是什么呢？在赫本引荐下为设计师方塔娜姊妹（Fontana sisters）做模特，她们的顾客包括艾娃·加德纳、奥黛丽·赫本和葛丽丝·凯莉（Grace Kelly）。接下来还有访问我的老朋友多恩·弗雷泽，她住在阿姆斯特丹，怀了一个孩子。我不想使多恩失望。诚信守时和洁身自好一样深深植根于我的内心，所以我坚守自己的旅行计划。有负所望会让我想起妈妈和我在春谷的凉台上空等一位永远不会到来的男子的那些日子。我访问多恩期间没有告诉她格里高利的事，但她现在知道了。格里高利在巴黎期间遇到了他未来的妻子——薇洛妮克（Veronique）——他们的婚姻经受住了时间的考验。1959 年，格里高利到墨尔本拍摄《海滨》（*On the Beach*）时再次短暂地走进我的生活。应他的邀请，我去了拍片场地，我们共同回首意大利的时光。那次分手之后，我们再也没有见到彼此。20 世纪 70 年代早期，有一天我下班回家时，我儿子马克（Marc）告诉我，"一个叫格里高利·派克的人打电话来并留下了他的号码"。我们通过电话交谈，但没有机会再见面。如果时光倒流，我再次回到罗马，也许事情会完全不一样，但生活的浪潮就是如此。格里高利在 2003 年 6 月 12 日于我的生日那天去世。

我将自己从罗马和格里高利的怀抱中解脱出来之后，在去阿姆斯特丹之前我独自前往索伦托（Sorrento）和卡普里岛（Isle of Capri）。在去往这个尚未被玷污的天堂的船上，一群穿着时髦男装的女性中的一个年轻女人对我眉目传情。这次我理解了她的肢体语言，并认识到旅行的教育价值。尽管我喜欢独处并享受它给予我的平静，我也发现交朋友很容易。很多欧洲人从没见过澳大利亚人，也对澳大利亚知之甚少。在一群意大利游客和同样独自旅行的澳洲青年莱恩（Len）的陪同下，我探索了这个岛屿。

　　在我宏大的欧洲之旅结束后，我飞回了纽约。朋友们介绍我认识了一个叫幸运的小巴德（Bud Lucky Junior）的人（是的，这是他的真实姓名），他带我参观了华盛顿哥伦比亚特区、蒙蒂塞洛（Monticello）和威廉姆斯敦（Williamstown）。他向我求婚，但是我再次找到从这种可能会很尴尬的窘境中脱身的方便借口——我要回家了，我很想家。在我离开前，他给了我一本纪·哈·纪伯伦（Kahlil Gibran）的《先知》（*The Prophet*），并在里面写道："献给琼，这样你就永远不会再感到孤独。"我不知道后来巴德怎么样了，但是很遗憾我们没能再见面。有时候，生命的浪潮太快地冲击着我们，我们只得拼命向前游动以防沉没，就在途中丢失了一些朋友。

　　在洛杉矶的斯宾塞让一个司机开车来机场接我。他也为我安排了酒店的住宿，并开始发起对我的引诱攻势："为什么住在酒店呢？你在城中时就搬来和我一起住吧。"也许斯宾塞会对我很珍爱，但是我不想冒险来找到答案。这个时候我已经知道了他和凯瑟琳·赫本的关系，并很好奇她为什么从未出现或参加斯宾塞带我去的任何聚会。而他从未提过凯瑟琳或他的妻子，所以我也谨慎行事，从不谈到她们。在我拒绝了斯宾塞的接近之后，他仍然对我以礼相待。他甚至安排他的一辆奔驰车供我使用。那是我第一次开全自动的车，它还带有一个开车库大门的遥控器。我一次次绕过街区到他的房子那儿测试遥控器，这就是它的新奇价值。

　　斯宾塞似乎为可以把一个澳大利亚人介绍给他的朋友们感到自豪，他带我和亨弗莱·鲍嘉（Humphrey Bogart）[1]、劳伦·白考尔（Lauren Bacall）[2]及詹姆斯·卡格尼（James Cagney）一起参加晚宴。乔治·丘克是一些赫本－特雷西影片的制片人和导演，我们也在他位于比弗利山庄的家中受到款待。我可能会另一些读者失望，但我从没见过斯

　　1　亨弗莱·鲍嘉，1930 年出演《恶魔与女性》出道。1941 年主演的《马耳他之鹰》成为黑色电影的代表作。1944 年主演的《卡萨布兰卡》奠定了其在影坛的地位。1952 年凭借《非洲女王号》获得第 24 届奥斯卡奖最佳男主角奖。1957 年 1 月 14 日，因病在美国逝世。1999 年被美国电影学会选为百年来最伟大的男演员第 1 名。

　　2　劳伦·白考尔，银幕处女作是 1944 年和亨弗雷·鲍嘉合作的《江湖侠侣》。此后陆续出演了 30 多部影片，其中包括《东方快车谋杀案》、《危情十日》等许多经典影片。2009 年 11 月获得第 82 届奥斯卡终身成就奖。

宾塞在好莱坞圈子里广为人知的由纵酒引起的双重人格（Dr Jekyll–Mr Hyde）情绪波动。我所参加的各种好莱坞宴会上也没有什么骇人听闻的事情可作谈资。每个人都很正常，全无矫饰。唯一让我大失所望的玛丽莲·梦露不接受我对她太不知羞耻且几乎衣不蔽体的耐心提示。

我通过一个熟人访问了派拉蒙制片厂（Paramount Studio）的摄影场，并见到了很多演员，包括加里·格兰特（Cary Grant）、约翰·佩恩（John Payne）、简·斯特林（Jan Sterling）和柯琳·格蕾（Coleen Gray）。这些只是短暂会面，但能够进入片场和正在拍摄的演员聊天并合影在今天也是不可想象的。平·克劳斯比请我回到洛杉矶时到派拉蒙找他，但是我再次见到他时他心烦意乱，因为他的妻子迪克西（Dixie）正由于癌症而频临死亡的边缘。我与鲍勃和德洛丽丝·胡普（Bob and Delores Hope）的长期相识始于这次旅行。我与几乎是世界上最著名的喜剧演员的交往是在我做他广播节目的嘉宾之后共进午餐时建立起来的。

我收到的所有邀请中最具诱惑力的是米高梅公司建议我为他们的新星开办一所个人精修学校。米高梅的贝尼·陶（Benny Thau）邀请我参观片场时提出这个诱人的建议。一天晚上，在他家里，葛丽亚·嘉逊（Greer Garson）打来电话，贝尼把电话递给我让她听到我的声音。我并不介意；葛丽亚轻快的语调令我着迷。我认为她和格里高利·派克以及詹姆斯·梅森（James Mason）[1]的声音是我听到过的最迷人的声音。当我并未欣然接受片场提供的工作，米高梅巨子亚瑟·洛（Arthur Loew）对我劝诱无果后，他请来澳大利亚人贝蒂·布莱恩特（Betty Bryant）来做我的工作。贝蒂因在澳大利亚战争片《四万骑兵》（*Forty Thousand Horsemen*）中饰演齐普思·拉夫第（Chips Rafferty）的爱人而闻名。"亚瑟不想让你离开。"她一再说。我再次婉拒了这个提议。

我不后悔放弃这个机会并离开好莱坞。我不愿多想我在那里本可能获得的成就，

1　詹姆斯·梅森，因出演第一届英国电影学院奖最佳影片《虎胆忠魂》被世人所熟知。而后的《一个明星的诞生》则让他达到事业的另一个高潮，他凭借这部重拍自1937年的同名影片获得奥斯卡提名和金球奖最佳男主角奖。

而更愿意想我在自己的祖国即将获得的成就。当时，经常来往于澳大利亚和美国之间还是不可想象的，不管怎样，我原本就是为了家乡的事业而出国学习深造，现在我学习到了，又如何能离家乡而去？我知道我的母亲想念我，也需要我。妈妈寄给我一份她计划为我举办的洗尘宴会的邀请函复件。并且，她写信描述了我们位于拉什卡特斯湾下滩路的新底层公寓。我们现在真正住到了东郊。我们经过努力的工作和不懈的坚持才住到那里。如果我留在好莱坞，我就得让她背井离乡跟我来。在返乡的航班上，我乘坐了头等舱，那里有连在墙上的可拉下来的铺位，但是我无法入睡。在飞机的轰鸣声中，返家的犹豫悄悄潜入我的头脑。当飞机最终在悉尼着陆时，一切砰然回到现实。根本没有什么洗尘宴会。

✤ 我是澳大利亚第一个能够为自己买车的女性。那是一辆莫里斯小调 1000，我称它为"小家伙"。能够买车得益于我的模特工作。

❖ 1948 年，在克里斯汀·迪奥首场巴黎以外的时装展上，受邀成为设计师签名晚礼服的展示模特。

❖ 1952 年年初，悉尼机场，我出发进行第一次海外之行，我的右侧是我母亲，来自达领模特经纪公司的模特们众星捧月一般围着我。达领模特经纪公司是全世界除纽约和伦敦之外的第一家。

❖ 1948 年，在王子夜总会和饭店举行的克里斯汀·迪奥时装秀。

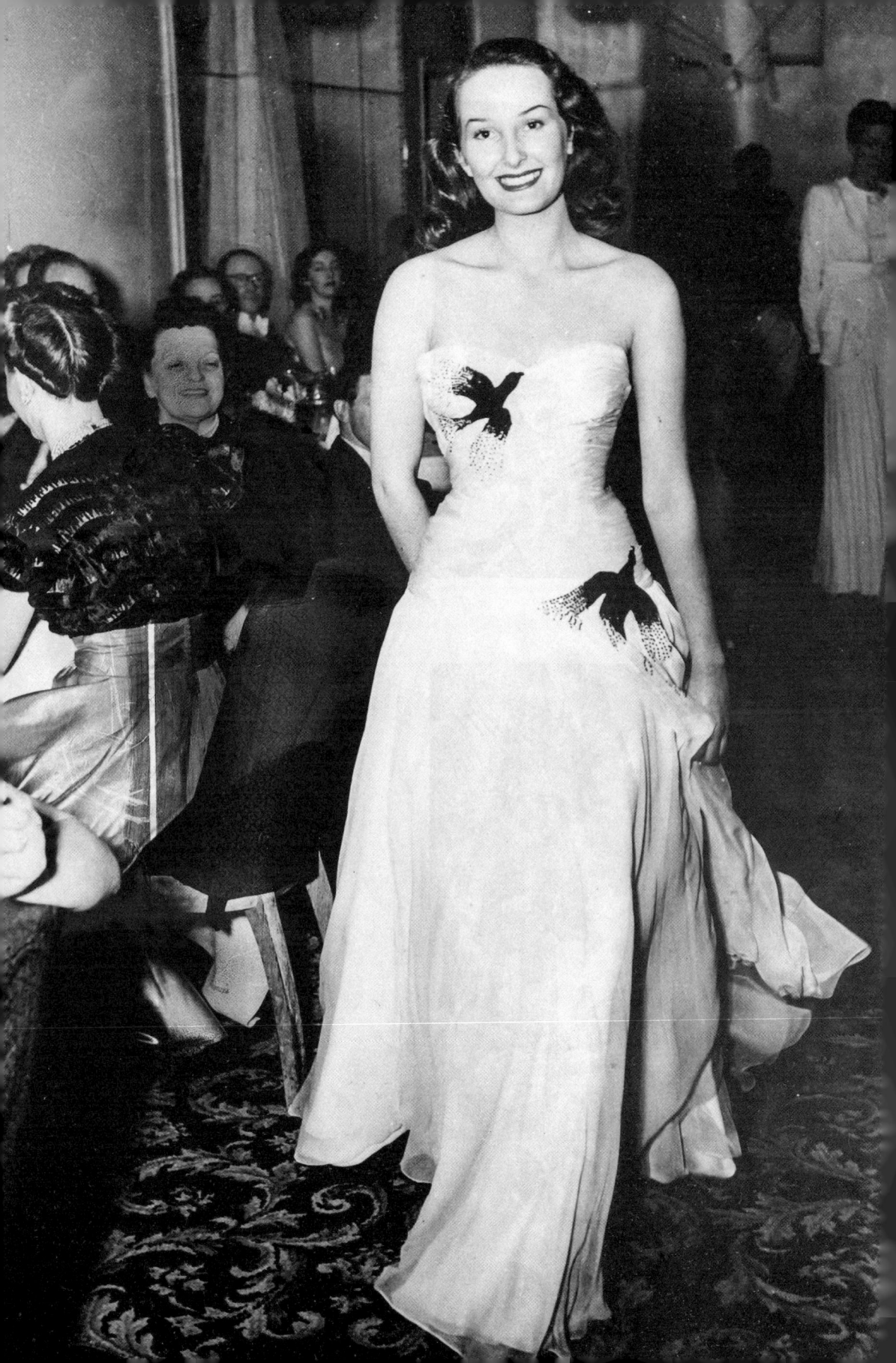

❀ 与帮我做发型的伊利莎白·雅顿小姐在我的美国首秀上。

❀ 在夏威夷的火奴鲁鲁与模特们在一起。

❀ 这是我在火奴鲁鲁个人时装秀上穿的服装之一。

❀ 在火奴鲁鲁的个人时装秀。

❀ 火奴鲁鲁时装秀，不但迅速奠定了我在美国时尚界的地位，而且保持了至今尚无人超越的"单人时装秀"记录。

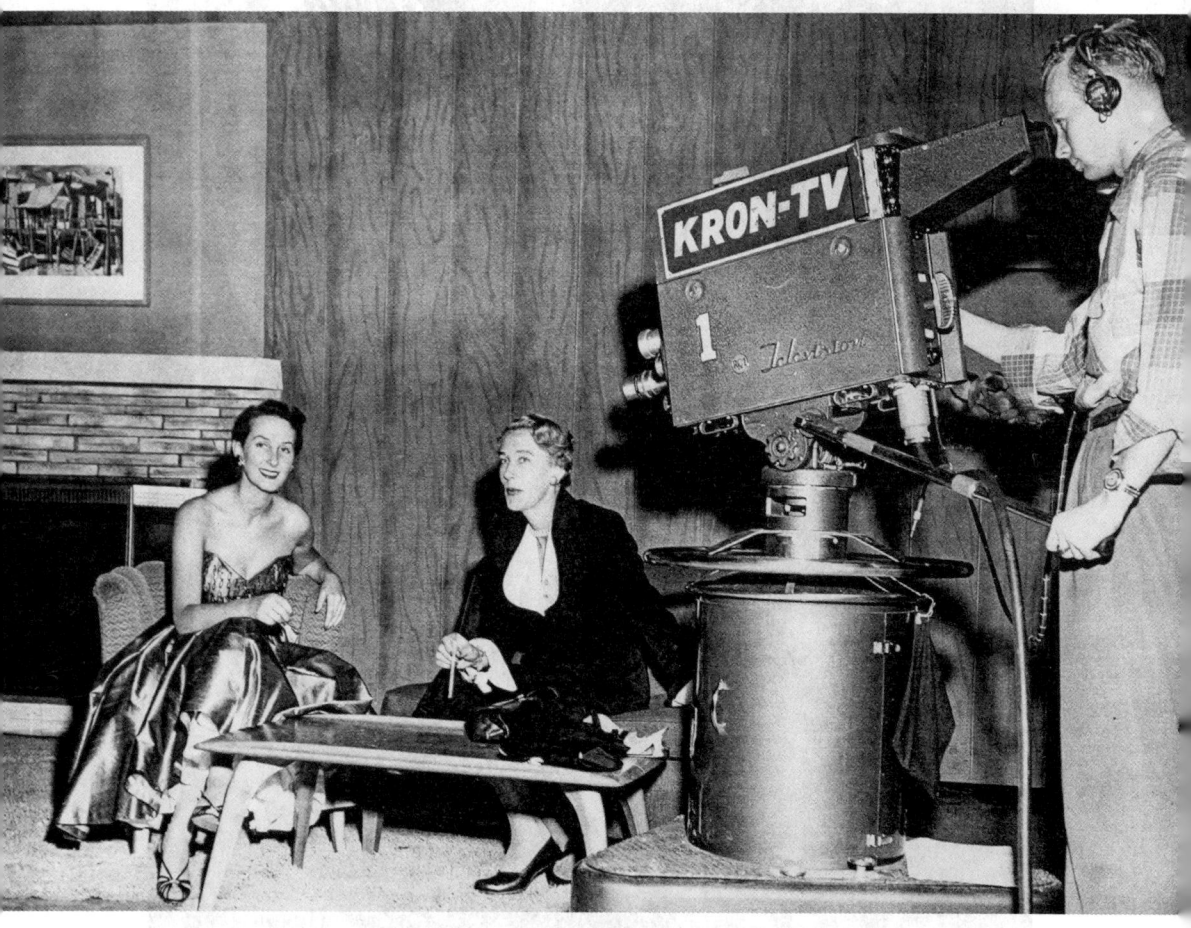

✿　1952 年在洛杉矶 KRON 电视拍摄现场接受玛乔里·特林布尔的采访。这是澳大利亚女性第一次接受美国媒体采访。

❋ 个人时装秀移到好莱坞。我在罗斯福酒店的游泳池边展示一件白貂皮的艾森豪威尔夹克。

❦ 与著名时装设计师奥里·凯利在好莱坞。

❦ 与平·克劳斯比在巴黎。

❦ 与德国羊毛商库尔特·沃德豪森。

❖ 1952年我与格里高利·派克的"罗马假日"。派克带着我走过圣彼得堡大教堂、特莱维喷泉、古罗马斗兽场……我们漫步街头，共进晚餐，在西班牙广场长长的阶梯下吻别。

❖ 格里高利·派克和奥黛丽·赫本
主演的《罗马假日》海报。

❖ 1953年《罗马假日》的杀青晚宴上，
我代替缺席的奥黛丽·赫本出席，左右分
别是格里高利·派克和比利·王尔德。奥
黛丽·赫本在影片拍摄结束前，因为档期
提前离开了罗马。

❀ 在好莱坞与加里·格兰特和黛博拉·蔻儿合影。

❀ 在好莱坞与约翰·佩因和珍·斯特灵在一起。

❧　1952年在伦敦与前著名澳大利亚模特诺拉·罗斯在一起。（戴维·莫尔拍摄）

❧　前往伦敦，为英国女王的御用裁缝诺曼·哈特奈尔做试衣模特。

❧　在罗马时装展走秀。

十　生子离婚

除了格里高利·派克，我没让自己爱上任何人。在我约会过的所有年轻人中，我只对约翰·保罗（John Paul）认真过，他和我年纪相仿，是一个沙色头发的单身汉。他和他的生意伙伴凯尔·哈钦斯（Kell Hutchence），即 INXS 乐队前主唱迈克尔（Michael）的父亲，还有约翰·明盖（John Mingay）是城中令人瞩目的青年。约翰·保罗的生意是杨格尔服装公司（Younger Garments），生产时尚服装。我被邀请参加他们在气派的匹克威克俱乐部举办的时尚达人鸡尾酒会，并与他们三个都成了好朋友。我开始与约翰共度周末，一起航行或访问我们共同的朋友——地产开发商亚瑟·利特尔和他的妻子塞尔玛（Thelma）在棕榈海滩（Palm Beach）的家。但是，在出国期间，我对待这个年轻人和其他人一样，在可能受伤之前就割断了联系。也许，我对约翰过于矜持了。不过，也有可能他根本没有爱过我。不管怎样，我从未深究。

除了失恋的失望，长时间离开妈妈也让我发现很难再和她重新住在一个屋檐之下。我们在拉什卡特斯湾的新公寓能看到海湾和公园，景色宜人。它有两个卧室，但是妈妈坚持将第二间留作她的缝纫室，这意味着我们仍旧共用睡房。当我的一个墨尔本的老男友让我使用他父亲在达令赫斯特（Darlinghurst）的楼顶阁楼时，我不顾妈妈可想而知的冰冷反应，立即搬了进去。接下来的六个月，我在那里独自居住。

我的社交生活很快重新恢复，而且我第一次感觉想要一份特殊的感情。在一个熟人家中隔着熙熙攘攘的人群看到约翰·克利福德（John Clifford）的那一刻，我就像被电光火石击中一般。意大利人称之为"colpo di fulmine"，意为"晴天霹雳"。他忧郁的神情和洪亮的声音使我想起了格里高利·派克。他看起来很时髦，穿着白色网球服和一件海军蓝运动夹克；他下午刚刚在皇家悉尼高尔夫俱乐部（Royal Sydney Golf Club）网球场打过球。约翰曾在国外居住的经历也很吸引我。他在英格兰完成了英国皇家海军（Royal British Navy）的训练，在成为澳大利亚皇家海军上尉之前曾作为英国海军见习军官出访爱尔兰、欧洲和西印度群岛。在晚会结束以前我们就离开了。约翰带我参观了护卫舰——澳大利亚皇家海军的肖尔黑文号（HMAS Shoalhaven），他就驻扎在那艘舰艇上。我们在他们的军官餐厅交谈，度过了晚上其余的时间。

我们忙里偷闲，利用约翰在海上服役和我在陆上工作的间隙谈恋爱。不见面时，我就欣赏放在我床头的他的照片。他太英俊了。他返回码头就预示着浪漫约会的到来。其中一次是在布里斯班，他离开澳大利亚皇家海军澳大利亚号（HMAS Australia）到东奔赛马会（Doomben races）和我约会。当《摇摆》（*The Twist*）在澳大利亚首发时，约翰和我到古尔本大街（Goulburn Street）的契克斯夜总会（Chequers nightclub）跳舞，而且我们在拉什卡特斯湾体育馆见到了纳京高。我们的朋友和约翰的父母，杰西和约翰（Jess and John），很快就拿结婚的事逗我们。在三个月断断续续的约会之后——这么短的时间我们很难真正了解对方，更不要说判断能否相契——我们走进了婚姻的殿堂。

在那之前，我对结婚的想法一直避而不谈，这从我几次拒绝求婚就可以看出来。我曾坚持独身，至少在我30岁以前不会对一个男人做出终生承诺。那是一个女人在22岁就被认为是老姑娘的时代。我已经27岁，所以我的思想有点离经叛道。我母亲与男人的不幸经历对我有一些影响，但也因为我不想失去已经获得的一切：一份成功的事业、比我认识的大多数男人挣得多的钱、海外旅行经历，还有激动人心的朋友。我没有理由仅仅因为要一个人提供经济保障而渴望一位丈夫，而且从别人的婚姻中所看到的一切也不容我乐观。

我对约翰倾诉了我挥之不去的童年痛苦经历（详细到揭示了我的私生身份），他接受了我。害怕因为我的过去而被拒绝的担心消失了，代之而生的是信任，于是我允许自己爱上了他。我的事业似乎不是问题。那个年代的多数已婚妇女都不工作。然而，约翰对我追求自己热爱的事业并没有什么不安，甚至在当了妈妈之后也是如此。我想，一个快乐的职场妈妈比一个因做家庭主妇而牢骚满腹的妈妈对我们将有的任何一个孩子都更好。我希望，坚持我的事业可以保障我不变得像某些居家的母亲那样，就像我的妈妈，当孩子长大离开时她们会丧魂落魄。这些女人在婚姻中失去了自我。放弃我的商业头衔同样不在我的考虑范围之内。我见过很多和丈夫一起经营生意的女人，但是所有的荣耀都归功于男人，因为生意在他的名下。好在，约翰认可了我姓名的价值。私下里，我很高兴成为克利福德太太。我至今仍是如此。我只有过一次婚姻，可是一位朋友告诉我在最近的一次宴会上有人说：“噢，琼·达领－霍特金斯至少有过四个丈夫。”

不幸的是，尽管并不奇怪，妈妈对约翰并不亲热。不管我选择嫁给谁，无可避免地都会受到她的批评。妈妈觉得我只属于她，而约翰就等于插在我们中间的楔子。另外，他接受的是天主教教导，这对于妈妈这样从小认为天主教教徒很奇怪的人来说也是个问题。那个年代，教会和社会上对“异教通婚”都很不赞成。实际上，天主教的做法是只让几对异教通婚的人在圣坛后面结婚。约翰和我也许是最早一批在悉尼圣玛丽大教堂（St Mary's Cathedral）的主圣坛前结婚的。我记得牧师想让我接受更多的天主教教导，据我的伴娘海伦说，我的回答是：“现在就接受我吧，不然我也许会后悔结婚的！”

妈妈为我的婚礼做出了一副笑脸，但是，明知她并不认可，我发现很难真正享受那一天的每一刻时光。在婚礼前夜，我们在她家里举办的招待会准备小吃和三明治时吵了起来，至于为什么我现在已经记不得了。我逃开了，后来约翰发现我坐在自己的车上抽泣。即便如此，1953 年 6 月 27 日那个阳光明媚的下午，一切都感觉很完美。奥斯舅舅把我交给新郎。我穿着齐脚踝长的芭蕾风格的薄衫裙和一件镂空蕾丝紧身上衣，裙子用浅粉色镶边。我穿了一双为了搭配而染过色的高跟盛装女鞋，这双鞋子出自很有名望的菲拉格慕先生之手。可爱的海尔格·马林，一位来自匈牙利的著名女制帽商，为我做了头饰——一顶极美的心形帽子，带着一块短短的浅粉色面纱。当我和约翰穿过海军仪仗队走出教堂时，很多旁观者和媒体都聚集在大教堂内外。我们的婚礼成为头条新闻，婚礼照片也纷纷登在杂志上。我亲爱的老朋友约翰·赫尔德为我们拍摄了专辑照片。大约 30 个人参加了招待会，包括从墨尔本赶来的约翰的父母。我永远也不会忘记约翰的父亲拍着我的头时所说："不用担心，儿子，她一有了家就不会想继续她的事业了。"

我们在霍克斯布里河边一所房子度过了短暂的蜜月，而且也没有香槟玫瑰的浪漫，或像我去过的那些地方那样迷人。约翰和我以同样平淡无奇的方式开始了婚姻生活。我们在乌拉拉（Woollahra）租了一个简单的底层公寓，它属于亚瑟·利特尔拥有的一个公寓街区。有朋友来访时我们没有足够的椅子，所以他们就坐在很多垫子上。那很有意思。洗衣服只是比在沃森溪稍微容易一点点。我用一根棍子把衣服从一口煤气加热的铜锅里取出，再把它们放到木盆里拧干，然后再把它们搬到外面，晾到晾衣绳上。

我们婚姻早期有很多美好时光。星期五晚上，我们轮流请对方吃饭，在到达约定地点之前餐馆的选择一直保密。星期天留作和朋友草坪聚会。海伦总会在那儿，另外还有约翰的海军伙伴和他们的妻子，泰德和洛伦·琼斯（Ted and Lorraine Jones）、约翰和利兹·布鲁克（John and Liz Brooker），以及杰夫和希拉·伍里奇（Geoff and Sheila Woolrych）。我们在一个便携式烤架上烤香肠和排骨，喝啤酒，直到一股意大利热潮席卷了我们。我们觉得吃肉酱意大利面既冒险又优雅；我们不知道还有其他意大利面。我们第一次从熟食店买了食物。听取了使用大蒜的建议，我在沙拉里加了生丁香，使我们经验不足的味蕾大吃一惊。我们把空瓶子拿到萨利山（Surry Hills）的意大利进口商菲奥雷利（Fiorelli）那里，从大木桶里灌满廉价的白酒和雪莉酒。约翰和他的伙伴们认为买一大桶酒，然后到我们的草坪上举行装瓶仪式会更划算。到一天结束的时候，大多数瓶子都已经半空，我们的牙齿和舌头都被染成了紫色。使用圆底的空勤地酒（Chianti）酒瓶做烛台成为时尚，当一个热心的女管家把我故意融化了积在瓶子上做装饰的蜡油弄掉时我甚至感到很沮丧。

毫不夸张地说，我的生意在突飞猛进。我刚刚成功地举办了澳大利亚第一次空中时装秀。环澳航空（TAA）和其他公司一样在战后的商业繁荣中急于进行宣传，很愿意接受我在航班上进行时装表演的提议。于是，在一架从悉尼飞墨尔本的航班上，模特们——米歇尔·萨发奇（Michele Safargy）、珍妮特·埃尔菲克（Jeanette Elphick）、玛丽·罗伯茨（Marie Roberts）和桃乐西·邓克利（Dorothy Dunkerley）——在通道里走上走下，在机尾的一个用帘子隔开的狭窄区域换衣服。她们后来又为迈尔斯公司在墨尔本杯（Melbourne Cup）展示时装——那是第一次"赛马场时尚"。接下来是在悉尼至凯恩斯机上表演（Sydney-to-Cairns in-flight parade），在这次飞行中我感到想呕吐。当着陆后恶心仍然持续时，我意识到我可能怀孕了。我的面部表情如此震惊，正在报道这次宣传活动的可爱的《电讯报》专栏作家吉姆·麦克杜格尔（Jim MacDougall）猜出了我的心事，但是没让我的秘密见诸报端。

尽管有五个月早晨起来时都感到恶心，我还是坚持工作。随着我身子越来越沉，我的生意也越做越大。我们搬到了市里乔治街迪莫克大楼的九层。当报名数量超过学校的容纳能力，我们就在走廊里和马路对面的比兹利屋（Bisley House）加课。有人找我接洽，让我以85000镑购买比兹利屋那整栋建筑，但是我要为我的孩子做足够的经济准备。我现在好后悔。从盈利方面来说，我从来都不是一个好商人。我只是收获自己辛勤耕耘的结果。

成为一个妈妈的想法使我很开心，我很愿意养儿育女，特别是因为我从没有过归属感。相反，我妈妈最初对我的怀孕并没有大惊小怪。按照她的想法，生了孩子，我会减少和她在一起的时间。但是，妈妈很高兴让我在生产之前的那些日子和她住在一起，因为约翰与皇家澳大利亚海军澳大利亚号还在从墨尔本回悉尼的路上。但在我要临产的时候，她把我放到医院就离开了，到了午夜才和约翰的姐姐朱迪·克利福德一起回来，那时凯瑞尔已经出生了。妈妈虽然是这样反复无常，但她一见到凯瑞尔就爱上了她。在我的四个孩子——凯瑞尔、提姆西（Timothy）、马克和丽莎——中间，凯瑞尔一直是她的最爱。随着凯瑞尔渐渐长大，妈妈总说她的脸长得像摩纳哥的卡罗琳公主（Princess Caroline of Monaco），她的确长得像。马克长得很像摩纳哥的阿尔伯特王子（Prince Albert of Monaco）。在悉尼奥运会期间，卓越的来自塔斯马尼亚的学生玛丽·唐纳森遇到丹麦王子弗雷德里克，但当马克在酒店曾和阿尔伯特王子在丽晶酒店（Regent Hotel）面对面相遇时，他们惊奇地驻足对视，以为是在照镜子！

产后没几天我就返回工作。其他几个孩子出生时，也是一样。在每个新家庭成员诞生的第二天，我的秘书就会到医院探访，以便我对一些紧急的工作事务做出指示，那实际上跟平时的工作一样。我记得，丽莎出生后不久我就在医院的病床上接受了一次录音采访，10 天以后我就返回了工作。我以母乳喂养了我所有的孩子，凯瑞尔小的时候，为了能够喂她母乳，我在办公室和家之间匆匆赶来赶去。一天结束时，我让保姆离开，再喂凯瑞尔一次，安排她上床睡觉，并等约翰来接替我，我再赶回市里去教个人精修学校的学生。有时候，我会带着凯瑞尔去悉尼和布里斯班上班。

凯瑞尔出生后不久，约翰找到了一份新工作。在希德·奥尔布赖特的帮助下，约翰在 20 世纪福克斯公司的 16 毫米电影部找到了一份市场推广工作。他应该在下午 5 点半到家，这样我就可以在下午 6 点返回市里教我的学生。但是，约翰经常会和那些男人们喝上一杯，并在 6 点 15 才赶到家。通常，澳大利亚男人都认为在他们下班后和酒馆六点钟打烊之前去喝酒是他们的权利，约翰也包括在内。这不仅让我气恼沮丧，也对学校不好。然而，如果约翰在外面车上等着接我回家，而我上课超时 15 分钟，他就会勃然大怒。一天晚上，我为了按约定时间和约翰会面而太过慌忙，在冲出大门时，意外地把两个上厕所的学生锁在了里面。她们花费了很多时间才找到我家的电话，要求我把她们放出去。

朋友、家人和媒体对我职业生活的评价肯定让约翰时不时地感到尴尬。从我们婚姻生活一开始，媒体对我事业的评价就透露出不满。在 20 世纪 50 年代早期关于我参加伯恩斯春季时装展的一则简讯中，《西部邮报》（Western Mail）提到："她的丈夫，目前正在澳大利亚皇家海军澳大利亚号上远在异乡，并不在意她如此经常地离开他们悉尼的公寓，因为他的职责需要长期离家。"那篇文章从没考虑过我所介意的东西！

1965 年，对于职业妻子和母亲的态度有了一点转变。《悉尼先驱晨报》（*Sydney Morning Herald*）指出，我的孩子们"心智健全，理解她的事业，没有任何不适应社会的迹象"，暗示他们能长成这样实属侥幸。我一直知道，如果孩子们知道他们被爱着而且有一种安全的家庭生活，他们长大了就会有很好的适应能力。

在我的婚姻中，我一直怀疑约翰和他的伙伴们都觉得他受到了不公正的对待，因为他没有一个在桌上备好热饭等着他下班回家的妻子。人们会对我说："可怜的约翰，你为什么不多关注他一些？"或"你忽视了你的丈夫。"我承认约翰只能从我对生意、母亲和孩子们的投入中争取一点关注，但是从没有人说过："可怜的琼，你工作太辛苦了。"

我在生意人中找到了始料未及的支持，也许这就是我和他们中的很多人保持友好关系和亲密友谊的原因。相反，女人们通常都更挑剔。她们的责难之声充耳可闻。我在办公室收到的辱骂电话和信件指责我是一个糟糕的母亲和妻子，我还收到警告说如果我继续工作，我的孩子们早晚会变成罪犯。我很担心他们真的会。这些从凯瑞尔降生一直持续到 20 世纪 60 年代晚期丽莎长大为止。我太劳累太伤心，根本无力反驳。我怀疑那些打电话的人都是些游手好闲的夫人——也许有些就是住在东郊的熟人——因为她们的电话总是在下午打来，那是午餐或打网球之后，鸡尾酒会已经开始的时间。

有多少女人想开拓一份事业，却因为其雄心受到指责而被迫放弃自己的梦想呢？当我敢于追求自己的梦想时，人们却让我觉得自己是一个失败的妻子和母亲，但是我决心永不放弃追求自己生活的权利。如果我屈从了现状而待在家里，那会毁掉我。如果是今天，我就不会因为做一个职场妈妈而受到排斥和指责了。如今，人们让有些妈妈因为不工作而想待在家里抚养孩子感到内疚。但是在那个年代女人，领导一家企业都是非同寻常的，更何况是一个已婚妈妈。人们越让我感到负疚，就越发揭露了社会对女性权利认识的偏颇与肤浅，这也反映出当时社会观念亟待更新，所以我就越下定决心做一个好妈妈。我觉得我必须要向那些批评者证明他们是错的，所以我尽量给予孩子们最好的机会，并为家里寻找我能找到的最好帮手。

就这样我们开始了对管家和保姆优胜劣汰的考验——对于有四个孩子还都在工作的父母，这是必要的。有时候在雇人的时候，我未能做出最好的决定。我太劳累了，急于速战速决。我们让一个由金科博尔－罗斯湾修道院（Kincoppal-Rose Bay Convent）修女们资助的西班牙女孩住在家里，并尽了最大努力跟她解释我们家要在早上七点半吃早饭。第二天早上，我们的帮手不见了踪影，结果我自己做的早餐。我们刚坐下来要吃饭，就听到"咔哒咔哒"的响声，那个女孩手里拿着响板，旋转着她的长裙一阵风进了厨房，嘴里喊着"Ole"（好啊）。她表演结束后，就直接坐下来吃饭了。我也许应该一笑置之，但是在当时我需要一个更得力的人。她不会说英语，不会煮鸡蛋，而当我教她烤面包后，她竟然在面包两面都涂了黄油。我们只得把她送回给修女。

然后又有一个德国女孩来应聘。她把自己剃成光头，似乎相信要用盖世太保的方式对待孩子。她把提姆西的嘴巴用胶带粘起来，不让他哭闹。当被约翰和我发现之后，我们立即辞退了她，但是我们对管家的测试并没有就此结束。一天晚上，我们外出返家时间比预计的早，结果我们发现我们的英国管家正在举行一场疯狂的聚会。她的朋友们用啤酒染脏了地毯，还让她们的香烟在松木橱柜里燃烧。另一个管家和保姆合谋挣外快并平分，让其中一人到外面工作，并在约翰和我到家几分钟之前赶回来。另外还有，一个澳大利亚女人在来的时候带着推荐信，那肯定是她自己写的。她来的时候没有行李，那天晚些时候她离开去取行李，说一会儿就回来，而我们再也没有见到她和我的黄金珠宝。

并非所有雇来的帮手都成祸患。可爱的埃尔菲克小姐（Miss Elphick）是我们的第一个保姆，她恰巧与我当时最负盛名的模特之一珍妮特·埃尔菲克同姓。当埃尔菲克小姐带着艾瑞儿陪我进行一次跨州商业之行时，一大群机组人员在机场欢迎我们。很明显，他们期待的是模特，令他们失望的是他们见到的只是与她同姓的、50岁上下、体态发胖的保姆。不过机组人员把我当作珍妮特，而把埃尔菲克小姐当成了我。

提姆西从圣玛格丽特妇产医院（St Margaret's Maternity Hospital）回到我们的新家——贝尔维尤山费尔法克斯路（Fairfax Road）一所可爱的老房子的底层时，也回到了一位卡里塔尼（Karitane）保姆的怀抱。我给我的下两个孩子——马克和丽莎——继续用这些保姆。我的邻居索尼娅·麦克马洪（Sonia McMahon）也是一个卡里塔尼保姆的支持者。她们来自新西兰，在我们的带动下，在悉尼东郊有一个这样的保姆成为了一种时尚。

我们的第一个移民管家芭芭拉（Barbara）来自德国。我们共同分享了她未婚夫塞格沃思（Seigwarth）到来时的兴奋和他们婚礼的喜悦。我是他们的女儿索尼娅（Sonia）的教母。芭芭拉的厨艺非常出色，我的家人坚持让我每个圣诞节都做她的拿手菜土豆洋葱沙拉。亚普（Yaap），一名荷兰厨师，是一位天生的厨房能手，我一直和他及他的妻子托尼（Toni）保持着联系。玛丽·雷德芬（Mary Redfern）是另一个福音，除了她那令人质疑的苏格兰主妇秘方之外。我一生只有过几次偏头痛，其中一次头痛时，玛丽建议我喝一种蓖麻油和威士忌的混合物。玛丽认为我们的虎皮鹦鹉看起来有点生气，所以她给它喝了一些，结果那只鸟死了。我以为我也会死，但是这种调和物却治好了我的偏头痛。玛丽浓重的苏格兰口音传染给了凯瑞尔，有段时间她也学她幼儿园老师的面部抽搐。

我家中的所有帮手都休息周末，这时由我完全接手照顾孩子。结果就意味着我永远不能停止工作。那个年代，丈夫和父亲不能被指望做家务事。那时妻子生产时丈夫也不允许进入产房。他们在家等着，打高尔夫或和朋友们喝啤酒。我生丽莎的时候约翰在洗车。无论如何，他不在，我反倒高兴，因为生产很艰辛，我需要集中全部力量渡过难关。1962 年 10 月，我生丽莎的最初阶段时，我正读一本关于自然生产的新书，安修女（Sister Ann，负责我的 4 个孩子出生的圣玛格丽特医院的修女）大踏步走进来，跟我说这本书是"一堆废话"，从我手中把它拿出来扔到了一边。和安修女争论毫无用处，她是一位分娩专家，也是个固执己见的人。我的分娩仍然不顺利，因为我的身体结构不适合，而且我在内心深处知道另一个孩子的降生也无法弥补我婚姻中的裂痕。

妈妈给我的婚姻增加了压力。她总是不期而至，并且有时把我置于尴尬境地。当约翰说她坏话时我会为她辩护，当妈妈以同样的方法对待他时，尤其是她对孩子说约翰不好时，我也会捍卫他。当妈妈遇到比尔·詹姆斯后，她的情绪波动有所缓解。他是澳大利亚广播委员会（Australian Broadcasting Commission，后来成为公司）的音乐导播，他们在两个人都经常去的悉尼市政厅的一次音乐会上遇见。比尔是位和蔼的绅士，他给了妈妈一个新的焦点，她不再经常来我家。她有生以来第一次开始减少自己的工作强度。现在，妈妈有了一个特别的人和她分享对音乐，尤其是对钢琴的热爱。他们也都是烟瘾很大的人。我记得比尔曾弹数小时钢琴——一支烟永远叼在他的嘴上。他1997年死于喉癌。

W.G. 詹姆斯（W. G. James）是一位著名的作曲家，他的首演是一次伦敦夏季逍遥音乐会（London Promenade Concert）。他后来成为澳大利亚广播公司的第一位音乐总监。他创作了多年传唱的澳大利亚圣诞颂歌，包括《圣诞树送给他爱的人》（*Christmas Bush for His Adoring*）和《唱荣耀颂歌》（*Sing Gloria*）。他为全国音乐会做裁判，发现了琼·萨瑟兰（Joan Sutherland）和理查·波宁吉（*Richard Bonynge*）等音乐天才。

比尔打动了妈妈，并把她引入她一直梦想的生活方式和人群中。比尔曾经和伯纳德·海因茨爵士（Sir Bernard Heinz，被誉为澳大利亚音乐界举足轻重的人物）及澳大利亚广播公司总经理查尔斯摩西爵士（Sir Charles Moses）合作建设澳大利亚乐团和音乐会，并使之达到世界标准。伯纳德爵士和他的妻子瓦莱丽（Valerie）参加了他和妈妈的婚礼。老查尔斯·巴特罗斯（Charles Buttrose Senior）是比尔在澳大利亚广播公司的另一同事，所以妈妈和伊塔·巴特罗斯的妈妈克莱尔（Clare）成了朋友。她们是很好的朋友，所以也使我与巴特罗斯家族建立了长期的联系。小查理（Charlie Junior）十几岁时就追求我的大女儿凯瑞尔，甚至向她求婚，并给了她一枚戒指。他们一直是好朋友。而且这些年来，伊塔和我相聚甚欢。

比尔使我妈妈1960年6月在悉尼圣马克大教堂（St Mark's Cathedral）的婚礼成为《星期日镜报》（*Sunday Mirror*）的头版新闻。妈妈穿着肉桂色缎子和蕾丝套裙，搭配缎面细高跟鞋和帽子，显得时尚高雅。我是她的女傧相。他们并在我贝尔维尤山的家中举行了婚宴。提姆（Tim）和我管家的儿子阿琪（Archie）不知怎么喝上了香槟，直到我们发现时，他们已经摇摇晃晃，站不住脚了，即便 5 岁的孩子也不应这样。

我还是全身心投入工作。作为一个工作狂，我精力旺盛，但是你争我夺和不断的需求将它拉到了极限。多数情况下，我对于一个年轻妻子和母亲的记忆就是精疲力竭。工作一天之后，我的眼皮都因为不堪假睫毛的重量而异常疲倦。我回家进门第一件事就是揭掉假睫毛。还上幼儿园的提姆被这个把戏吸引住，也试着揭掉自己的眼睫毛，并且认为我真是太聪明了，因为他自己不能做到。

我从没想过按照固定时间工作，而且在我领导自己企业的时候也是不可能的。我白天在经纪公司上班，周中的晚上和周六上午负责礼仪课程。周中晚上 8 点回家，如果有晚宴要参加的话会更晚。即便在家里，我有时也要找到某个模特为第二天做最后一分钟的预定，或者接她们的电话。经营模特经纪公司要求迎合国外的经纪公司和客户——还有他们的时区。约翰不理解我的工作有多么费神，以及它使我多么劳累，但是我也不能完全怪他，因为我们从来没有详细讨论它使我承担的责任。那对我们的关系没有好处。我总在为了工作四处奔波：本地区的新南威尔士和昆士兰、欧洲、美国、菲律宾、中国香港、新加坡、泰国、韩国、日本……无怪乎约翰会忍无可忍。这对我自己就已经够难的了，约翰就更搞不清我来来往往的行踪了。

我并没有有意为了逃避面对婚姻中的问题而出国和跨州做工作旅行，但是我的外出却加重了问题。我的消失也为东郊的谣言工厂提供了材料，被那些无聊的头脑大肆加工。约翰接到一个海军牙医的妻子打来的电话，她怀疑我和她的丈夫在欧洲有婚外情，仅仅因为我们同时都不在而已。还有一天，我在办公室接到一个女人的电话，声称约翰要了一个空姐离开我，他当时正在从墨尔本返回悉尼的航班上。这些虚假的传言令人不安，也使我们彼此都生了疑心。

约翰越来越多地和他的伙伴们在外边过夜。他的海军背景使他对同伴之谊格外看重，这也成为我们婚姻的另一问题。他是人人皆友，事事皆欢。约翰的一些酒友简直就像小男孩一样没有任何责任感。一晚，约翰和他的朋友们出去，彻夜未归。第二天，我怒火中烧。我本想痛打他一顿，然而我却把婚纱扔进了垃圾箱。我想，这能向他表明我已经到了忍耐的极限。这么多年过去，我仍然很后悔把那件漂亮的裙子扔掉，也许约翰根本就没有注意到。

在那晚之前我们的问题就已经开始很久了。约翰和我已经结婚15年，期间有过很多次争吵。真正了解、包容、接受你的另一半，并分享成长为尊敬的爱，肯定是长期幸福婚姻的答案。我们无法做到。约翰和我对任何事情的看法都不一致，除了最后为了孩子的缘故而分手。我们认为，孩子在一个幸福的家庭由单亲抚养教育比在父母双方相互争斗的家庭会更好些。我的童年经历告诉我，一个不幸福的家庭可能会影响孩子一生。我相信，家庭生活应该欢乐，而不是充满怒气和仇恨。

约翰和我同意友好分手，但是他离开的那一天，我却感到心力交瘁。那是1968年5月26日，一个星期天。当孩子们的父亲告诉他们，他要到别处住时，凯瑞尔泪如雨下，提姆变得异常安静。但是，当他们从这个消息的震惊中恢复过来时，他们似乎并没有因为他的离开而过度忧伤。约翰认为马克和丽莎年纪太小无法理解，所以没有试图向他们解释这种境况。凯瑞尔当时13岁，提姆11岁，马克7岁，丽莎5岁。丽莎不记得我们曾在一起。我让孩子们到外面和邻居家的小孩玩，这样他们就不会看见他们的父亲离开家。孩子们爱他们的爸爸，但也和我一样有种解脱感。他们父母之间的战争结束了。每个人似乎都更高兴了，家里也更加阳光明媚。但是我用实际行动让他们深深感受到自己的父亲是约翰，他们并不缺少太多父爱。

妈妈对我婚姻破裂毫不同情。"嗯，我并不感到奇怪。你还能期望什么呢？"本来就感情脆弱，感到很失败，我母亲的评论把我的信心彻底摧毁了。这使她在我们的关系中占了上风。潜意识里，约翰走出我的生活使她高兴，因为这给她机会重新编织控制我的大网。毫不奇怪，妈妈从来不想让另一个男人走进我的生活。任何对我感兴趣的男人都不足够好。"你已经犯过一次错误。"她提醒我。当然，我不再婚对她有好处，因为那样会让她更孤独。

不管怎样，我决定不再婚。我的决定也许受到了我母亲的影响，但更多是因为我不想让自己的孩子们再卷入另一个家庭的麻烦之中。另一个丈夫无非是多一个需要照顾的人，我已经有很多责任，不需要多那个负担。我已经有来自孩子和事业的很多爱，不需要再去寻找更多的爱。和有些女人不一样，我也不需要靠结婚满足经济需求。在我的婚姻中我已经是养家糊口的主要力量，挣的钱相当于约翰的四倍。我从来不需要依靠任何人。这主要是因为我相依为命的妈妈决心让我成为一个"重要人物"。

如果没有我挣的这些钱，我们会在那儿呢？我付钱买了我们的车，在 30 岁的时候，我已经给我母亲买了一件貂皮大衣，给我自己买了一个水貂皮围巾——那是当时每个女人的时尚梦想，还给我的家在贝尔维尤山巴尔卡拉路（Bulkara Road）买了两层豪华住宅。它有俯视双水湾（Double Bay）和海湾大桥（Harbour Bridge）的绝美景色，还拥有自成一体的独立公寓。我在那里住了 20 年。另一位屋主在 2001 年将它卖了几百万镑——它的买价是 12150 镑。拜我的学校所赐，我也能够支付家庭海外度假和前往典型的澳大利亚家庭度假地黄金海岸和瑞雪滑雪场（Perisher ski fields）。

按照当时的法律，约翰和我必须分居三年才能离婚。尽管过了那么长时间，最后办理离婚时我还是很伤心。有些人连知道我结婚都感到惊讶，知道约翰和我分开更是如此，因为我一直公开使用婚前姓名。当约翰在 20 世纪 70 年代中期再婚时，同样的痛苦再次浮上我心头。我并不为约翰的第二次婚姻感到沮丧，只是看着孩子们为他准备婚礼，我感觉好像在把他们交出去。

约翰和我之间的冷战使情况更加恶化。大约十年的时间，那道沉默的冰霜之墙才在我们之间消融。那大概始于 1980 年。约翰的第二次婚姻没有成功，当我们碰巧在圣诞期间都在伦敦时，他已经单身一段时间。两个非常亲爱的人，《时尚》杂志的老板伯纳德·莱塞（Bernard Leser）和他的妻子芭芭拉（Barbara）邀请我们全家度假期间使用他们宜人的切尔西（Chelsea）公寓，于是我的孩子们、约翰、我，还有一些朋友一起前往。现在，约翰喜欢尽可能多地和他的孩子们及孙辈们在一起。所以我们在圣诞节或过生日时像一个家庭一样聚在一起。2001 年，我们甚至一起到巴厘岛度假。也有人说我成为约翰第二次生孩子的教母。

十一　亲子旅行

正如我的母亲和缺席的父亲曾经影响了我的成长，我经常猜测，约翰和我是如何影响我们孩子和他们人生方向的。我们都为自己生命中的选择付出了代价，但是我并不后悔做出的那些决定。事业是我的第一个孩子，是我所有孩子里的老大。兄弟姐妹之间的竞争司空见惯，我的事业和孩子们之间也是如此。同时，我的事业也喂养、培育了我的孩子们，教育、雇佣了他们，确实也挑战了他们。相应地，他们尊重、热爱它，也嫉妒、仇恨它，既支持过它，也抵触过它。

事业统领我的生活方式意味着有时我的孩子们不得不与我的生意、同行、母亲、约翰，以及任何需要我帮助的人竞争。被需要的感觉一直是我内心的一种强烈需求。所以，只要任何人有需要，我就迫切地要给予关心或帮助，而这肯定让我的孩子们很懊恼。回首往事，有些时候孩子比事业和其他任何人都更加需要我。有一次我外出工作，凯瑞尔因太想我了，坐到衣柜里的衣服中间，依靠我遗留的气味获得安慰，我知道这件事后很伤心。

当我的婚姻结束，我也抛开了那些不可靠的管家，所有的孩子都被送到寄宿学校。约翰离开不久后，当时 5 岁的丽莎就开始在吉布门（Gibb Gate）寄宿。当丽莎报名进入金科博尔－罗斯湾修道院时，她和凯瑞尔被分到医务室的床位，这样她们就可以住在一起了。我想，有修女和她姐姐看管，她能受到很好的照顾。凯瑞尔像妈妈一样关爱丽莎和她的两个弟弟，很多时候我依靠她照料一切。

孩子们不在寄宿学校的时候，妈妈就和他们在一起。20 世纪 60 年代后期她已经不碰酒精，这得益于某种注射剂，她的身体对那种味道产生了抗拒。一位精神病医生进行的这一治疗非常成功，她甚至对香草精油的味道都感到厌恶。得知妈妈不再喝酒，我感到欣慰，并将她以前的古怪行为归咎于饮酒，我觉得自己可以到外地出差而不用担心她和她照顾孩子们的能力了。我回来的时候，一切秩序井然，没有任何不满。

我要感谢我母亲投入时间和金钱培养我孩子们的音乐才能。她也许有点异想天开，把我的孩子们想象成未来的钢琴家，尤其是对凯瑞尔，她会带她到悉尼市政厅去听音乐会。一旦妈妈有了想法，没有任何办法阻止她看着它开花结果的热情。她为我的孩子们攒钱购置了一架钢琴，但是还有很多其他的活动要占用他们的时间。在城市中长大，有很多供他们娱乐的消遣，一架钢琴对他们来说并没那么重要，不像在沃森溪的时候它可以为妈妈消愁解闷。都是妈妈的功劳，提姆可以凭听觉演奏，但他选择了吉他而不是钢琴作为他更喜欢的乐器。丽莎钢琴弹得很好，而且像凯瑞尔一样，学校说她的音高很完美。只有马克，和他的妈妈一样，没有乐感。我感到很欣慰，妈妈那种令人喷饭的自黑的幽默感能够让孩子们捧腹大笑。她可以非常有趣。她也拿她的年事渐高时开玩笑。妈妈有时会说："我今天需要用烙铁熨熨。"我现在开始理解她的意思了！

这样的安排似乎非常完美，直到我母亲的精神健康在 1968 年突然恶化。我竭力忘却很多关于她当时境况的记忆。我不知道我母亲是怎样做到继续在我的学校工作，又为我和孩子们做饭的。她在竭力排除那些不理智的思想时内心深处肯定非常痛苦。她极度渴望能帮助自己，并不想伤害任何人。她找到那位不久前治好了她的酗酒问题的著名精神病医生寻求帮助。

医生试图通过一种根治法治疗她的问题：深度睡眠疗法。在这种治疗下，妈妈和其他的病人通过药物诱导进入睡眠。20 世纪 60 年代和 70 年代悉尼切姆斯福德私立医院（Chelmsford Private Hospital，我母亲住在另一所医院）因深度睡眠疗法导致的死亡案例引起了 20 世纪 80 年代后期皇家专门调查委员会（Royal Commission）的调查。调查得知，有些病人被引入长达三周的睡眠，在此期间他们受到电击治疗。深度睡眠疗法自此声名狼藉，澳大利亚与新西兰皇家精神科医师学会（The Royal Australian and New Zealand College of Psychiatrists）也谴责这种有争议的疗法。

约翰和我刚刚分居几个月，凯瑞尔突然得了一种危及生命的病。一天早晨，当她和我吻别要去学校时，我注意到她鼻子周围有些肿胀，一只眼睛和眼眉都有轻微的鼓起。我带她去看医生，得知她鼻窦里长了一个肿瘤。与我妈妈住院的同一个月，凯瑞尔进行了切除肿瘤的手术。凯瑞尔的肿瘤在澳大利亚是个特例。她的外科医生告诉我们当时世界上只有四个已知病例，所以他不能预计未来会怎样。我决定带凯瑞尔去纽约的派克医学院（Pak Institute），中途在火奴鲁鲁停下来征询瓦尔特·奎森伯里医生（Dr Walter Quisenberry）的意见。我在澳大利亚冲浪先生和小姐巡回赛（Mr and Miss Australian Surf tour）期间在岛上认识了瓦尔特和他的妻子伊芙琳（Evelyn）。他当时是夏威夷群岛癌症研究的领袖。他给凯瑞尔开了一张无病的健康证书，于是我们到旧金山和洛杉矶旅游，并去了迪斯尼乐园。

我们回来后，我相信对妈妈的治疗已经对她有所帮助。我训练自己只看妈妈创造的美好时光，对她的情绪波动视而不见。也许我已经对这些有了免疫力。然而，我的孩子们对此很不适应。正如我十几岁时每次回家都不知道妈妈情绪如何，他们有时候放学回家也不知他们的外婆会有什么表现。他们意识不到她生命中经历的深深的痛苦。

至少我的孩子为没有一个全职妈妈得到了令人羡慕的补偿：优厚的抚养条件、漂亮的家、悉尼最优质的私立学校教育、出国旅行和我能够给予他们的所有的爱。我希望我的孩子们成为世界公民，并以"壮游欧洲"（grand tours of Europe）的精神，通过旅行学习文化知识和人情世故。孩子们很习惯旅行。在亚洲的一家凯悦酒店（Hyatt hotel）住过后，马克把家里的卧室都贴上门牌号，把桌椅都收到一起，写出菜单，并让我们在克利福德凯悦大酒店登记用餐。马克是家里的企业家。

我们一起最好的旅行之一是在我和约翰分居不久以后。孩子们和我在圣诞节离开，去日本妙高（Myoko Kogen）滑雪度假，在马尼拉（Manila）中途停留。那是一次美好的团聚时光，有很多难忘的记忆。首先，暴风雪天气使我们坐缆车回小屋的旅程难以驾驭，导致马克失手掉了一个扑克机玩具，那是我们一直携带着准备送给我妈妈的礼物。他试图用两脚夹住那个玩具，当它垂直掉进一个被雪覆盖的裂缝时，我真担心他也会一起掉进去。我穿着光鲜亮丽（如果不是不合时宜的话）的貂皮大衣，和孩子们到达后踩着齐腿深的雪路走到我们的住处。因为急于要解冻，我们冒险去了传统的日本浴房。男人和女人在不同的浴房，但因为我的孩子们太小，那个日本人好心地主动让我们使用女士的大蒸汽浴房。我正在擦干自己的时候听到水被吸入下水道的声音。其中一个孩子把塞子拔开了——这在西式洗浴结束时完全正常，但是当那些日本女士在雪坡上玩了一天返回时，没有温泉供她们使用。这个地区西方游客罕至，以至于一个日本男人听说有一个澳大利亚女人在度假村，就从他的村子滑了一天的雪来传一个口信。他用不流利的英语告诉我："谢谢澳大利亚军队给我在布干维尔岛（Bougainville）战犯集中营的仁慈待遇。"他鞠了躬就离开了，并要长途跋涉回家。作为新年除夕庆祝的一部分，当钟声响彻大地，我感觉充满希望，来年我和孩子们会拥有更加快乐的时光。

我很自豪，通过经营事业可以给孩子们提供最好的生活，尽管这意味着有时需要牺牲我和他们在一起的时间。忙于工作意味着孩子们生日时我有时不能和他们在一起，但是我们也的确有一些值得记忆的生日：丽莎在夏威夷度过了她的 5 岁生日；马克的 7 岁生日是在伦敦度过的；提姆西的 13 岁生日在去往洛杉矶飞越太平洋的飞机上；凯瑞尔的 18 岁生日是在瑞士度过的。我认为，这些机会和物质优势，加上我给予他们的爱，将足以培养和支撑他们。

我的事业和工作责任对我的孩子有正面的影响，也有负面的。对于凯瑞尔，因我在工作中对面部和身体、身体缺陷以及美貌的判断救了她的命。我职业的另一副产品是，人们都期望我的孩子无可挑剔地中规中矩，举止文雅，讲话得体，衣着也相应地整洁。如果他们的某些社交礼仪与我所教的不一致，或者他们在学校有不端行为，老师们就会说："你应该更懂事理，你是琼·达领－霍特金斯的孩子。""你妈妈就是这样教你讲话的吗？"或者"你妈妈不会喜欢看到你这样做的。"而类似的行为在别的孩子身上就被当成小错。有意无意地，老师和校长就会对我的孩子施加压力，希望他们成为其他孩子效仿的光辉榜样。相反，有些人料定他们会成为自命不凡的纨绔子弟，或跟我的教义背道而驰。不管哪一个方向，都有很多时候是我感到自己所无法掌控的。

有时候，想隐姓埋名对我的四个孩子来说难之又难。所以，他们不愿意被介绍为琼·达领－霍特金斯的孩子。他们是琼和约翰·克利福德的孩子，这才是他们想让人知道的。也许这对于知名父母的孩子来说并不是什么异常反应，他们渴望按照他们本身的样子被看待和评价，而不是根据他们父母克隆的化身。多半情况下，孩子们说他们并不觉得有一个经营着一家大企业并经常出国的妈妈有什么不同寻常。他们也没有太在意或者有时甚至意识不到外人提高了对他们的期望标准。也许这是因为我没有像教育学生那样教育他们。在家里没有关于规矩、正式用餐、言谈和衣着的课程；他们只是通过潜移默化来学习。我从来没有教过他们应该怎样处理他们的关系，但是他们本能地知道我的观点。我告诫他们要谨慎择友，但是他们又自由根据自己的意愿交往任何人。我不实行宵禁。当我在家的时候，我尽可能给予孩子们正常的家庭生活。我根据出国旅行获得的灵感做营养美味的饭食，晚上给孩子们准备第二天的午餐，开车送他们上学和参加聚会，出席学校的各种集会。而且，如果我对孩子做出承诺，就不让他们失望。如果我说我在某个特定的日子会从国外回来或是保证去参加一次学校活动，我肯定会到。

孩子们能经受得住被别人评判的压力，我却不能。每次他们出什么差错，我都感到批评的冷嘲热讽如芒在背，并暴露了我是一个失败者。尽管我不介意孩子们在他们自由支配的时间怎样穿着打扮，如果他们到我办公室时穿着邋遢或口无遮拦，那就是对我在学校教授内容的公然排斥。那简直就像一记耳光。我对此无法容忍，并会毫不犹豫地告诉他们。在他人评判的审视下我总会感到不安。

决心不要像妈妈对我那样控制我的孩子们，我发誓要给予他们母亲的关爱而不是令人窒息的爱。我作为一个职场妈妈使他们较早形成了独立能力，他们在 13 岁以前就能为自己准备快餐和熨衣服了。我使他们在从小就体验的国际旅行中进一步增强了这种独立。因此，孩子们还在十几岁的时候，就离开我的庇护到国外居住和旅行了。

凯瑞尔在金科博尔－罗斯湾修道院要开始她高中最后一年的时候，我和她飞往格施塔德（Gstaad），把她安置在瑞士的精修学校蒙特萨诺学院（Institut Montesano），它培养出了克里斯蒂娜·奥纳西斯（Christina Onassis）等人。尽管这意味着要离开她的朋友，但是凯瑞尔相信我的判断，并没有抗议。她在澳大利亚驻日内瓦领事馆获取了高中毕业证。那一年她过得很精彩，学会了流利地说法语和滑雪，晚上和她的室友古尔·英奇（Gul Inche）从学校的排水管摇摇欲坠地爬下来，到皇宫酒店（Palace Hotel）的迪斯科舞厅跳舞——那是皇族、富人和名流聚会的地方。见名人比学业更重要。一次，她和她的鲍勃·奥斯吉亚（Bob O'Skea）"叔叔"，我在菲律宾航空（Philippine Airlines）的一位好友，在蒙特勒（Montreaux）吃过午饭后，她错过了火车，结果开车一路狂奔，并在雷阿旺斯（Les Avants）赶上了它。碰巧大卫·尼文（David Niven）正在那一站，准备前往格施塔德。他和凯瑞尔攀谈起来，并邀请她到他的头等座与他谈谈澳大利亚。当他们分手时，尼文还给了她一个飞吻。毕业以后，凯瑞尔在尼斯做交换工以完善她的法语，然后与弟弟提姆碰面，一起环游欧洲。她回国后住在我贝尔维尤山家中的独立公寓，但不久又返回了欧洲。

促使提姆离家寄宿的催化剂是一个邻居抱怨说他用 BB 型气枪射死一只鸽子，并射灭了街灯。因为害怕那些觉得我工作，孩子就必定会变坏的批评者们那种"我早告诉你会这样"的嘲笑，也担心在没有父亲的情况下他需要男性的指导，我就把他送到圣约瑟夫学院（St Joseph's College）寄宿。乔校（Joey's）体育项目很强，有极佳的声誉，我想那里能为他提供最好的环境。

提姆在那里被抓到吸烟，修士们杖打他，直到他双手起了血泡。杖打没能阻止提姆吸烟，他很快发现这对他的身高没有任何影响。他长到六英尺七英寸高，成为学校里最高的男生。他听说吸烟会阻止成长，并坚持说这就是他吸这么多烟的原因。提姆憎恨在只能三周回一次家的学校。而他的弟弟和姐妹却能更好地享受家庭生活。为了补偿这一点，我周六上午上完课会赶去看提姆的橄榄球比赛。周日的时候，我会装满一个野餐篮和孩子们一起去学校看他。而且，当提姆和他的伙伴晚上溜出学校来到我家时，我不会斥责他，而是给他们做香肠、烤肉和鸡蛋吃，然后再打发他们回乔校。

回想起来，对十几岁的儿子来说寄宿学校并不是理想的解决方案。提姆是个善良的孩子——那种会把流浪动物带回家的人。他带回的一只狗吃了菲拉格慕先生送给我的一双名贵订制皮鞋的软木鞋底。提姆总是不按常理出牌。比如，当一个朋友开车送他回家并停在我们的车旁边时，他会爬上我们的车顶从篱笆翻墙而过，而不是走正常的路到前门。提姆从寄宿学校回家的一个周末，当他同意剪草坪时我简直喜出望外，直到我看到其结果——一个巨大的"和平"标志出现在草坪上。是的，我家有个嬉皮士，我花了好一阵子才接受这个事实。

提姆离开学校后，他蓄长发，留胡子，穿破洞牛仔裤。他搭便车在澳大利亚旅行，骑摩托车，打零工。他的外表和行为对我所教的内容来说简直是大逆不道。这使我们之间关系紧张，但是从没发生大的争吵；我只是暗自担心。当他把摩托车卖掉时我松了一口气。我把他的生活方式看作是对我的反抗，而不认为他仅仅是那些企图寻找自我认同的自由主义的70后中的一个青年。

在我的鼓励下，提姆报名参加了伦敦的酒店管理课程。我认为在欧洲的经历会开阔他对这个行业的兴趣，并激励他成为一个懂人情世故的人。我在业内有很好的人脉能帮他找到一份重要的工作，但是提姆拒绝我提供给他的几个门路。当时我很难接受，但是现在我理解他为什么需要开辟自己的道路了。我猜这要怪我内心中当老师的本性总是企图过多地为他指引道路。正如他的外表，我认为他的拒绝也是对我作为他的母亲的否定，他要向人们证明他是他自己。提姆在这个行业进进出出，但是五星级酒店的文化并不适合他。他喜欢烹饪，但是由于他的身高，在较低的厨台上工作会引起他后背疼痛。他在伦敦和欧洲生活五年之后回国，开饭店，又卖饭店。

马克急于开创他的生活。从很小的时候，他就显示出雄心壮志。一开始，他立志当主教，直到他外婆告诉他主教不允许结婚生子。他的下一个事业规划是当总理。很明显，我与澳大利亚最著名的三个自由党家族麦克马洪、皮考克（the Peacocks）和罗宾逊（the Robinsons）的友谊影响了马克，他自己报名成为新南威尔士青年自由党成员。马克参加堪培拉的政治集会，并逃课参加悉尼的政治活动，直到青年自由党员们发现他们的高个子新党员只有 12 岁——比他们的党员最低年龄小 4 岁。

离开学校后，马克在一个零售百货商店当店员，挣够了钱买去罗马的机票。马克和我对他的计划没有争论，但是他不允许我去机场为他送行。他离开的那天，我坐在办公室里为他感到自豪。在接下来的两年半，他在伦敦从事各种各样的工作。在访问他在伦敦租的不太大的卧室兼起居室时，我记得自己有些忧心忡忡。但是我本无需为马克担心。回到澳大利亚，作为一个言谈优雅，穿着举止无可挑剔的青年，他被提名在 1984 年州选举中做新南威尔士自由党候选人。他当时只有 22 岁。工党成员占据了七山区（Seven Hills）的席位，但是马克是全州自由党成员中获得支持最多的。他对政治一直热衷，但他最终服从了他的商业本能，进入了营销界并在大学完成了营销专业的学习。

丽莎是最后一个离家出国旅行的。丽莎和我都觉得在她完成金科博尔－罗斯湾修道院最后一年的学业之前出去对她很重要。我母亲已经病倒，并来和我们一起居住，这使家里的环境很忧伤，不适宜她学习。我需要照顾我母亲，但事业上的事务也让我忙得不可开交。当住在米兰的凯瑞尔提供丽莎一个地方居住时问题解决了。一年以后，凯瑞尔准备回家，而丽莎决定留下来。

尽管那些贬低者的可怕预言说我的孩子们会变成不良少年，他们却并没有，而且我为他们每个人感到自豪。我所有的孩子都是出色的父母，而且彼此之间亲密、友爱、相互支持，这是我最大的福祉。

十二　不止美貌

很多出自我门下的女孩突然发迹，移民海外，生活光彩照人，事业兴旺发达，找到了精神伴侣，并建立起家庭。很多人嫁给了有钱有势的男人（这是很多年轻女孩没有说出口的目标），然而有些婚姻幸福，有些却择偶不当。因为我的学校培养出一些国内最迷人的女性，它像蜜罐吸引蜜蜂一样使男人们蜂拥而至。著名的商人、政客、运动员和其他公众人物经常到我的经纪公司追求我的模特或者带她们进城。当花花公子或斯文加利们（Svengalis）在我的公司窥伺，而且有时还缠着我想知道某个模特在哪时，我会提醒女孩们并建议她们应该怎样做，我在课程中也主动增加了很多心灵成长和心智引领方面的内容。有些男人认为"模特"这个词就是交际花的委婉说法，并有意挑选漂亮女孩帮他们哗众取宠，提高他们的身份，并为他们进入社交界打开方便之门。一些模特要追求的，而其他人也通常认为的，只要靠她们的美貌就能获得的童话般的生活可能会变成梦魇。她们的美貌成为了诅咒。财富和婚姻并不总是等同于幸福，而且悲剧的命运总会不期而至。令我惊异的是一些最美貌的女孩却命运多舛，深受痛苦和疾病的折磨。但不管命运如何，这些女人都令人难以忘怀。

我的经纪公司和伦纳德·劳森（Leonard Lawson）有些生意上的往来，他是一个商业广告艺术家，他的一些广告和卡通女人画像都是基于给我的模特和其他人拍摄的照片。1954 年 5 月的一个星期五，当他预约四个模特做一天外景拍摄时，我没有任何理由怀疑劳森。其中一个模特还带上了她的妹妹，为的是到泰雷伊山（Terrey Hills）郊游，当时那里还是与世隔绝的原始林带。到达之后，劳森拿出一些绳子说想让女孩们被捆起来拍摄，她们竟天真地答应了。被绑之后，被劳森强奸时她们无法反抗。无处可逃可躲，也没有人能听到她们，女孩们只得默默地返回劳森的车上，让他送回城里。在路上，劳森答应了一个模特停下来去药店的请求。凑巧，那家药店主人是我第一个雇员伊娃·伊士曼的父母。模特把发生的一切告诉了他们，他们联系警察把劳森逮捕了。

两天以后，约翰和我正在举办一次草坪聚会，一个朋友打电话来问我是否看了报纸。我们还没有看，她对我说了劳森的罪行。这个案件引起了公众和媒体的关注。"他怎么做到的？那个家伙应该得一枚奖章"等冷酷无情的评论四处流行。那个周日，约翰和他的朋友们也对劳森的"壮举"提出质疑。凯瑞尔只有八周大，而且我有一点产后抑郁，所以这个恐怖的消息加上男人们没心没肝的评论更加剧了我的苦恼。我的模特之前没发生过任何差错。所有的客户和联系人都是我们认识的；有些还是朋友。那些被劳森伤害的女人都更名改姓，试图忘记过去，但她们的生命留下了永远无法抹去的伤痕。当她们其中一人得知我要写这本书时，她的丈夫，一位财大气粗、白手起家的悉尼商人，威胁说如果我揭穿他妻子的身份，他就把我告上法庭，可是我永远不会那样残酷无情。

劳森因其罪行被判终身监禁，但是，由于法律中的一些残酷的漏洞，他在服刑七年两个月之后被释放了。他获释后不久，就说服一个悉尼女孩到他公寓里让他画像。她再也没有回家。当女孩的哥哥冲进劳森的公寓时，他发现他妹妹已经死了——她的咽喉被割断，而且被强奸了。劳森逃跑了，而且直奔一所贵族女子寄宿学校，打算劫持一些学生当人质。当他走进学生们正在做晨祷的小礼拜堂，一位老师注意到他身上带着枪。她勇敢地试图解除他的武器，但是枪走火了，一个女孩死亡，多人受伤。与此同时，另一位老师溜出去报了警，警察很快赶到并逮捕了劳森。劳森第二次被判终身监禁，但这还是没能阻止他继续十恶不赦的行径。1972年，他参与了一起监狱阴谋以促成两个服刑人员的提早释放。他们的计划是让劳森攻击来监狱为犯人们表演的16个专业舞蹈演员之一，而那两个寻求提早释放的人会"解救"劳森的受害者，以期他们的英勇行为会得到奖励。当劳森用一把刀子乱砍舞者莎伦·汉密尔顿（Sharon Hamilton）的胳膊和脖子时，这个计划失败了。他成为新南威尔士州服刑最长的犯人，在铁窗后度过了50多年。伦纳德·劳森死在了格拉夫顿监狱（Grafton gail），终年76岁。

仅仅在泰雷伊山强奸案几个月之后，另一个在我预定名册上的模特也成为一起有争议的庭审案件的焦点。雪莉·贝吉尔（Shirley Beiger）是在她母亲陪同下来面试的。她继承了她母亲的美貌和成功的决心。然而，雪莉前途光明的模特事业一夜之间灰飞烟灭。事情是这样的，亚瑟·格里菲斯，一个赛马赌注登记经纪人的办事员，对与他同居的情人雪莉不忠。1954年8月9日晚上，当亚瑟说他约了牙医，雪莉对他起了疑心。根据庭上证据，雪莉寻求她母亲的帮助，她母亲建议她们拿一把步枪和亚瑟当面对质，吓唬他一下。当她们确定看到亚瑟和一个歌舞女郎走进了斯佩尔森夜总会（Spellson's nightclub），雪莉让看门人告诉亚瑟她想让他从地下室的夜总会出来和她说话。当亚瑟一露面，雪莉就拿步枪瞄准了他，结果步枪意外走火。亚瑟被发现死在了夜总会外面，雪莉就在附近，坐在一辆黑色轿车的后座上，抱着一支步枪。这个穿着黑色丧服的金发泪美人被一个全部由男人组成的陪审团判为意外杀人。我再也没有见过雪莉或是她母亲。亚历克斯·尚德（Alex Shand），代理雪莉的那位著名律师的儿子，应他父亲之邀出席了庭审。他告诉我雪莉在法庭上很美，两腿优雅地交叉着坐在那里。

半个多世纪以来，在我见过、一起工作过和亲自培养的所有模特中，珍妮特·埃尔菲克也许是最美丽——也是命运最悲惨的一个。但愿所有那些羡慕她的女孩能够了解她的命运。1951年，当珍妮特在她漂亮的父母奈特和弗兰克·埃尔菲克的陪同下来我经纪公司的时候，她仅15岁。今天，很多女孩都是自己联系经纪公司。我更喜欢，也尊重父母的参与。她精致的面部线条、向上微翘的鼻子和完美的身材比例使我眼前一亮。媒体也为之震惊，并昵称她为"俏脸蛋儿"（The Face）。1953年，珍妮特赢得一个电影角色，与齐普斯·拉夫第合演《幽灵饲养员》（*The Phantom Stockman*），并在1954年成为澳大利亚薪酬最高的模特。

当鲍勃·胡普请我组织一次澳大利亚服装和模特展演以作为他来年澳大利亚巡回表演的一部分时，珍妮特是当然人选。我陪鲍勃从悉尼飞往布里斯班，途中他还给我的宝贝凯瑞尔喂奶。多年来，鲍勃和我一直保持联络，看到凯瑞尔在米兰当模特的照片后，这位喜剧演员竟厚着脸皮说他愿意再次把她抱在膝上喂奶！不过，在他1955年来访时，我注意到他完全被珍妮特吸引了。尽管鲍勃和德洛丽丝的婚姻得以维系多年，但是他花心的名声早已在外，而且多年来他身边经常会有一个年轻女明星。珍妮特不是个容易征服的人，但是鲍勃还是安排她去了好莱坞试镜，她在那里立刻与哥伦比亚电影公司（Columbia Pictures）签了约。

影片公司的老板把她的名字改成维多利亚·肖（Victoria Shaw，从一位英国女王和一位英国作家的名字而来，暗示她是英国血统）[1]，并给她上演讲训练课帮她学习英国口音。澳大利亚演员和澳洲的口音在当时都不受欢迎。真是世事多变！现在好莱坞热烈欢迎澳大利亚演员。珍妮特直接获得了在《琴韵补情天》（*The Eddy Duchin Story*）中的一个角色。1957年，在影片到澳大利亚进行巡回推广时，珍妮特有一辆车身上印着"维多利亚·肖小姐"的车，而且受到了媒体的热烈追捧。我在澳大利亚酒店（Hotel Australia）为她举行了一个鸡尾酒会。这些都很令人兴奋，但珍妮特已然担心有些人想靠近她只是因为她的美貌和名声。

随着她英俊的丈夫罗杰·史密斯（Roger Smith）主演的电视连续剧《77号日落大道》（*77 Sunset Strip*）的热播，事业飞黄腾达，珍妮特开始从聚光灯下隐退。珍妮特退出影坛，生了三个孩子。他离开了珍妮特，后来娶了演员安－玛格丽特（Ann-Margret）。珍妮特后来嫁给了艾略特·亚历山大（Elliot Alexander），一个雄心勃勃、事

1　维多利亚·肖，原名珍妮特。1954年澳大利亚时薪最高的名模。1956年其主演的影片《琴韵补情天》获得第29届奥斯卡金像奖两次提名。

业上不断攀升的制片人。当珍妮特离开他的时候，她所有的钱都用光了，她的演艺事业也完结了，她最后表演的是《综合医院》（*General Hospital*）和一些电视电影里的角色。

珍妮特搬进一个大的公寓街区，并通过管理它维持生计，直到疾病迫使她返回澳大利亚。珍妮特得了肺气肿，她把这归咎于多年前演一部电影时在用以点火的化学烟尘。不过，她有很厉害的烟瘾，而且洛杉矶的烟雾也使她的健康状况更加恶化。一次濒临死亡的经历后，她回到澳大利亚，在位于塔里（Taree）的姐姐家中康复。1976年，"这是你的生活"为我做节目时她是神秘嘉宾，从那以后我没有见过她，再次见面，时过境迁，令人心碎。她变得很瘦，两眼在深陷的眼窝里瞪着，颧骨从紧缩的皮肤里凸出来。珍妮特几乎不能行走了，但是还没有戒烟。为了得到内心的力量，她向天主教寻求安慰，写诗歌，研究占星术。珍妮特画出详细的星宫图。她更感兴趣的是那些星星，而不是成为其中一颗。

我们的友谊很快就恢复了。她在 1986 年《六十分钟》（*Sixty Minutes*）播出我的一则故事后写给他们的信使我感动万分："你们做的只是表面文章！琼·达领－霍特金斯教给我们的不止是有关外在美的知识和能自信地到任何地方与任何人交往的优雅举止，她使我们感受到自我存在的价值。她领先于所有的解放运动。达领是我们人类最杰出者具有的那种精细、勇敢、温柔的力量的鲜有而光辉的代表。当女人们和男人们都意识到我们每个人都是宝贵的独一无二的珍宝时，我们就不必再谈论怎样竞争和应对生活中的困难了，她是表里如一的大师。"她在信后的落款是"不只是另一个漂亮脸蛋儿"。

1988 年的澳大利亚日（Australia Day）是我们一起度过的最珍贵的时光之一。我们在我们共同的朋友海伦·纽汉姆和瓦尔·沃尔芬登（Val Wolfenden）位于沃森海湾（Watson's Bay）的家中举行庆祝活动。我和凯瑞尔还有她的儿子克里斯托弗（Christopher）坐快艇到达。我想，珍妮特的文字是对那段时光的最好回忆。

众所周知，我早年在澳大利亚做模特时琼·达领－霍特金斯是我的导师和偶像。她现在经营着一家成功的模特经纪公司和学校，还有一所非常高端的为年轻女士开办的精修学校。她一直是，也仍将是，至尊女神。见到她太好了。我们一边品香槟看落日，一边喋喋不休地谈论着我们下午的冒险。琼和她的家人也为了次日看《第一舰队》(*the First Fleet*) 在此过夜。我们在品尝美味的烧烤晚餐时，看着城市随着暮色的降临而华灯初上。

晚餐刚一结束，我们就开始讨论"计划"。"计划"是 13 岁及以上的孩子到公园露营，为明天早晨占据一个好的观看地点……现在，孩子们又要对让他们值夜的提议重新考虑了。没人愿意出去睡。琼·达领说："好吧，必须有人睡在外面，如果没有其他人愿意，我就去。"我不由自主地说："如果你去，我也去。"（无疑是多年来对琼的唯命是从导致了这种条件反射。）你们那些了解我的人肯定会摇头不信。我要露营？怎么会！

当我们到达满地是睡袋、充气垫、毯子和枕头的公园时，天已经黑了。已经有人在各种有利地形宿营。我们选了一个看起来很好的地点，瓦尔、海伦、琼和我安置下来睡觉。那个地方凉风习习。不久，好心将她们的睡袋让给了她们的贵客的海伦和瓦尔就决定还是像正常人一样在她们真正的床上度过余下的夜晚。

所以，我和琼·达领－霍特金斯在一个公立公园里睡了一晚。好吧，是她睡了。我躺在那儿，因怕吵到她而一动不动，想着是什么鬼使神差的力量导致了这一刻的发生。什么神奇事件和因果报应引领着我们走在这条叫作生命的回环往复的道路上？我遥望着头顶洒满星辰的巨大天穹，然后不禁哑然失笑——谁会相信达领小姐会做出这样疯狂的事情？我小心地翻过身看了一下我的同伴。她平躺着，双手交叉在胸前，就像一首空灵的诗中的幻影。她怎么做到的？她甚至睡得像个女神！她打鼾。噢，是的，她打鼾！不是像一个凡夫俗子那样呼呼噜噜哼哼地打，而是像只小猫一样发出轻柔的呜呜声。听着这美妙的音乐，我终于在南十字座（Southern Cross）的星空下睡着了。

　　第二天早晨，珍妮特和我在黎明醒来时碰到一位风笛手，我们邀请他到家里吃烧烤午餐。我不知道那个风笛手怎么看待我们这群寻欢作乐的人，但是他一直演奏；我们都只顾玩乐，直到有人注意到烧烤的火焰舔舐着近旁的一棵树！

　　不久后，我在夏威夷岛举办一个个人精修项目时，我收到传真说珍妮特已经于1988年8月17日去世，年仅53岁。她在霍恩斯比医院重症监护室（Hornsby Hospital Intensive Care Unit）离开时，海伦·纽汉姆在她的身边，握着她的手。她的葬礼和皮特·汉龙（Peter Hanon）的在同一天，皮特是另一个漂亮女人珍·卡莫迪（Jan Carmody）的前夫。他们都是英年早逝。她们共同的朋友上午参加珍妮特的葬礼，下午参加皮特的葬礼。我独自哀伤。

　　珍·卡莫迪是另一位非常美丽的模特。为了补充做模特的收入，她在皮特·汉龙位于国王十字街的时尚发廊做兼职接待员。皮特精力旺盛，才华横溢，不仅追求珍，也讨好悉尼东郊的交际花：玛丽（Mary）、费尔法克斯夫人（Lady Fairfax）、格莱托·派克（Gretel Packer）和玛丽·霍尔登（Mary Hordern）。他有时也帮我做发型。在我的建议下，珍参加了澳大利亚冲浪小姐大赛并获胜。1959年，赛事组织者请我陪伴她和新加冕的澳大利亚冲浪先生考利·麦克法兰（Colin Macfarlane）进行他们环游世界之旅，所以在我离家的六周期间，一个管家和一个保姆照顾我的两个孩子，凯瑞尔和提姆，还有我的丈夫约翰。

　　我们的第一站是火奴鲁鲁，著名的冲浪者杜克·卡哈纳莫库（Duke Kahanamoku）和冲浪官员在机场献给我们非常多花环，它们堆在脖子上都挡住了眼睛。考利参加了在普纳荷海滩（Punahou Beach）举行的冲浪比赛，但是由于海浪太过汹涌，女子比赛被取消了。这让珍大大地松了一口气，因为她不像其他肌肉强健的女选手那样是娴熟的冲浪者。

　　在洛杉矶，珍联系了小萨米·戴维斯（Sammy Davis Junior），他们在他访问澳大利亚期间见过面。他为我们安排了他节目的贵宾席，之后又邀请我们去他家。我的直觉立刻警惕起来；我了解一些名人的胡作非为，尤其是萨米也是其中一员的"鼠帮"（rat pack）。我想，"如果这是一个'鼠帮'的饮宴，我就坚持马上离开"。但是，没有什么可担心的理由。当我们到达萨米和他父母及十几岁的妹妹同住的家里时，他母亲还在醒着等我们，他父亲在电视前睡着了，一个漂亮的金发女孩坐在萨米膝上。我们吃了萨米的母亲为我们准备的热腾腾的晚餐，并围坐在一起看老电影。萨米带我们参观了他的家，每个房间都有一台电视。大多数澳大利亚人当时连一台都没有，所以我们大开眼界。当萨米带我们看他的卧室时我们觉得很好笑，因为他自曝只有用黑缎子被褥才能睡着觉。

好莱坞向我们敞开大门从来不是难事。泳装生产商科尔加利福尼亚（Cole of California，比赛的赞助商之一）的弗雷德·科尔让珍拍摄泳装照时使用他家的 V 形泳池，其尖端富有戏剧性地悬于俯视着好莱坞的一个峭壁上。我们访问了鲍勃和德洛丽丝·胡普的家，一个巨大而杂乱无章的地方，充斥着金钱可以买到的一切。在米高梅公司，我们被允许观看拍摄杰瑞·刘易斯（Jerry Lewis）[1]主演的《拜访小行星》（*Visit to a Small Planet*），并与查尔顿·赫斯顿（Charlton Heston）和吉娜·劳洛勃丽吉达（Gina Lolobrigida）交上了朋友。珍妮特·埃尔菲克安排我们参观她工作的影片场地，并在她家招待了我们，她还在一家饭店为珍举办了珍的 21 岁生日聚会。我亲爱的朋友约翰·海勒斯（John Hayles）已成为好莱坞明星的时装设计师，他开着他的大敞篷车带我们在好莱坞兜风。罗德·泰勒（Rod Taylor）[2]带我们和米高梅的管理人员共进午餐。他娶了我的一个模特佩吉·威廉姆斯（Peggy Williams），但是成为影星后又离开了她。

几位派拉蒙的导演想让珍饰演艾尔·凯普（Al Capp）的卡通片《莱尔·艾布纳》（*Li'l Abner*）电影版里的黛西·梅（Daisy Mae）这一角色，但是我们的日程安排中没

---

1 杰瑞·刘易斯，美国著名喜剧演员，对美国喜剧事业影响深远。其先后主演过 94 部影片，拍摄过 14 部电影作品，其中最出名的是《肥佬教授》。

2 罗德·泰勒，1960 年凭借科幻影片《时空大挪移》成名。之后出演了希区柯克的《群鸟》，并凭借这部影片跻身好莱坞一线男星之列。

有足够的时间让珍好好地试镜。一个挑演员的负责人把珍单独招呼到他的办公室，说他想约个时间看珍穿泳装的样子。我插手了这件事，告诉他珍会改为寄照片给他。我之前就告诫过珍怎样应对男人的追求和怎样处理自己的言行——端坐，微笑，少说话。而且，我也尽量传授珍和考利一些言语技巧，让她们澳洲的口音不要太浓，说澳大利亚的时候不要丢掉"l"音。然而，电影公司的老板们告诉珍，她必须要丢掉她的口音并在澳大利亚保持联络。现在看来，能逃离好莱坞是珍的幸运。那里会把她吞噬的。

到了东海岸，一辆由专门司机驾驶的豪华轿车把我们接到亚瑟·洛位于长岛海峡（Long Island Sound）的格伦科夫（Glen Cove）的庄园。和我在 1952 年第一次见亚瑟时不同，这次他没有对我眉目传情，而是扮演了一位无可挑剔的东道主。他父亲马库斯·洛（Marcus Loew）的城堡豪宅，彭布鲁克（Pembroke），大到亚瑟使用不了，所以他又在庄园里建了一栋小一些的现代住宅。庄园占地也很广，所以我们晚上需要开车到彭布鲁克老宅的电影院里去观看好友玛丽莲·梦露即将上映的影片《热情似火》（*Some Like It Hot*）。在周末结束以前，我们乘坐亚瑟的豪华摩托艇巡游了长岛海峡。

到了伦敦，珍穿着泳装在皮卡迪利（Piccadilly）瑟瑟发抖地分发橙子，这是澳大利亚水果推广活动的一部分。我们四处走访冲浪救生俱乐部，并在康沃尔郡的比尤德（Bude）受到了冲浪贵族一般的款待。我们在巴黎和罗马尽情享乐了一番，珍和我又访问了卡布里岛（Ise of Capri）。我们行程的最后一站是新加坡，那就像穿越历史。我们乘坐人力车，在老莱佛士酒店（Raffles Hotel）的阳台上吃午餐——完全是殖民时期的亚洲。澳大利亚赛马骑师亚瑟·沃德（Arthur Ward）和他的妻子琼（June）在他们的豪宅中款待了嫁给了迈克·纽汉姆（Mike Newham），当时住在马来西亚的海伦·米汉，还有珍和我。喝了太多香槟之后，我们最后都进了泳池。我热情高涨，将泳池边的一个雕像一起拉下了水。我们险些误了飞机。这就是当时新加坡那种随意的生活方式，航班竟然为我们而推迟；似乎没有人在意我们迟到。回到悉尼，约翰和其他人本来都到机场等候，但由于晚点，只剩皮特·汉龙留在那里。他用一颗星形蓝宝石和钻石订婚戒指欢迎了风尘仆仆的珍。结婚后，珍成为皮特的免费接待员，而且她的照片永远没有寄往派拉蒙。他们成了东郊社交圈里的金童玉女。

十三　点名致敬

数数看，在我学校上过学和参加过我经纪公司的学生和模特超过 40 万人，他们造就了有趣且富于挑战的工作。他们当中的佼佼者给了我快乐的回忆和终生的友谊。很多我早期的门生和国际知名模特成为我企业的杰出使者，我应该向他们致敬。

我的学校推出的一些女孩赢得了最令人觊觎的全国选美大奖——澳大利亚小姐的荣誉，其中包括莫林·基思（Maureen Kistle，1955）、海伦·伍德（Helen Wood，1957）、坦尼亚·沃斯戴克（Tania Verstak，1961）、珍妮·库普兰（Jenny Coupland，1982）、玛利亚·里德雷（Maria Ridley，1985）和卡洛琳·拉姆利（Caroline Lumley，1988）。派特·伍德利和莫林·杜瓦尔（Maureen Duval）分别赢得 1951 年和 1952 年的新南威尔士小姐，并因那两年没有全国冠军而代行澳大利亚小姐之责出国巡游。莫林·杜瓦尔曾在我学校任教，后来成为《早安悉尼》（*Good Morning Sydney*）的主持人并育有四个孩子。坦尼亚·沃斯戴克是个害羞、谦逊又极为聪明的女孩，来自一个白俄罗斯家庭。我记得她赢得澳大利亚小姐之后，在悉尼坐街车巡游时身上被洒满了彩纸。仅一年之后，她又获得了国际小姐称号。1992 年，这一国际头衔也授予了我以前的学生克丽斯滕·戴维森（Kristen Davison）等。

当模特毕业生珍妮特·麦克劳德（Janette McLeod）和她的表姐妹潘妮·普拉默（Penny Plummer）分别赢取了 1968 年的国际青少年小姐和 1969 年的世界小姐后，我的企业又多了更多的荣誉。她俩都是高挑的金发女孩，珍妮特和潘妮一起修完个人精修课程时都在上高中最后一年。我建议她们从事模特行业。珍妮特签了约，并很快赢取了国际青少年小姐的头衔。潘妮返回肯普西（Kempsey）附近的家庭农场完成高中学业，并被提名参加赛中赛（the Quest of Quests）。赢得这场比赛使她获得了参加世界小姐选美大赛的入场券，并在伦敦以 18 岁的年纪摘得桂冠。她完成了一系列忙乱的行程，包括与好莱坞影星鲍勃·胡普和安－玛格丽特一起访问驻越南的军队，但是从长期来看，她并没有追求聚光灯下的生活。

许多出于我名下的年轻女孩都变得家喻户晓。以我布里斯班的学校为例，黛儿薇·德莱尼（Delvene Delaney）以《保罗·豪根秀》（*Paul Hogan Show*）和后来的《世纪大拍卖》（*Sale of the Century*）成名。波拉·邓肯（Paula Duncan）和已故的阿尔奇·怀特利（Arkie Whiteley）成为了演员。朱迪·多恩（Judy Done），艺术家肯·多恩（Ken Done）的妻子，为格雷斯兄弟（Grace Brothers）做内部模特，并在她丈夫的一些早期广告宣传活动中担任主角。还有"利思戈闪电"（lithgow Flash）的马乔里·杰克逊（Marjorie Jackson），她后来做了南澳大利亚州州长。我记得在毕业之夜对珍·史蒂芬森（Jan Stephenson）说："你的美貌加上你的高尔夫球球艺终有一天会让你挣很多钱。"果然被我言中了。珍成为世界范围内的高尔夫封面女郎并在美国定居。当《名人人生》给她做节目时，她衷心地感谢我的学校给予了她成为一个名人所需的自信。世界竞走冠军克里·萨克斯比（Kerry Saxby）是被她的经理人弗兰克·贝茨（Frank Bates）送到我们这来的。他知道如果克里能美化一下她的形象就能获得更多的赞助和经济奖励。结果，最大的挑战是教她优雅地走路。十几岁的珍妮·利特尔（Jeannie Little）和玛利亚·韦努蒂（Maria Venuti）也报名参加了。

清纯的模特米兰达·可儿[1] 和风格十足的凯瑟琳·麦妮尔[2]，挖掘和培养她们的故事让我难忘。才华横溢的姐妹罗安娜和安娜·多娜·蒙特－卡明（Roanne and Ana Donna

---

1　米兰达·可儿，13 岁时在《Dolly》杂志封面女郎模特甄选竞赛中荣获冠军，从而步入模特生涯。因代言美宝莲而被关注。2007 代言维多利亚秘密，并签约成为"天使超模"。

2　凯瑟琳·麦妮尔，因获澳大利亚"麻豆寻觅之女友 / 封面女郎"奖出道。

Montr-Cumming）在我悉尼的学校上学。多娜有一副令人惊叹的好嗓子，这帮她赢得了《西贡小姐》（*Miss Saigon*）中一个让人羡慕的角色。我很自豪地和她的妈妈黛西（Daisy）一起在伦敦观看了她的演出。罗安娜现在精锐模特管理公司（Elite）纽约分部麾下，并在作曲。黛西是位杰出的艺术家，她画了我的肖像。凯马勒（Kamahl）的女儿拉尼（Rani）是另一位毕业于我校的歌手，她的父母都是我珍贵的朋友。

我一直认为昆士兰，尤其是汤斯维尔（Townville），出产美女。在布里斯班，碧莉·诺斯（Billie North）在许多年里都是城中最著名的模特。在自己开礼仪和模特学校之前，她很长一段时间都管理我在布里斯班的学校。我从不怨恨碧莉自立门户，因为她没有那种不讲情面或瞒天过海的作风。她以母亲般的方式关爱学生，而且和某些其他竞争对手不同，她从没试图压倒对方，或直接从我公司夺取任何东西，包括模特。其他布里斯班的模特和留校教师，包括时装表演制作人和时尚偶像迪·坎特和艺术家凯蒂·爱德华兹（Katy Edwards），后者以其天真烂漫的画作而著称，但是她早年曾以青春小姐大赛（Miss Teen Time）成名。另一个优秀的毕业生是米塔·兰森（Meta Ransom），她嫁给了一位似乎有迈达斯点金指（Midas touch）的商人基思·劳埃德（Keith Lloyd）。

1951 年，我的经纪公司刚开业时，帮我开创基业的模特有珍妮特·埃尔菲克、珍·纽因顿（Jean Newington）、玛丽·罗伯茨、米歇尔·萨发奇、海兹尔·罗杰斯（Hazel Rogers）和詹尼斯·韦克利（Janice Wakeley）——她们一直是我贴心的朋友。詹尼斯·韦克利嫁给了澳大利亚安飞士租车（Avis in Australia）的创始人艾瑞克·麦克伊尔瑞（Eric McIllree），并在悉尼有一座海边别墅。相反，海兹尔·罗杰斯的生活却没有这么幸运。虽然她很有喜感，也极为幽默，但是她却患有抑郁症，她的母亲和丈夫基思·伍兹（Keith Woods）的相继去世更加重了她的病情。她死于过量服用安眠药。

玛丽·罗伯茨于学校放假期间在戴维·琼斯做服装助理。她曾在得克萨斯的百货公司尼曼·玛戈的时装表演中帮我着装。我鼓励玛丽到我的学校来。她来时穿着一件浅蓝色长裙，裙摆由衬裙撑起，更加凸显了她纤细的腰身。她的棕色长发向后梳成一个马尾，系着蓝丝带。我对此永远记忆犹新，她像一幅美丽的图画，同时又神采飞扬。

在学完我的课程之后，玛丽的模特工作非常成功，而且在澳大利亚首屈一指的百货连锁店戴维·琼斯很抢手。接受帮我管理珀斯新校区的邀请后，我教给玛丽教西部的贵妇人在女王于1954年巡游澳大利亚期间怎样向她行礼。在那里工作10个月之后，她返回了悉尼。每个男人都觊觎玛丽，但是她嫁给了电视节目主办人约翰·柯林斯（John Collins），他还出品了唐·雷恩（Don Lane）的《悉尼今夜》（*Sydney Tonight*）。他们结婚几年后就分手了。玛丽独自抚养他们的两个孩子，并重新为我工作，评审至今都由我主办的澳大利亚乡村选美比赛和社交舞会，让乡村的优秀青年们有一个崭露头角的机会，从而改变他们的命运。管理悉尼的个人精修学校，直到1972年她嫁给拥有几家殡仪馆的伊恩·斯派斯（Ian Spies）。他们是一对富有同情心的夫妻，我很感激他们在我一生中最悲伤的时刻，我母亲去世时，给予我的支持。

美丽动人的米歇尔·萨发奇出生在上海，她父亲是那里的法国驻军上校。第二次世界大战阻止了他们返回法国的计划，他们迁居到了悉尼。住在街对面的派特·福尔曼发现了米歇尔，认为她很适合为我的一个客户做口红广告。在派特的鼓励下，米歇尔找了我。米歇尔总是带有一丝法国风情，找到工作毫无问题。在米歇尔的第一任丈夫去世后，她嫁给了那个眼睛大大黑黑的模特戴安娜·格雷戈里（Diana Gregory）的前夫约翰·罗杰斯（John Rogers）。他们的婚姻一直很幸福。长着雀斑的棕色眼睛美人珍·纽因顿是1955年的年度模特。这开启了她在巴黎和纽约的国际生涯。她与弗兰克·辛纳屈（Frank Sinatra）、玛琳·黛德丽（Marlene Dietrich）、鲁道夫·努里耶夫（Rudolph Nureyev）等人一起参加宴会，并在美国的艾琳·福特经纪公司做模特。

早期的模特中还有洛伊斯·维瑞特（Lois Wherrit）。我看到洛伊斯的巨大潜力，但她却拒绝了我带她出国旅行以获得国际模特经验的邀请。"不，琼。我要嫁给吉姆·弗莱明（Jim Fleming）。爸爸认为离开他会是个错误。"我认为这种态度很愚蠢，不过吉姆成为了一名很富有的商人，是美妙弗莱明超市（Fleming Is Fabulous supermarkets）的带头人，并且做了多年澳大利亚赛马俱乐部（Australian Jockey Club）主席。但是，金钱并没有带给他们幸福，他们分手了。

于2007年不幸离世的英格丽·吉（Ingrid Gee）来到我这时还叫英格丽·格日博夫

斯基（Ingrid Grzybowski）。她9岁时随父母从波兰来到澳大利亚，是后来许多澳大利亚新模特和比赛获奖者中的第一名。莱昂内尔·墨菲法官（Justice Lionel Murphey），惠特拉姆政府（Whitlam Government）的大法官，爱上了英格丽。莱昂内尔因推行使离婚更加容易的变革而被誉为改革家。这些法律变革也给他的个人生活带来了方便，他很快地和他妻子离婚并娶了英格丽。［他们的儿子卡梅伦（Cameron）现在是公民自由组织（Civil Liberties）的发言人。］1973年，莱昂内尔鼓励我学校的一位教师吉尔·艾伦·福乐尔（Jill Ellen Fuller）成为新南威尔士州的第一位婚姻监礼人。

那些知名度稍小的模特同样也值得纪念。我最早的模特之一是娜塔莉·麦克劳德（Natalie McLeod），歌手兼词作者鲍比·麦克劳德（Bobby McLeod）的女儿。与娜塔莉的会面使我与这个优秀家族建立了长期的联系。她的曾外祖父，罗伯特·布朗（Robert Brown），是澳大利亚第一位原住民的领薪裁判官（Aboriginal stipendiary magistrate）；她的曾祖父，杰克·麦克劳德（Jack McLeod）曾在第一次世界大战中被授予维多利亚十字勋章，这是非常特殊的荣耀。

个人精修学校的学生有各种各样的背景，毕业以后也同样走向不同的事业和生活。随着公司客户名单的增加，从20世纪60年代后期到70年代中期，悉尼天主教会（Catholic Church in Sydney）也成了我们的客户。教会送来了第一次脱下修女服，急需服饰、化妆、发型和仪态建议的修女们。另一个预料之外的客户是军队。1971年至1974年，澳大利亚皇家陆军女系队（Women's Royal Australian Army Corps）的军官学员接受了举止、礼仪和女性气质培训。大约也是这个时间，新南威尔士州警察局也为一些执行包括护卫贵宾在内的社区任务的女警官付费学习礼仪和服务意识课。

慈善组织把无家可归和贫困少年送到我的学校接受免费指导。有些人充分利用了这次机会，但对其他人来说，它只是另一次福利性质的施舍而不是我所希望的真正帮助。当年轻人离开学校，我的商业学院及其提供的一系列课程帮助他们弥合了从学生到成年人的断层。我希望让他们信心十足、激情饱满地在这个世界上留下自己独特的印记。当我回想我以前的所有学生和模特时，我为她们给我留下的美好记忆而满怀感激。

❖ 我认为和孩子们一起阅读，是最快乐的事。

❖ 我头戴饰有白色蝴蝶结和粉红软面纱的白色攒花帽，身穿镂空蕾丝紧身上衣和内衬粉缎衬裙的薄衫长裙，足蹬粉色的高跟鞋。海军朋友们在圣玛丽大教堂外摆出一个仪仗队。（约翰·赫尔德拍摄）

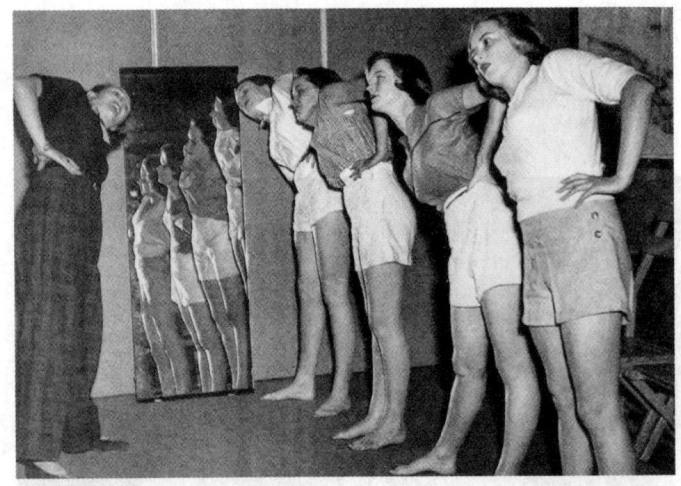

❀ 在布朗老先生店中，一堂瘦腰训练课。

❀ 这是我在 1950 年的一堂课上展示琼·达领－霍特金斯 360 度转体。

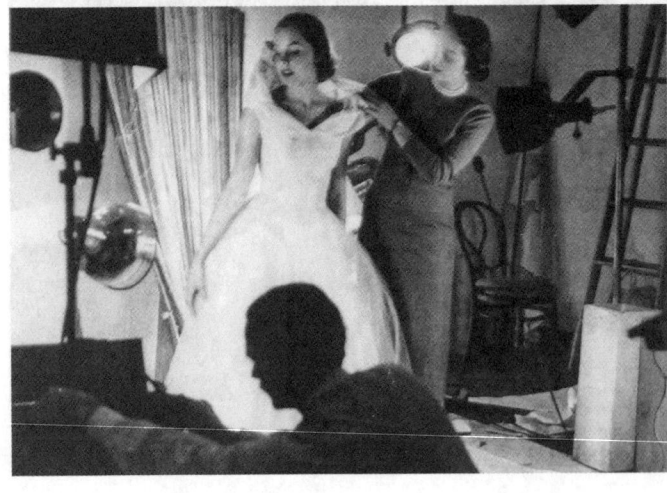

❀ 在劳瑞·勒·瓜伊（前景中）和约翰·内斯比特的地下摄影室中，为当时 16 岁、正在试穿裙子的珍妮特·埃尔菲克（维多利亚·肖）整理衣领。

❀ 在冲浪者天堂时装秀中展示琼·达领－霍特金斯的绝对招牌姿势。这件裙装由约翰·海勒斯设计。

❖ 精英少年营结业典礼
上到来的小客人，她后来
成为环太平洋小姐冠军。

❖ 我在家里教玛丽·罗伯茨（左一）、珍
妮·沃尔什（左二）和珍妮特·埃尔菲克（维
多利亚·肖，右二）练习在 1954 年伊丽莎
白女王来访时怎样行礼。

❖ 1954 年，将要开始环澳航空公司空中时装秀之旅。

❖ 20 世纪 60 年代在迪莫克斯大楼地下室拍摄的琼·达领－霍特金斯模特班级合影。

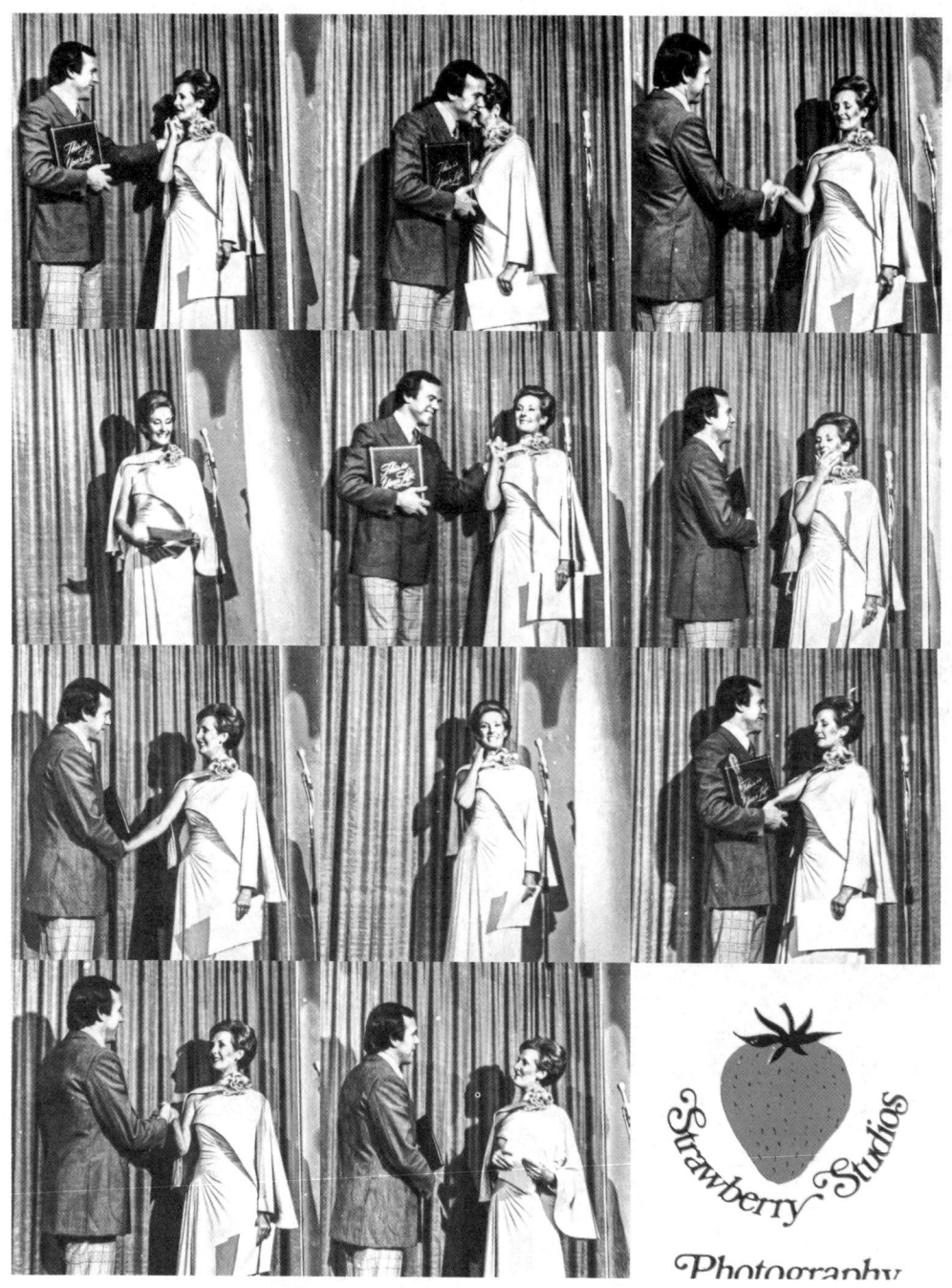

❀ 当著名主持人迈克·威尔西在学校的毕业典礼上上台宣布将为我拍摄《名人人生》时，我非常惊讶——这是一个莫大的荣耀。

十四　亚洲之恋

　　我母亲从未停止对我的事业或能把我推向新高度的机会的关注。当结束与比尔的蜜月环游世界之旅返回时，妈妈兴奋地告诉我香港的名人想见见她"著名的女儿"。尽管她从来不当面表扬我的成就，她跟别人肯定大肆夸耀了我，不然的话，香港人不会知道我的名字。不管事实如何，她的消息还是激励我的企业进军亚洲，并带来一些我生命中最激动人心的时刻。

　　这开始于 1961 年，那是澳大利亚模特和时装有史以来的第一次海外表演，也是香港"首次真正意义上的国际时装表演"。澳大利亚商务部（The Australian Department of Trade）、国泰航空公司（Cathy Pacific Airlines）和香港著名绅士周锡年爵士（Sir Sik-nin Chau）[1] 都支持这个想法。它旨在加强与澳大利亚的贸易往来，并为周爵士倾力关注的事业香港防痨协会（Hong Kong Anti-Tuberculosis Association）筹措资金。霍登兄弟（Hordern Brothers）提供时装，而悉尼的《星期日电讯报》为时装表演举办了一场比赛，挑选了四位模特。

　　比赛胜出者——露丝·卡尔马尼奥拉（Luce Carmagnola）、帕特里夏·达菲（Patricia

　　1　周锡年，广东东莞人，生于香港。父周卓凡、伯父周少岐俱为香港股商，周峻年律师为其堂兄。1960 年，被英国女王伊丽莎白二世册封为爵士。

Duffie）、洛伦·奈特（Lorraine Knight）和朱迪·琳赛（Judy Lindsay）都是我培训出来的女孩，而且每个都得过年度模特大奖。她们都是平凡农家里飞出的金凤凰。露丝被我劝说来到我的模特学校之前每天在卡姆登（Camden）的农场给她家的奶牛挤奶。我永远不会忘记露丝的爸爸送给我的两瓶格拉巴酒。一次，我在家举行晚宴时所有的酒都喝完了，我拿出了那些格拉巴酒。没多久，每个人都溜到了桌子底下，包括广告达人约翰·辛格顿（John Singleton）。他至今还以此嘲弄我。那个酒真是太烈了，我至今还留着一九六几年那晚喝剩下的第二瓶和第一瓶酒的空瓶子。帕特里夏本来是位药剂师，也成了一名优雅的模特。她后来嫁给一位银行经理，这个人却不幸在家中做水疗时死去。洛伦是位 A 级网球运动员和主日学校的老师。朱迪来自新南威尔士最西部的纳罗迈恩（Narromine）的一个偏远的养牛场。

一夜之间，模特们和我都成为了澳大利亚的准大使。女孩们在香港当时唯一一家新酒店，美丽华酒店，每次走上 T 台时都赢得雷鸣般的掌声。我爱上了香港。那时香港从山上到水边都是星星点点簇拥在一起的简陋的小屋，而这些年来它们都已被高层建筑所吞噬。我很荣幸能见证香港从一个优雅的殖民地转变成为 1997 年恢复中国主权时的激情四溢的超级大都会。

我主持了时装表演，当地电视节目主持人梁舜燕（Lily Leling）[1] 为我做翻译和助理，观众是来自政商两界的领袖，包括澳大利亚前总理罗伯特·孟席斯爵士（Sir Robert Menzies）和他的妻子帕蒂夫人（Dame Patti），以及时任香港总督。橡胶树枝装点的 T 台、由科尼利厄斯皮业（Cornelius Furs）捐助的一件漂白袋鼠皮大衣的拍卖会，以及包括袋鼠尾汤、悉尼鱼（fish à la Sydney）、霍克斯伯里橙烤乳鸭（roast duckling with Hawke sbury orange）、塔斯马尼亚味土豆（potatoes Tasmanian style）、亚拉青豆（Yarra green peas）和梅尔巴蜜桃冰淇淋（peach Melba）甜点的菜单都渲染出浓厚的澳大利亚

1　梁舜燕，广东新会人，香港电视史上首位女演员。曾任职于无线电视新闻部和亚洲电视新闻部，后返回无线电视至今。

风情。

当地媒体对澳大利亚的表演交口称赞。《德臣西报》（ *The China Mail* ）称："这是由杰出的模特团队进行的一次伟大表演；她们使时装表演的常客欢欣鼓舞，使香港的澳大利亚居民引以为荣，促进了她们与挚爱的祖国的友好交往。"我们是大热门！我们为防治肺结核筹集了大笔资金。

作为澳门政府的客人，我们将澳门首次国际时装表演带到了当时还是葡萄牙殖民地的澳门，在伯多禄剧院（ the Don Pedro Theatre ）举行首演。剧院是巴洛克风格建筑，华丽的红天鹅绒幕布、金色的柱子和阶梯式楼座把它装点得隆重奢华。澳门的社会精英济济一堂。当葡萄牙国歌响起时模特们和我与澳门总督一起站立。他们将《丛林流浪》（ *Waltzing Matilda* ）作为我们的国歌播放时我们一脸严肃。那里的炎热和潮湿令人难以置信。我不得不把手放到身后，让顺着两臂滴下的汗水流进窝起来的手中，接住了再倒掉。我们精神鼓舞地飞往日本度了短假，然后在 6 月 13 日我生日那天回家。

我被多次邀请重返香港举行类似的表演，但四个小孩、一个丈夫，还有生意上的需求耗去了我所有的时间，这造成两次亚洲之行中间大约三年的间隔。不过，这一经历给了我到远离家乡的地方探索商机的信心。20 世纪 60 年代中期，我接受了菲律宾航空公司（ PAL ）的邀请，为马尼拉的上流社会展示澳大利亚的模特和设计。表演受到异常热烈欢迎。我本可以为澳大利亚设计接受订单，但无法安排其进口。我对菲律宾和这个国度的运行方式一无所知。

这次访问无疑是一次文化启示。可想而知，当看到近千人到机场迎接仅仅几位模特时我大为震惊。我们在陪护下通过海关后，我和模特们被分开，我被领回到停机坪，上了一架直升机。这肯定不是行程安排的一部分。甚至有绑架的闪念在我头脑中跳动。谢天谢地，飞行员注意到了我的不安并用流利的英语解释道："我要带你去马尼拉酒店（ Manila Hotel ）。"当直升机飞到机场上空时，我鸟瞰下方，见我们的东道主为了将模特们接到那个古老酒店安排了几辆黑色加长豪华车和由六名摩托骑警组成的护送车队。当我的直升机低飞至豪华车上方，无数的人们在罗哈斯大道（ Roxas Boulevard ）夹道欢迎，向我们招手欢呼，好似我们是皇室成员。我们的贵宾待遇远未结束。为了欢迎我们的到来，菲律宾航空公司主席班尼·托达（Benny Toda）和常务理事鲍勃·奥斯吉亚在酒店富丽堂皇的舞厅里举行了盛大的招待会。自助餐桌上装饰着巨大的冰雕和鲜花，我们正餐吃的烤乳猪（Lechon），配菜是肝酱、虾卷和百公酱（bagoong，一种气味极浓的发酵咸鱼）。带着白手套的侍者小心翼翼地拿着烟灰缸站在每一位吸烟者身旁。

　　尽管古老的马尼拉酒店是当时城中最好的，但由于在战争期间曾被日本人和后来的美国人征用，还是显示出岁月的痕迹。房间很简朴，空调完全颠倒运行，冷空气吹向走廊，热空气吹进房间——这在闷热潮湿的马尼拉可不是小麻烦。尽管如此，酒店还是接待高官显贵的地方。在 1972 年初到访时，有幸被安排在最显赫的位置，和记者们站在一起听另一位酒店住客，美国前总统理查德·尼克松（Richard Nixon），回答他们的问题，他即将第一次飞往中国进行历史性会谈。我身边的一位朋友对我说："他在犯一个错误，他在唤醒一位巨人——它将改变世界。"

　　模特们和我都为贫富之间的悬殊而震惊。我们从未见过从锡皮和硬纸板的棚屋一直蔓延到大街上的那种贫穷。相对于我们受到的特别待遇，穷人们的存在似乎很不协调。当我把一笔不小数目的比索递给一位抱着个小女儿的母亲之后我的感觉变得麻木了。那个母亲连一个微笑或一声谢谢都没有就走开了，那个女孩把钱交给了一个坐在一辆很大的黑色豪华车里的菲律宾胖男人。每一栋马尼拉城区的建筑都至少有一个武装警卫。房屋都坐落在入口有警卫站的院子中。

　　按照在上层社会中流行的西班牙文化传统，我们的夜晚一直持续到凌晨，这打破了我需要充足的美容睡眠的习惯。我们靠着身处一座异国城市的兴奋支撑着，我也靠着为我带来的女孩子们负责的责任感兴奋着。在某些特定的夜晚，我们的东道主会派一位司机来接我们参加鸡尾酒会，通常大约 9 点开始，10 点或 11 点会有一顿由多道菜组成的晚餐。然后是迪斯科舞会。夜总会的花花公子们邀请某个女孩跳舞之前总是征求我的允许。有人陪伴的女孩会受到礼遇，这是西班牙文化。尽管如此，有时要掌控这些男人也是一个挑战。有些男人宣布他们对这些模特的爱至死不渝，并威胁说如果她们离开就自杀。其中一个模特，莱斯利·哈钦森（Lesley Hutchinson），真的嫁给了一个菲律宾人，他们的儿子杰米（Jamie）是我的教子。我与菲律宾的联系仍在继续。

　　我带领模特们回到香港的首场慈善表演是在太平山顶（The Peak on Hong Kong Island）一座宫殿般的住宅里举行的，观众都是太太——中国富豪善于交际的妻子们。模特们在一个平台上的桌子中穿行，那里有令人艳美的视野，能眺望港口对面的九龙和中国内地。文华酒店（Mandarin Hotel）为一周的午餐秀场和在其大舞厅举行的晚会首演提供了慷慨的赞助。我为伴着迪吉里杜管（didgeridoo）音乐的首秀设计了舞蹈动作，并安排了灯光打在穿着带有闪光白漆土著纹饰的黑色紧身衣的模特们身上。当注意到有人在表演中间离开时，我作为司仪的镇定受到了考验。当表演在 11 点以后结束时，400 名观众中只有一半还在。我以为我们彻底失败了。我不知道，在晚上那个时候回港口对岸的九龙的交通工具只限于一种叫作哇啦哇啦（wallah wallah）的小渡船，因为当时维多利亚岛（Victoria Island）和大陆之间还没有修建地下隧道。报纸给予我们热情洋溢的评论，接下来的演出票被中国人、英国人和澳大利亚人抢购一空。我们迅速恢复了信心，并开始尽情享受香港的一切。我们被邀请乘坐最豪华的游轮巡游港口，并让我们的味蕾品尝了具有异域风味的亚洲美食。

　　应香港新开业的希尔顿酒店之邀，我在酒店 23 层、名副其实的鹰巢饭店（Eagle's Nest restraurant）举办了午餐秀场，模特们和我在那跳了一个通宵的舞。那是一个派对时间，当然从我们的样子也不难看出。我们的裙边卷到了膝盖 10 厘米以上——难怪连裤袜会受到欢迎。回想起来，我们戴过的一些假发和接发尽管很时髦，但一看就是赝品。为了与我们夸张的发型相配，我们戴假睫毛，把黑眼线画出两眼的眼角以使其显得浓墨重彩，涂灰白色的唇彩。20 世纪 60 年代后期，我开发了达领睫毛（Dally Lashes）——半永久的假睫毛，可以自己戴上，但需要很大耐心。它们可以粘在眼皮上几周，直至需要更换，很快在模特界广为流传。

　　海外侨胞使我们生活得逍遥自在。我在香港遇到了约翰·海勒斯，他正在用一年的时间对世界各地的时尚界进行调查。约翰一出现，光芒、流言和欢乐就会随之而来。当模特们要上台时，他在后台嬉皮笑脸地对她们发出"挺胸，收臀"的命令，使她们难以保持严肃的表情来面对观众。我也和凯尔·哈琛斯重聚，他在香港的一家大酒业公司工作。凯尔带他的朋友来我们的午餐秀场，模特们和我出席了他的品酒会作为回访。他的妻子帕特里夏·格拉索普（Patricia Glassop）照顾他们两个年幼的儿子，迈克尔（Michael）和雷特（Rhett）。帕特里夏是个很有才华的化妆师。

希尔顿酒店集团发出邀请，希望我们到其在马尼拉的新酒店表演，那是该城第一幢现代高层建筑。我如获至宝地抓住了这个机会。我确保模特们、员工和我有时间游泳和沐日光浴（那个时代还没有皮肤癌的想法），啜饮青柠汁（kalamansi 汁），并从酒店屋顶泳池边的酒吧点粉红色的木瓜和山竹。为了保证晚上有精力，我们享用merienda———一种菲律宾式下午茶或傍晚点心，可以选择各种美味的小吃，包括我的最爱，新鲜鲁必亚（Lumpia）和蒜酱。我们也纵情玩乐，在鲁斯坦斯百货商场（Rustans department store）买好玩的东西，去修指甲和按摩，广受欢迎的盲男或盲女轻飘飘地站在我们后背上，手脚并用地给我们按摩。这些旅行是奖励我的员工和模特的绝佳方式，因为我们到处受到一流的待遇。模特们也非常珍惜这些经历。

我与希尔顿酒店集团和菲律宾航空公司的联系使我成为希尔顿小姐模特大赛（Miss Hilton Model Quests）在马尼拉、香港、首尔、曼谷、新加坡和伦敦的协调人和评委主席。胜出者的奖励包括一次悉尼豪华之旅，我为她们安排在那里进行模特表演和推广工作。我陪这些女孩到各个城市举办"东风遇到西风"（East-Meets-West）的系列表演。所有的女孩都必须年满 16 岁，这可以理解，其中有些还很幼稚。我记得有位评委在香港问一个选手她来自哪里时，她甜美地答道："来自我妈妈。"不过，当菲律宾的梅塔·戈梅斯（Maita Gomez）赢得比赛时，这位大学生证明她不会被那些追求她的花花公子所左右。梅塔在悉尼期间，据说当策划人哈利·米勒（Harry Miller）在一家夜总会对她说出挑逗性话语时，她公然将一杯酒倒在了他腿上。她说那会让他冷静下来。

与希尔顿的比赛联手，作为奖励的一部分，我带领罗斯兰小姐选美比赛（Miss

Roselands Beauty Quest）的胜出者到菲律宾和香港进行为期两周的旅行，带给她们走秀经验。这个安排意味着我必须评判星期六上午到悉尼的罗斯兰购物中心（Roselands Shopping Centre）来参赛的选手。除了海外旅行，胜出者还能获得奖金、衣服和行李，以及我学校的模特奖学金。国际青少年小姐珍妮特·麦克劳德和朱迪·唐纳德森（Judy Donaldson）是我在这些选秀中亲手挑选的胜出选手。珍妮特结了婚，有三个漂亮的女儿，并住在黄金海岸。朱迪嫁给了板球运动员格瑞格·查普尔（Greg Chappell）。

随着一次海外巡演的临近，我为表演收集了一些来自新秀和著名设计师的时装，包括布莱恩·罗奇福德泳装（Brian Rochford swimwear）、特伦特·内森（Trent Nathan）和卡拉·冉帕蒂（Carla Zampatti）。我给了一些设计师平生第一次、在当时也是唯一一能承担得起的到亚洲展示他们作品的渠道。我也设计了模特们在 T 台上的出场顺序。音乐故意比较低调，这有助于模特们在整个表演中保持步态尽量一致。这使表演显得大方优雅。连续两周，每周七天，每天两场表演的设计和主持耗去了我很多精力，但我并不是完全孤军奋战。我的员工和业内人士鼎力支持，希望这些活动获得成功。

在香港的瑞兴和永安百货公司举行了店内时装表演之后，永安向澳大利亚设计师下了大量订单。瑞兴百货公司主席丹尼尔·古（Daniel Koo，古胜祥）是一名军官曾荣获英帝国勋章的军官（OBE），他成为我终生的朋友。永安百货公司的朋友们很自豪地在店内展出澳大利亚时装，因为他们有特殊的澳大利亚关系。他们把我当成姐妹一样欢迎。这个在香港和中国内地有多层楼分店的商场起家于微不足道的悉尼帕迪市场（Paddy's Market）。来自中国内地的曾祖在那里以"永安农产"（Wing-on Produce）为字号，靠推小车卖菜维持生计。他省吃俭用，把钱寄给家里，后来用这笔钱在九龙港口边开了一家小店。我从来没想过为了给这些商场处理订单而争取报酬。能够收支相抵我就很满足了。这些选秀和亚洲之旅的直接收入很少，但是这些经历满足了我对旅行和学习如饥似渴的追求，而且这对我在澳大利亚的企业也是很好的宣传。动力不仅来自金钱，也来自对冒险、生活质量和品位的追求。我并不后悔对这方面的关注，不过在很多商业机会中我挣的钱本来可以比实际所得多的多。

酒店和航空业的关系为我开辟了新的商机。当香港希尔顿酒店经理，我的朋友布莱恩·布莱斯（Bryan Bryce）跳槽到凯悦酒店时，我也把时装表演移到那里。在之后的来访中，拉里·朱（Larry Tchou，朱民康）负责照顾我们。每次模特们和我来访时，当地的每家凯悦酒店都在门口外挂着一幅大标语，上书"琼·达领－霍特金斯秀"（The June Dally-Watkins Show）。另外，我对澳洲航空公司机舱服务员的礼仪与服务培训——在建立起由我的一位教师主持的内部培训之前——也使我被任命为菲律宾航空公司空中客服培训主任。我飞往巴黎去视察航空公司新预定的皮尔·卡丹（Pierre Cardin）橘色制服，以及为菲律宾航空公司的员工设计与之协调的化妆和配饰。负责莫尔兹比港（Port Moresby）和达尔文（Darwin）两地课程的苏·史密斯（Sue Smith）、吉尔·艾伦·福乐尔和温迪·普尔（Wendy Poole）和我还开办了工作坊，讨论着装与礼仪修养问题。我在菲律宾航空公司的工作为我的家人和我带来了旅游优惠奖励。承蒙航空公司的赞助，我开始飞往菲律宾群岛和亚洲各国。

出席一些重大行业聚会使我对这个复杂国家的行事方式大开眼界。一次行业宴会是由菲律宾总统费迪南德·马科斯（Ferdinand Marcos）和第一夫人伊美黛·马克斯（Imelda Marcos）在他们的豪华官邸马拉喀南宫（Malacanan Palace）举办的。宴会时间很长，很隆重，有音乐歌舞表演。在马拉喀南宫那晚，我注意到总统对漂亮女孩们眉来眼去。当来自另外一家澳大利亚经纪公司的模特怀上马科斯的女儿时，总统付了一大笔生活费和一栋派珀角大宅打发她。马科斯的私生女现在住在悉尼。

尽管我没有意识到政治腐败和不公正在多大程度上困扰着菲律宾，但我明显感觉到危险。即便是为一次选美当评委都可能是危险的。我感到很幸运没有被邀请参加各省举办的小型选秀。一次一位选手落选，她的男朋友——一个警官，因没有评委给她投票而射杀了所有人。在马尼拉颁布军事戒严令以前的时期，枪击事件司空见惯。当一位老主顾在一家模特们和我经常光顾的夜总会遭遇枪击之后，那里的保安要求每个人都要把枪留在入口。有时，护花使者会请他陪同的女孩帮他把手枪藏在包里。他们的生活离不开枪。

尽管紧张气氛无处不在，我还是很享受群岛上那些有权势的朋友带来的便利。管理马尼拉马球俱乐部的诺克斯·布斯（Knox Booth）和他的妻子约瑟芬（Josephine）在我为该俱乐部主办了一次时装表演后成了我的朋友。模特英格丽·吉的出场很有戏剧性，她穿戴着传统的骑马装备，骑在俱乐部坚持让我使用的一匹木马上。布斯夫妇邀请我到他们在宿雾岛（Cebu Island）上的豪华住宅小住。在我多次访问期间，菲律宾航空公司的班尼·托达都把他的绿色奔驰汽车和一位总把泵动式步枪放在汽车仪表盘下的司机供我差遣。周末时，班尼和他的妻子邀请模特们和我坐私人喷气式飞机飞到他们的岛上，大埃尔马纳岛（Hermana Mayor）——一个有白沙、清水、美食的世外桃源。锯木厂的继承人，小索尼·林（Sonny Lim Junior），开飞机带我们去他父母位于吕宋岛（Luzon）北端以外的富加岛（Fuga）。作为一个很容易被那些远离尘嚣的地方所吸引的大无畏的旅行者，我接受了前往菲律宾群岛最南部的和乐岛（Jolo）的邀请。在飞机降落前，山羊被赶出了临时跑道。

感谢我的亚洲之旅，尤其是香港和菲律宾，使我见到了很多杰出人士。我无法和每个人保持联系，但我很珍惜对过去那段时光的记忆，很怀念给我带来如此多美好记忆的模特和员工们。

十五　追求成功

我的生意要求我全力投入，相应地，我也要求为之工作的人们有责任心和才干。我期望员工们坚持我指定的标准和风格，不管是他们的工作装还是一场毕业典礼的设计。如果我认为一位老师为毕业典礼或时装表演挑选的音乐不适合或音量太大时，我一定要把它换掉以反映我们学校的价值标准。这并不是说任何事都要按照我的方式，而是关乎坚持这个企业建立的初衷。我同样也召集了精明强干的员工来经营它，包括詹尼特·菲利普斯（Janet Philips）；戴安娜·梅尔福德（Diana Milford）；我 14 年的学生顾问，深受爱戴的米里亚姆·斯普瑞（Miriam Spring）；我的经纪公司的第一任经理，提姆的教母，特瑞希·斯塔福德（Trish Stafford）。忙碌的生活使我们天各一方，但我却怀着对她们珍贵美好的记忆。特瑞希·弗雷泽（Trish Fraser）16 岁来我这时是一个美丽年轻的模特帕特里夏·赛斯（Patricia Sasse）。

很长一段时间我都不擅长分配任务。对着录音机口授信件使我大大得到解放。但是，当新的业务越来越多地牵扯我的精力，我不得不依赖我的员工。作为一个双子座（Gemini）的人，当我同时有几个关注点和挑战时反而更加充满活力，所以实际上我又找了更多的工作。显然，随着工作量的增加，我的个人生活、我的事业，都付出了代价。如果要找出一个不断出现问题的原因，那就是有些关于事业的匆忙想法，我未经充分评估其经济效益就加以实施。也许我需要一个生意伙伴让我更加稳扎稳打，并把我的想法转化为有价值的商业投资。也许我们刚到悉尼时妈妈想让我学的秘书和簿记课程本可以对我有所裨益。我从没有对公司的财务细节感兴趣，只要我能做市场的领军人物并过上舒适的生活就够了。做到最好一直是志在必得。无数的扩张计划和为了取乐的尝试使我的生意繁荣昌盛，但是也将它和我，拉伸到了极限。

恰逢我的首次亚洲之行临近时，为我的企业寻找一个新址迫在眉睫。我面临被从乔治街的迪莫克斯大楼（Dymocks building）九层逐出的威胁，因为房客们投诉，在电梯司机回家后我的学生们一再让非自动的电梯门敞开着，这样他们被迫只能走楼梯。我别无选择，只能接受租用这栋大楼底层 4500 平方英尺面积的提议，2KY 广播电台刚刚从那里搬到国王十字街奥威尔街（Orwel Street）的新楼。我不知道怎样才能填满它，但很快学校就用去整个空间。它的面积，大理石楼梯入口，最新颜色的装饰，还有用我的顶级模特们光彩照人的照片装点的墙壁，都使来访者叹为观止。接下来的几年里又需要空间时，模特经纪公司接手了大楼的五层。而妖姬（Femme），我创立的附属于我企业旗下的美容美发沙龙，独占了大楼一层。我的企业在迪莫克斯大楼总共入驻了28 年。

在亚洲之旅和更换新办公地址后，我在 1961 年 1 月生下了马克。不久后，丽莎在 1962 年 10 月接踵而至，所以我真的应接不暇。此外，在丽莎出生的同年，我成为九频道（Channel Nine）青少年信箱（Teenage Mailbag）的三位专门小组成员之一。罗杰·克林普森（Roger Climpson）主持问答节目，在半小时的节目期间，我们负责解决从初吻到同伴压力的各种使青少年苦恼的问题。这些话题与今天青少年面临的毒品和性的问题相去甚远。我发现在电视直播中想出合适的答案极富挑战性，好在在场的同事们使我放松下来。我对着电视摄像机就跟做模特时对着照相机摆姿势一样应对自如。这一经历也促使我做了宣传美容皂、化妆品和壁纸的电视广告。这期间随着工作量的增加，激增的还有公司培训需求。大卫·琼斯（澳大利亚最古老的高端百货公司，是拥有 170 多年历史的澳洲时尚品牌）、格雷斯兄弟和沃尔顿（Waltons）（尽管相互间都有竞争）同时要求我的学校对他们的员工进行礼仪、着装态度和演讲的培训。

　　在我成为新西兰百货公司的一次宣传活动中的焦点后，我又发现了另一商机，并于 1965 年在奥克兰（Auckland）开了一家分支机构。尽管我雇用了当地一位知名的时装模特伊莱恩·哈蒙德（Elaine Hammond）负责管理，我还是几次跨越塔斯曼海（Tasman）前去亲自授课并承担推广工作。这个分支机构繁荣了几年，但在伊莱恩辞职后我不能找到一个胜任的人来替代。因为没有时间继续投入到这个相对较小的市场，我关闭了这个机构。

　　美琪·贝斯特勒·科恩（Maisy Bestle Cohen）的模特事业风生水起，她以此为契机在奥克兰开办了一所个人精修学校。她将其命名为琼·达领 - 霍特金斯个人精修学校绝非偶然。美琪从未请求我许可她使用我的品牌，她利用了我因疏忽而没有在新西兰注册这个名字的事实。我写给美琪要求她停止使用我的商业品牌的书面请求没有达到预期的效果，而我也精疲力竭，无心继续争取。四个年幼的孩子和不断增加的需求使我身心俱疲。一家新西兰报纸引用她的话说，她"多多少少继承了"这家机构。最终，美琪追求其他的商业兴趣，在 1982 年卖掉了学校。我以为此事就此结束了，然而我却发现我的商业品牌仍在那里使用。时装设计师巴布斯·雷登（Babs Radon）打电话对我说琼·达领 - 霍特金斯新西兰分校重新开业了。这家位于奥克兰时髦郊区帕内尔（Parnell）的学校和模特经纪公司，琼·达领 - 霍特金斯新西兰有限公司（June Dally-Watkins NZ Ltd），与我毫无瓜葛。我悄无声息地飞往奥克兰，让它关闭了。我依法禁止任何人使用我的名字。

　　1965 年，我在悉尼拥有 100 多位全职模特，一天预订多达 90 个模特工作。我经纪公司的花名册上云集了男人、祖母、孩子和婴儿。两年以后，我有了 300 个学生和 30 位教师。布里斯班的生意也同样繁忙。我们在毅力谷（Fortitude Valley）雷克斯拱廊（Rex Arcade）的空间可以容纳一个带 T 台的大礼仪工作室和一个放有长椅，周围墙上安装了背光镜的化妆室。我们在那里工作了一段时间后又搬家了。位于市中心的霍特金斯广场（Watkins Place）八楼是更有利于未来发展的地方。搬进来的时候，我让人把工作室、模特经纪公司和妖姬沙龙都用超现代的青绿色和白色陈设来装饰。这座大楼的名称对我不无裨益。时任《澳大利亚女性周刊》编辑的伊塔·巴特罗斯到我的美发沙龙做发型时，她走下出租车，抬头看到了这栋 28 层的建筑上巨大的字母"JDW"，不禁惊叹道："她竟然拥有这整栋大楼！"

拉琳·布雷兹（Laraine Blades）住在汤斯维尔，劝说我在那里开一所学校，我照办了。我聘请她管理了两年。最杰出的毕业生，包括杰伊·特蕾西（Jay Tracy）和电视人艾莉森·皮特斯（Alison Peters），从最北方一路成功奋斗到布里斯班、悉尼，甚至巴黎。拉琳搬到布里斯班以后，温迪·绍特（Wendy Short）唯命是从地按照我的方式管理汤斯维尔的事务——简直无可挑剔。

除了这些中心要务，我还分出时间来监督模特表演和选秀，主持毕业典礼，并向媒体、摄影师、广告公司和生产商代理推荐模特。在奥克兰分校开业不到一年时，我又在卧龙岗（Wollongong）的新学校开设了 14 节的修养课。米兰达（Miranda）和班克斯顿（Bankstown）的课程也开始了。幸好，有员工们和我母亲帮我负责大部分小型课程。1968 年，学校在帕拉马塔（Parramatta）开办了一所分校。那年，我往返于亚洲，应对着婚姻的破裂、母亲最新一次抑郁症的发作和可能会带给我女儿凯瑞尔生命危险的肿瘤。我不知道自己怎么应付过来的，只记得当时一直处于疲惫不堪的状态。

当有人找我进行慈善表演时我总是无法拒绝，包括在我四个孩子出生的圣玛格丽特医院的一些活动。我需要投入越来越多的时间去处理各种学校的、俱乐部的和慈善机构的事务，包括从礼仪举止到"励志旅行"，再到计划科目。婚姻破裂后，我在整个新南威尔士和部分昆士兰地区开坛设讲，不仅面向女孩，也接受邀请到男子学校，另外还去了菲律宾和中国香港。尽管筋疲力尽，但我很享受与年轻人接触的时光。我重新振作，满足我被需要的欲望。

1969 年，为了纪念第一次登月成功，我组织并主持了一场月亮专题时装表演，为一项慈善活动募集资金。为了这次活动，我们设计了太空服一样的服装，并以当时被认为很夸张的化妆和发型与之相配。圣诞节时，我也把相似的主题用于在迪莫克斯大楼我们宽敞的工作室里举行的员工客户派对上。来宾们在微弱的灯光下品尝用蓝色柑桂酒（curaçao）调制的鸡尾酒。当我向离开人工月球的人们道晚安时，才注意他们的牙齿和舌头都变蓝了。同年，一本礼仪指南书《琼·达领－霍特金斯：现代礼仪》（*June Dally-Watkins: Manners for Modern*）发行上市，第一版的 3000 册在一周内售完。

我的员工们和我忙于在堪培拉、巴瑟斯特、奥兰治、阿米代尔和塔姆沃思授课。我们在一些临时的化妆室工作。条件并不很理想。不仅酷热难耐，还有蚊虫像幽灵般在放粉扑的盒子里飞来飞去。尽管如此，乡村的学生们最为热情洋溢，为她们举办毕业典礼是一件赏心乐事。阿兰·莫蒂默（Alan Mortimer）在他的妻子雪莉（Shirley）的辅助下为我们学校拍摄了 30 年的毕业典礼，他也从悉尼远道而来记录这些时刻。回到乡村小镇总令我感觉舒适自在，活力重现。我喜欢乡村选秀活动和时装表演的轻松节奏。在肯普西时装秀期间，我有空与杰出的老派绅士史蒂夫·科尔（Steve Keir）聊天，他创立了澳大利亚头饰的标志品牌——阿库巴帽（Akubra）。在伊萨山（Mount Isa）做选秀评委时，我碰到了一个十几岁的小男孩理查德·德·沙扎尔（Richard de Chazal），他极度渴望地谈论着时尚和他要逃离这个矿业小镇的计划。现今，理查德已经编织出成功的设计生涯。

20 世纪 60 年代早期，我每年都花时间在新南威尔士为乐团创始人弗兰克·波克（Frank Burke）评选白玫瑰乐团选美皇后（White Rose Orchestra Beauty Queen）。波克的白玫瑰舞会（White Rose Ball）和相关选秀活动是农村和地方社区之间重要的社交纽带。数十个来自诸如迪兰班代（Dirranbandi）、威瓦（Wee Waa）和加尔贡（Gulgong）等边远牧场和城镇的美女们都梦想着摘取白玫瑰皇后（White Rose Queen）的桂冠，其奖励包括在我的学校修一门模特课程和一次南太平洋诸岛（South Sea Islands）豪华之旅。选手们带着白手套，穿着传统的社交礼服。在宣布选美皇后的舞会上，舞蹈和音乐的风格更加传统。

我的选秀任务纷至沓来。我接受了来自四面八方的上百个请我做模特和选美比赛评委的邀请，包括昆士兰最北部的莫斯曼（Mossman）的歌舞小姐（Miss Showgirl）、大学小姐（Miss University）比赛，以及赛中赛，甚至我女儿们学校的社交之花。不论规模和重要性大小，我评判过的所有比赛都坚持了我对美的见解，不掺杂任何其他因素，从来没人试图影响我的决定。我很荣幸做了七届澳大利亚小姐选美大赛（Miss Australia Quests）的评委。那时的冠军会被披上一件貂皮大衣，戴上一顶光芒四射的桂冠。成为澳大利亚小姐意味着一夜成名，扮演出国访问的大使角色，并且可能见到女王，或者得到开启某一城市的钥匙。评判选手的标准是"面容和身材的美"，还有仪态、举止、常识和个性。通常，参加任何选秀的女孩都美丽、不太自信，愿意为了一项有益的事业和她们的镇、州或国家全力以赴。

从 1954 年开始资助这一赛事的痉挛中心（The Spastic Centre）因利用选美为残障人士筹款而受到越来越多的女权主义团体指责。1987 年，有人在赛场外举行抗议。在反对性别歧视的呼声最高时，男人也被允许参赛，布拉德·罗杰斯（Brad Rogers）在1997 年成为第一个赢得募捐奖的男性。尽管在截至 2000 年的 46 年间为脑瘫患者募集了 8700 万美元，这一赛事还是被取消了。我为那个时代的消亡感到悲哀。

我相信，我评判过的选秀和我亲自举行的其他活动给了年轻女孩们绽放光芒、开始新的事业和追求更美好的生活的机会。选秀活动在女权主义运动甚嚣尘上的 20 世纪 70 年代备受攻击，我无法理解这些批评。女权主义者会举着标语牌在举行选秀的酒店外抗议。我在悉尼希尔顿酒店的后台为盛大夜晚准备时，听到一个年轻女孩在台上滔滔不绝地讲女人们搔首弄姿被人评头论足是多么荒谬错误。"她们肯定没脑子。"她说。这个女人是多么无知——一个穿着带平头钉靴子的白痴——竟然对着一间空屋子讲话！为什么女人之间不能相互支持，说些诸如"你看起来很好，姑娘，加油"之类的话呢？人们可以将运动员当成伟大的澳大利亚人顶礼膜拜，却对不仅相貌出众，而且是举止优雅、谈吐不凡的国民大使澳大利亚小姐避之不及。

女权主义者似乎因为她们自己是女人而感到尴尬。她们想像男人一样，而同时又对他们屈尊纡贵，横加指责。她们煽动女人烧掉胸罩，不要剃腿毛，似乎这样会赋予她们征服男人的力量。我从来不用做这种事以谋求男人对我平等相待或在商界取得成功。我也不需要一个临时演说台或靠打压男人来达到我的目标。我只是勤奋努力，默默无闻地去争取。我喜欢做女人。我很高兴有一位男士为我开门或帮我做事，当我能感激地说一声"谢谢你"时是很美妙的。20 世纪 70 年代的女权主义氛围影响了我的学校。女权主义者指责我学校的教学，导致学生数量略有减少。同时，我也面临着来自企业内部的打击。尽管聚集在我周围的员工都很优秀，帮我成就了如此多的行业第一和业绩，但我却无法看透所有人。

在将时装表演带到亚洲的 14 年后，一件丑事使我终止了这些远行。我的一个学生薇薇（Viv）在刚来我学校时是个 15 岁的漂亮女孩，但是她太矮，不能做模特，所以我聘用她做经纪公司的雇员。在我出国和生丽莎期间，她表现得非常可信能干，于是我把她提拔到悉尼经纪公司经理的职位。我对她父母很友好，而且与他们有交往。我认为和我彼此之间的尊重和友谊非常深厚，所以 1963 年我在小饭店（The Bistro），当时很受欢迎的"时髦"餐馆，为她举办了婚前派对。

为了奖励薇薇的辛苦工作，我带她参加了一次亚洲表演之行。回来后她就辞职了，说她要生孩子。我对她送上了美好祝福，并提到我们谈话时她脖子上出现的几块红斑。"没什么。"她让我放心，我也相信了她。她刚一走，我就接到一个朋友的电话，告诉我薇薇计划要开一家与我竞争的经纪公司。在亚洲之行中，她显然说服了每一个模特离开我的经纪公司，说它太大了，如果在她亲自照料下她们会得到更多的关注。我被惊呆了，感觉受到了严重的伤害。她在电话中矢口否认了这个计划，但是她的经纪公司不久就开张了。为什么她不能说"我很抱歉，琼"并告诉我真相呢？那样，她的背叛也许就不会让我感觉如此受伤。

我的生意也遭受了重创。我经纪公司的很多模特都紧步被薇薇在亚洲之行中利诱走的顶尖模特的后尘。其中一些人连通知我她们要离开的礼貌都没有。我记得与一个模特和她妈妈在办公室亲切交谈之后，她们在前台留下一张便条说这个模特要另谋高就。我对这些跳槽太过在意了；我真不该那样。在这样一个朝三暮四的行业里，当别处的金钱和许诺更具诱惑力时，模特们跳槽是司空见惯的事。当模特们纷纷离开时，我开始相信我的经纪公司实在发展得太庞大了。在其巅峰时期，我名册上的模特超过

400 人。我信心大失，而没有进行反击。

薇薇的行为比其他员工离开并建立竞争机构时对我造成的伤害持续更久。1979年，当我因母亲的疾病而左支右绌时，我听一个忠诚的模特说，我公司的经理帕梅拉·斯凯尔顿（Pamela Skelton）正在成立她自己的经纪公司。因为没有直接被帕梅拉告知而感到恼火，我解雇了她。她找到媒体，声称我的经纪公司太过庞大。我发表了一个诽谤指控予以回击，但是并没诉诸法律。帕梅拉模特管理公司（Pamela's Model Management）开业时聚集了一群模特，其中一些曾为我工作。

厄休拉·哈弗纳格尔（Ursula Hufnagl）是悉尼模特经纪行业的领袖。她通过我的学校和经纪公司成为模特，并参加了我在亚洲的时装巡演。她开自己的经纪公司时已经离开我公司有一段时间，现在她经营着时尚模特管理公司（Chic Model Management），所以我从没有被釜底抽薪的感觉。我的布里斯班公司一直与厄休拉保持友好关系，无论什么时候我们把模特介绍给她的公司时，我们都会作为母公司收到一份佣金。平台（Platform）的戈登·查尔斯（Gordon Charles）从我的模特专业招募新秀。

当薇薇联系我时，我原谅了她。当她需要本地人才时，她想与我的布里斯班模特签约。我犹豫不决地接受了交换安排。在她访问布里斯班时，所有达领模特被悉数召集，于是她亲自与她们见面，并记下了她们的详细联系方式。后来我得到消息，说她要在布里斯班开一家经纪公司。由于我们没有任何书面协议，我只得束手无策。她的公司在布里斯班开业，自然而然，她联系了一些一直为我工作的模特，但是很少有人加入她的新公司。不管怎样，我的经纪公司在昆士兰还是首屈一指的。

作为第一个女商人，我可以足够理智地接受模特们转公司和前雇员开办自己的经纪公司和个人精修学校。我从未和像碧莉·诺斯和厄休拉·哈弗纳格尔这样的前雇员和毕业生发生纠纷，因为她们在自创门户的过程中行事得当。别人看到机会特殊、有利可图，也想得到，我能够理解。但是，君子爱财，取之以道。

行业内的阴险狡诈和暗箭伤人走向了国际。1981 年，我与艾琳和杰瑞·福特（Jerry Ford）之间的友谊破裂。我与掌管着世界上最大的模特经纪公司福特模特（Ford

Models）的福特夫妇相识 20 余载。我们尊重彼此的商业领域和风格，并成为好朋友。1965 年，艾琳前来为澳大利亚时尚颁奖典礼（Australian Fashion Awards）以及年度模特和年度时装模特（Mannequin of the Year）等奖项做评委时，我在贝尔维尤山的家中为她举办了一场鸡尾酒会。我到纽约时，艾琳次次都盛情回报，坚持让我住在她的家里。当时还是年轻模特的女演员勒妮·拉索（Renee Russo）也在她家里受到照顾。当我的许多模特前往海外时，她们都与福特模特签了约，我为这一结盟感到自豪。

因为这一关系的珍贵，当艾琳阻挠了我在伦敦开办一所模特分校时，我并没有恼火。得知我学校的成功，英国经纪公司一模特（Models One）背后的创始人爱普尔·达克斯伯里（April Ducksberry）和乔斯·丰塞卡（Jose Fonseca）建议我在他们经纪公司旁边建立一所模特学校。协议几乎到一锤定音的时候，不知什么原因，艾琳告诉他们停止这个计划。一模特通过一个模特交换协议与福特模特有连带关系，他们听取了艾琳的建议。几年后，在以约翰尼·卡萨布兰卡斯（Johnny Casablancas）的经纪公司精锐和福特模特为主的模特经纪公司"大战"期间，艾琳企图创办一所模特学校。但是这次投资失败了，因为精锐已经垄断了市场。回想起来，我为伦敦建校计划未能实施感到高兴，因为那样的话，我的精力将会更加分散。

尽管各自事务繁忙，但当我们一起参加时装秀、行业宴会或重大集会时，福特夫妇和我总能找时间在罗马或米兰相聚。我每年去欧洲四次以紧跟时尚界潮流的变化，并看望在意大利的女儿们。我和福特夫妇最后一次会面是 1980 年在罗马，那是模特经纪公司之间的战争刚刚爆发不久。约翰尼·卡萨布兰卡斯要推翻福特夫妇在世界模特经纪公司中的老大地位，其策略的一部分是要发起一场年度最美面孔（Look of the Year）的国际模特大赛。福特夫妇告诉我，他们那一年也要在摩纳哥发起一场被称为 80 年代最美面容（Face of the 80s）的模特选秀。90 年代，这个比赛更名为世界超级模特（Supermodel of the World）。经纪公司之间的竞争似乎越来越激烈。一旦某个经纪人苦心栽培出一个成名的模特，其他经纪公司就会想方设法把她挖走。现在经纪公司更要多出数十个。它们更具精品性质，吸纳社会名流，并提供个性化管理的服务。没有一成不变的东西。

次年，艾琳请我照顾她 24 岁的女儿蕾西（Lacy），她正在澳大利亚物色人才。我的女儿凯瑞尔也在为我工作，我们给蕾西接风，为她举办了一个派对。在走访各种经纪公司寻找新秀期间，蕾西也和薇薇·麦克德莫特（Vivien McDermott-Viv）见了面。蕾西回到美国之后，福特模特与薇薇的公司建立了正式的合作关系。由于种种原因，我们的友谊破裂了。因此，福特模特没有在澳大利亚举办选秀，而我在 1982 年自己举办了本地的 80 年代最美面容选秀。与福特模特的同名全球大规模选秀相比，我在国内的赛事无足轻重。它与艾琳的比赛无法相比，她也对其存在未置一词。我的 80 年代最美面容选秀之前，环球小姐选美（Miss Universe Pageant）的驻美国组委会请我承办这个赛事的澳大利亚分赛。要在环球小姐选美比赛中代表澳大利亚，要求选手在此之前赢过一场赛事。于是，80 年代最美面容选秀作为选拔澳大利亚环球小姐（Miss Universe Australia）的一个渠道应运而生。获胜者同时也自动获得代表澳大利亚参加亚太小姐（Miss Asia Pacific）大赛的入场券。我要到朋友索尼娅·麦克马洪夫人和比尔·麦克马洪爵士家小酌时，收到美国打来请我承办环球小姐澳大利亚分赛的电报。我惋惜地告诉他们："我办不了。我没有时间或精力。"索尼娅主动与我加盟做联合主管，于是我们同时举办了第一届 80 年代最美面容选秀和澳大利亚环球小姐选拔赛。在接下来的七年中，我承办了这一分赛，同时还有亚太小姐（澳大利亚）分赛，我对这一活动全权负责。我的儿子马克也加盟成为这一活动的主管。不过，它从未赢利——相反，由于我需要保持比赛的公平性，不招收任何性质的赞助，有时我还赔钱。

我从举办选秀中得到满足。首位 80 年代最美面容获奖者，来自珀斯的露－安妮·龙基（Lou-Anne Ronchi），接下来在詹姆斯·邦德选秀（James Bond Quest）中胜出，并在一部 007 谍战片中饰演了一个角色。接下来几年的获奖者在她们的模特事业中也是平步青云。80 年代最美面容也是为癌症研究筹集资金和推广我的护肤新产品达领精华（Dallyence）的一个渠道。当然，我也要保证在工作的同时获得快乐。我们召集了很多朋友和业内人士——包括雷诺夫夫人苏珊、麦克马洪夫人索尼娅、西克夫人芭芭拉、黄金海岸人士西娅·威廉姆斯（Thea Williams，开发商基思的妻子），还有好莱坞著名设计师约翰·海勒斯，他们帮忙在欢庆活动中评价选手。我对 80 年代最美面容、澳大利亚环球小姐以及亚太小姐（澳大利亚）的举办权随着时间步入下一个十年而结束。

十六　有友若此

忠诚的朋友、员工和知道感恩的学生恢复了我对人的信任，并让我从生命的低谷中振作起来。我尤为珍视与一些毕业已久的学生之间的友谊，以及我与她们父母保持的联系。这些年来，我积累了一大笔朋友和熟人的财富，他们来自世界各个角落，有些很有权势和影响力。因为年轻时朋友很少，我觉得我需要尽可能多的朋友，并开始建立一个广泛的朋友圈。我最大的外孙克里斯托弗在12岁时一句发人深省的评论使我明白我要建立一个广泛的社交网络的需要是多么贪得无厌。克里斯（Chris）拒绝把他的电话号码给我们在黄金海岸度假时跟他一起玩的一个悉尼男孩。我觉得他这样太不友好了，并问他为什么拒绝那个男孩的请求。"我的朋友够多了，奶奶。"他解释说。克里斯使我意识到维护与我最亲爱的朋友之间的关系更加重要。现在作为一个成熟的人，我再也不想要安排社交。我有我的家人、我的学生和一群可爱的朋友支持我。我的朋友们是上天对我的赐福。

罗曼·布莱尔（Roma Blair）值得特别一提。罗曼自己也写了一本关于她精彩一生的书。罗曼长得很像丽塔·海华丝，金棕色的头发，饱满的嘴唇，12岁就成为了模特。16岁时，她邂逅了她未来的丈夫利奥·奥森德瑞福（Leo Ossendryver）。利奥被派驻荷属东印度群岛（Dutch East Indies），他们的婚礼是通过电报确认生效的，这也使罗曼成为第一个通过代理人成婚的澳大利亚妇女。她刚刚与利奥短暂相聚并怀了7个月的身孕时，日本人入侵，并将他们送往了各自的战俘集中营，她在那里生下了儿子阿诺德（Arnold）。战后，为了从在集中营里造成的病痛中康复，罗曼开始练瑜伽。我们在1957年相见。在2KY电台播放我和莱尔·理查森（Lyall Richardson）共同主持的一档节目时，罗曼从电器行的窗口看到了我。她向我介绍了自己，没几天我就聘请她教礼仪和瑜伽——远在这种健身形式在西方流行之前。20世纪70年代晚期，她在学校教迪斯科舞健身课。我情不自禁地为罗曼的幽默感和说服力而着迷。

我已经是四个孩子的妈妈时，穿着紧身衣摆出一个瑜伽的姿势让杂志拍照，学习冥想，并在香港公园里练太极拳，当时这些在澳大利亚还闻所未闻。在悉尼的学校工作了17年之后，罗曼搬到了昆士兰。我们经常通电话，她也不时来悉尼赴宴。柯莱特·雷恩斯（Colette Raynes）管理了我们在布里斯班、悉尼和香港的公司19年，但是她至今仍然奇怪她一开始是怎么得到在布里斯班办事处当前台接待的职位的。我的会计，坏脾气却很可爱的比尔·斯特灵（Bill Stirling），在面试科莱特的时候正通过收音机全神贯注地听板球对抗赛。在每个板球手连续投球的间隙，他就对她大喊着问："你会打字吗？你有做这项工作的经验吗？"这个19岁的女孩每次都回答"不"。但是，因为像个假小子，又有两个爱运动的弟弟，科莱特对这项运动颇为了解，于是他们就讨论板球运动员的体能及技术动作等。这使比尔刮目相看，因为他是个很注重细节的人，不管是记账还是板球计分。科莱特很敬重他的一丝不苟，并且也像我一样因为他的诚实和忠诚而爱戴他。比尔不会让你吃惊，你知道他一直是老样子。在我认识比尔的所有时间里，他的眼镜框一直用一个邦迪创可贴粘在一起。他穿一身米黄色轻便套装，每周三都带着他的收音机来听赛马。大约在柯莱特加入公司一个月后，我们在1967年的员工圣诞晚会上相见。两年以后，她升任办事处经理。但是直到20世纪70年代，当她调到悉尼来接手当时的经理珍妮特·菲利普斯（Janet Phillips）时，我们才成为好朋友。柯莱特是个完美的女人：温柔、智慧、体贴。我们共度了很多美好时光，而且她能成为我生命中重要的一部分使我感到很幸运。

我与柯莱特之间最美好的一段记忆是1984年的一次度假。索尼·林是一个百万富翁、花花公子，他的家族在菲律宾拥有一个木材公司。应他的邀请，我们乘坐其私人飞机前往他的私人岛屿，位于群岛北部的富加岛。中途停下来吃午饭时，我们乘机穿越吕宋岛中部的丛林前往索尼与世隔绝的丛林屋，一个电影拍摄场地，从那里我们又乘坐吉普车去一个更为偏僻的地区，那里有以乌兹冲锋枪（Uzzis）全副武装的保镖严密戒备。显然，一周前发生了谋杀事件。游击队员抓获并斩首了一些当地人，其中包括一名当地学校教师。一座四周围了纱网的狩猎风格的帐篷被搭起来供我们三人享用丰盛的大餐。一整只乳猪被放在烤架上烘烤，还有香槟。那景象简直如梦如幻。我们继续飞往富加岛，那是一个被椰奶般的白沙镶嵌出的小天堂。索尼需要返回马尼拉几天，就把我们安置在他华丽的海滨别墅里。我们每人都配了一个用机关枪武装的保镖，他们尽职尽责一步不离地跟随我们，不管是我们到海里游泳还是坐着四驱车游览小岛。尽管多年来我们都已习惯了被男人关注，但还是颇用了几天才适应被这样一直盯着。索尼回来后，又带我们参观了离他的海滨别墅约一公里远的一座豪华平房。那里人员配备齐全，正等着马科斯一家的到来！

从富加岛我们又去了吕宋岛海岸的米亚米亚（Mia Mia）。当台风袭来时，索尼想用直升机把我们带回马尼拉。索尼独自飞走了，而柯莱特和我选择乘车沿公路南行，结果这次旅行令人毛骨悚然。我酒店业的朋友安排我们住到了碧瑶市（Baguio）的凯悦酒店，随后，它毁于地震。豪华旅行并非随处可得。组织我们南返马尼拉的过程中出现的问题迫使我们只得乘坐当地的大巴——和当地人及他们的小鸡、公鸡，还有一两头猪一起坐几个小时的车，期间，车上还放了一段黄色录像来打发众人时间！

柯莱特在香港嫁给了麦克斯·亨特，一个在免税行业举足轻重的澳大利亚人。从那时起他们就移居至巴厘岛，麦克斯处于半退休状态，柯莱特开了一家时装配饰企业的授权店。他们生了两个非常漂亮的孩子，帕斯卡莱（Pascale）和尼古拉斯（Nicholas）。帕斯卡莱和我有一份非常特殊的友谊。从她很小的时候，我们就一起看满月。他们叫我月亮阿姨。

布里斯班的迪·坎特是柯莱特和我共同的朋友。迪迪（Di Di），我这样叫她，身上散发的光芒在我认识她的 40 年中从未减弱。迪十几岁来我学校时比最低的模特身高要求矮 5 公分。不过，她时髦的长相和充沛的活力还是为她赢得了一些模特工作。在之后的 17 年中她就在我的学校承担着装课和社交商务礼仪课的教学。她至今仍与布里斯班的达领模特管理公司（Dally's Model Management）保持联系。迪是布里斯班的昆士兰零售商协会澳大利亚时装设计奖（RAQ Australian Fashion Design Awards）时装经理，被布里斯班的媒体奉为"时尚皇后"。她聪明能干，干净利落，对时尚行业了如指掌。我最后一次重返 T 台是支持迪策划的"五十年 T 台生涯"（Fifty Years of Catwalk）为脐带血库（the Cord Blood Bank）筹集资金。为了迪所看重的一项事业，伴着《随着时间流逝》（As Time Goes By）的旋律走在 T 台上，我感到轻松而快乐。

海伦·纽汉姆（娘家姓米汉）和我是闺中密友，我们的交流达到了一种独特的默契程度。我们彼此会有"心灵感应"。通常会是这样：我一打电话她就说"我正想着你呢"，反之亦然。我们总是能够相互理解，接受彼此真实的自我，并关心对方的利益。在与母亲的悲欢离合中，在与约翰的婚姻中，我记不清有多少次海伦成为我的精神支柱。得知我的知己返回澳大利亚令我欢欣鼓舞。在此之前她作为英国陆军医院的福利官员为红十字会（Red Cross）在马来西亚工作了几年。她在马来西亚邂逅了她的英国丈夫迈克·纽汉姆，他在那里经营一座橡胶农场。

海伦和我都是天马行空的人，但是她的一些想法并不能激发起我的热情——比如海伦劝我和她一起去新南威尔士的闪电山脉（Lightning Ridge）购置房产。我开车带孩子们前往，发现在一片荒郊野外有一座超大的像帐篷一样的棚屋，里面的泥地上铺着地毯。这是真正的边远地区。我们回来后，马克开了一家"猫眼石商店"卖他的宝贝。有时在我们前门用一个垫了棉毛的托盘摆摊，有时放在丽莎的三轮车后到邻居家敲门兜售。海伦和迈克分手时，我和约翰已经分居了一段时间。海伦带着孩子在我贝尔维尤山住宅的附属独立公寓中住了约九个月。家里孩子成群是很开心的事。纽汉姆家的孩子——格瑞格（Greg）、我的教女苏西（Susie）和奈杰尔（Nigel）也如同我自己的家人一样。

　　麦克马洪夫妇不仅是近邻，也是我的密友。每个圣诞节的上午，我们全家都去他家喝点什么，他们的三个孩子也来我们家玩。有时，索尼娅无法参加每一个应酬，所以我曾代替她陪比尔到新南威尔士地区的石昆（Scone）参加集会。比尔在1971年成为总理后不久，这个小个子领袖就坐着由专职司机开的车来我家，可笑地把他所有的旧西装都送给我个子高大的儿子提姆。比尔在任期间是一个敬业的执政者和努力工作的人，他也全心全意地爱他的孩子和妻子索尼娅，而她是位魅力十足的第一夫人。索尼娅曾在不经意间使国际舆论哗然，因为她出席白宫晚宴时穿了一条一侧开口的白色性感长裙，露出了线条优美的玉腿。她一直都是最完美的女人。

　　麦克马洪家的儿女也以他们自身的魅力引来媒体的关注。漂亮的梅林达（Melinda）14岁从我的学校毕业后，在最早需要"童星模特"时当了一段时间的模特。但是，等她长大一些后，因身高不够，无法使模特成为正式的职业。朱利安（Julian）似乎命中注定要当一名演员，而且在好莱坞激烈竞争的环境中稳住了自己的地位。在比尔和索尼娅家吃过午饭后，他和他的姐妹们就会表演一首阿巴乐队（Abba）的歌，拿比尔的网球和墙网球拍子当吉他。比尔总是拉上帘子来为他们的滑稽短剧报幕。朱利安第一次结婚，娶了歌手达尼·米诺格（Dannii Minogue）时，我认为他们是很好的一对，但索尼娅并不这样认为。索尼娅怀着最小的女儿黛比（Debbie）时曾遭遇流产的危险，当时我们都正在黄金海岸访问我们共同的朋友艾瑞克和纳瑞尔·罗宾逊（Eric and Narelle Robinson）。结果，接下来的几年中母女俩都多灾多病，不过她们都挺了过来。黛比从我的模特课程毕业时具备了所有成为一个时装模特的潜质，比尔为她感到无比自豪。我永远不会忘记黛比在毕业典礼时上台领取毕业证时他脸上的表情，以及索尼娅紧握他手的样子。

　　我见到艾瑞克·罗宾逊是通过他的妻子纳瑞尔，斯坦利和奥尔加·琼斯的女儿。艾瑞克积极参与联邦政治，在弗雷泽政府（Fraser Government）中升任财政部长，并在20世纪60年代晚期成为昆士兰自由党（Queensland Liberal Party）中能够左右候选人人选的政要。我从未参加过任何党派，只是和保守党派有些联系。不过，通过罗宾逊夫妇，我政界的熟人和朋友越来越多。罗宾逊夫妇在黄金海岸的优美宅邸成为我的家外之家，也成为很多自由党的资金筹集活动和社交集会基地。在其中一些活动中，我会帮忙为上百位宾客备餐。就像我的母亲、她的母亲和我的姨妈们一样，我喜欢烹饪，并不会为了给这么多人提供饮食而发愁。1981年，当艾瑞克在家中的游泳池边突发严重心脏病时，他还相当年轻。索尼娅凌晨1点钟给我打电话说他已经死在医院。纳瑞尔永远是我亲密的朋友。我带着当时还很小的外孙克里斯访问她时，堂·奇泊（Don Chipp）正在那里，他问克里斯是否知道他是谁。克里斯并不知道。堂活跃于自由党并创建澳大利亚民主党（Australian Democrats）时他还没有出生，但是堂开玩笑地把一桶水倒在他身上，确保他永远不会忘记。我的外孙也回敬了他。所以我确定，爱开玩笑的堂也会一直记得克里斯是谁了。

通过这些关系，我做了几届昆士兰少年自由党小姐（Miss Young Liberal）的选秀评委。有一年，苏珊·皮考克（Susan Peacock）和我同为评委，我们一见如故。当时似乎她的丈夫安德鲁·皮考克（Andrew Peacock）将成为比尔·麦克马洪的继任者。毫不奇怪，冷漠孤傲的马尔考姆·弗雷泽（Malcolm Fraser）也出现在罗宾逊夫妇的聚会上，他将是下一个入住总理官邸（the Lodge）的自由党人。有一年，我接受了苏西和安德鲁的邀请，住在其被我们戏称为"丹德农山脚下的皮考克泳池别墅"的家中以出席墨尔本杯。我们在一个由警察开道的车队中敲锣打鼓地抵达弗莱明顿（Flemington）。莉拉尼（Leilani）、皮考克夫妇和另外一对夫妇从一位老年新西兰饲养人伊恩·麦克雷（Ian McRae）那里租来的一匹小母马，已经赢得了考菲尔德杯（Caulfield Cup），并且很有可能摘走1974年的墨尔本杯。她仅次于野心（Think Big）夺得第二名，这使庆祝活动似乎会永无休止。当莉拉尼要到悉尼参加兰德威克（Randwick）的比赛时，我们到复活节已经安排好了社交活动的日程，为的是让我们保持必胜的心态。

苏西遇到她的第二任丈夫——国际纯种马开发者罗伯特·桑斯特（Robert Sangster）。那一年，我和她一起出席了兰德威克复活节赛马会。当罗伯特被引荐给我们时，我母亲和我与苏西坐在会员席上。我注意到他的白袜子和米黄色套装很不协调，就对苏西开玩笑说："我不认为他很有钱或很有势。"苏西很聪明，她并不在意一个衣着小节！从他们握手的那一刻起，我就见证了他们爱情的发展，后来苏西陪我出差去香港，在那里又见到了罗伯特。尽管她与安德鲁和罗伯特的婚姻都没能长久，但她与他们两人都保持了友好的关系。相反，她从未提及已故的前夫弗兰克·雷诺夫爵士。

当苏西和我彻夜长谈时，我们总会忘记时间。我在墨尔本和苏西住在一起时，她凌晨一点钟时敲我的门："琼妮，我可以进来吗？我带来了香槟和好消息。"她的女儿安妮·皮考克（Anne Peacock）与维多利亚自由党主席迈克尔·克罗格（Michael Kroger）订婚了。我很喜欢安妮，为了庆祝这个消息，我们坐在我的床边为这对新人的幸福干杯。还有一次，也是午夜一点，苏西与我联络，告诉我她已经做了安妮和迈克尔的第一个孩子的外婆。噢，是的，苏西和我无话不谈。

苏西是一位可爱体贴的朋友。她用心维护她的友谊；我也相信这一点。友谊，像所有的生物一样，需要呵护。正如由音乐剧演员艾迪·坎特（Eddie Cantor）唱红的那首歌中所写，"如果你像我了解苏西那样了解苏西"就会有更多的人知道她在生命中受到了怎样的伤害。大多数人看到的只是她在公众面前展现的阳光一面。在这方面我们非常相似。也许有些人不理解苏西，或是羡慕她；他们根本不了解她。她聪明而善良。她所有的房子都已经升值，而且装修很有品味。我了解这些是因为，几年前我要从乌拉拉搬到一所城市公寓去时在她位于达令角的五层大宅住过。当时苏西去了伦敦，我帮她照看房子。我本打算只住几个星期，结果却住了几个月。

另外一个我很欣赏的朋友是昆士兰人阿兰·琼斯（Alan Jones）。他是澳大利亚广播明星。你不一定对他在广播节目中所说的事事赞同，但他说的话总能发人深省。我可以向他咨询任何话题，并且都能得到睿智的回答。我们也都了解在乡村的成长经历。阿兰在达令丘陵（Darling Downs）的一个奶牛场长大，需要骑马走四公里的路去上学。他的第一个抱负是当歌剧演员，但是上完牛津大学后他去了帕拉马塔（Parramatta）的国王学校（King's School）教书。当我们在塔姆沃思以南的基林迪（Quirindi）见到时，他刚刚离开那所贵族学校不久。阿兰给当地的球队当教练，暂住在杰夫·阿布兰姆医生（Dr Geoff Abram）和露易丝·阿布兰姆（Lois Abram）的漂亮住宅花园中一辆房车里。他也在帮着杰夫打理他的本地航班"天路"（SKYWAYS）。我当时住在邻近的一座庄园"瓦拉岭"（Warrah Ridge）里，那是梅尔维尔夫妇（Melvilles）的宅邸。外科医生鲍勃（Dr Bob）要飞到基林迪帮杰夫在当地做手术。周末的社交聚会主要有足球、马球比赛和网球。那里的常客还有世界著名指挥家威廉·范·奥特罗（William Van Otterloo）和他的妻子卡罗拉（Carola），还有老查尔斯·巴特罗斯和他的第二任妻子玛格（Margo）。

我发现男人比女人对我的成见更少一些。我和很多男性商业领袖有更多的共同点，他们与我平等相待。有什么必要为了男女平等就变得很中性吗？当一位男士把我当成淑女殷勤以礼相待时我总会非常感激。我无法理解为什么和一个男人有深厚的关系人们就想当然地认为那必定是性关系。我和很多男性朋友的友谊都与性无关，而且他们的妻子也成了我的朋友。

约翰·海勒斯是我的一位非常亲密的老朋友，他的出生地远在达尔文（Darwin），在布里斯班长大。约翰为帕兹角（Potts Point）的贝基时装店（Becky's Boutique）做衣服，但是小小的澳大利亚无法施展他卓越的才华。1960 年，他把缝纫机装进行囊，远渡重洋去了洛杉矶。因为有我写给奥里·凯利和梦露的介绍信，提到她赞扬过我穿过的约翰做的衣服，他开始帮奥里准备玛丽莲·梦露演《热情似火》需要的服装。他很快成为了电影界的宠儿。佩拉·韦恩对他大加赞赏，以至于她那位演枪战片而不关注时尚的丈夫约翰·韦恩投资为约翰·海勒斯在比弗利山庄开了一家时尚沙龙。好莱坞的一流影星都排队等候约翰的设计，现在依然如此。约翰现在负责环球影城（Universal Studios）的服装部。我仍然很喜欢他为我设计的一些在特殊场合穿的礼服，它们令我光彩照人。他对什么适合我了然于心。当约翰为安吉拉·兰斯伯瑞（Angela Lansbury）饰演的电视剧《女作家与谋杀案》（*Murder She Wrote*）设计服装时，我偶然发现兰斯伯瑞和我的衣服有着绝非巧合的相似。此外，我还非常怀念我们在中国香港、菲律宾和圣诞时节的澳大利亚共度的那些只喝最好香槟的时光。

有一位男性朋友在我心中占有很重要的位置。鲍勃·梅尔维尔医生（Dr Bob Melville）和他的家人在贝尔维尤山住在我家的马路对面。鲍勃在基林迪的车被尘土覆盖，我女儿丽莎在上画了"Doc"（医生）。印记留了几周的时间，而这个名字流传得更久。他开始被人们亲切地称为"道奇"（Docky）。道奇的儿子道格拉斯（Douglas）差点儿把我的宝贝丽莎淹死时还是个蹒跚学步的孩子。丽莎当时在屋外的婴儿车里，我看到她和她枕着的枕头随着道格拉斯用水管往车里灌水而慢慢上浮。很庆幸，另一次我在场。当时我听到小马克尖叫时，我看到道格拉斯正骑在他身上，按着他的头往路面上撞。他们都大难不死，而这些记忆正是我们亲如一家的见证。我总是开玩笑地说，梅尔维尔家的孩子和我的孩子是在巴尔卡拉路（Bulkara Road）的同一条阴沟里长大的，那个地区真是孩子成群。梅尔维尔一家搬走后，著名的哈维·诺尔曼（Harvey Norman）公司的伊恩和雪莉·诺尔曼（Ian and Shirley Norman）买下了他们的房子。他们的女儿卡伦（Karen）成为丽莎最好的朋友之一，另外两个是珍妮特·彭斯（Janet Burns）和伊丽莎白·渥兹华斯（Elizabeth Wadsworth），她们都来自医学世家——我们周围有很多医生。

我的孩子们也会搞恶作剧。提姆和他的邻家伙伴马克·渥兹华斯（Mark Wadsworth）经常爬上一棵树向街对面偷窥菲欧娜·梅尔维尔（Fiona Melville），她会把校服塞到内裤里在前院的花园里玩侧手翻。我可以理解儿子对菲欧娜的痴迷。她的长相很像她漂亮的妈妈，1947 年赢得澳大利亚小姐桂冠并成为了模特的朱迪·根斯福特（Judy Gainsford）。

在 20 世纪 70 年代后期发生了几次入室抢劫案之后，人们第一次开始关门闭户。有些邻居卖掉了房子，包括搬到双水湾去的梅尔维尔一家。约翰已经离开很久了，凯瑞尔、提姆和马克都在国外。因为担心丽莎和我会受到袭击和抢劫，我给梅尔维尔夫妇打电话征求搬家的建议。道奇接了电话，他听起来情绪极度低落。我问朱迪对他们的搬家感觉如何。"她已经不和我在一起了。"他倾诉到。她离开道奇，找了住在附近的皮特·莫里森（Peter Morrison）。皮特是道奇的一位病人的丈夫，他妻子住院时他就和朱迪发生了关系。朱迪和皮特现在仍在一起。道奇很爱朱迪。他告诉我他们分手的消息后，我请他来家里吃饭。原来提姆并不是唯一隔街窥视的人。道奇坦白说，当我提着大包小包冲出前门去机场或办公室时，他经常在浴室的窗口观望我。那时都在清早，他正在开始一天的手术前刮胡子，而这条街上的其他人大概还都没起床。

我们的很多朋友都喜欢带着孩子去基林迪的梅尔维尔庄园和他们在新南威尔士北海岸瓦格斯塔夫（Wagstaff）的海滨别墅去消遣。很多年，道奇和我都相约去剧院、赴晚宴或到其他地方。我对道奇的感情是基于友谊和尊敬的。从来没有人说过这个慷慨体贴的男人一句坏话。即便朱迪也和他保持着良好的关系。在他的一次生日聚会上，朱迪对我说："我很高兴他有你这样一位亲密的朋友，琼。"这让我非常感动。如果我决定第二次结婚，也许我会选择道奇，但是我发誓永不再婚。虽然他的家庭和我的家庭是非常好的朋友，但我从没想过要冒险把我的家庭和别人的组合在一起。

阻止我和道奇发展更深层关系的另一因素是我没有能力和别人分享我内心最深处的想法。克制自己不要敞开心扉和相信别人已经成为我内在性格的一部分——一种由我母亲的经历和我自己破裂的婚姻造成的性格。除了我的家人，在外人看来母亲和我关系非常融洽，似乎很难说出事实多半并非如此。所以，我从没告诉过道奇我和母亲之间的情感冲突有多深。甚至在道奇护理我母亲直至她去世后，我也没有打破这道壁垒。

十七　弥留之际

　　妈妈身体不适已经有一段时间，但是直到 1977 年 8 月，提姆西去英格兰之前与她拥抱告别时，我才发现她病况的严重。母亲认为是提姆西弄折了她的肋骨，这是她本身的疼痛使然。我带她去看最好的医生——鲍勃·梅尔维尔医生，他是新南威尔士癌症委员会（New South Wales Cancer Council）的创始成员之一。他还把部分乳房切除术引进到澳大利亚，拯救了很多人的性命。我母亲由他照顾再好不过。

　　道奇查出，来势汹汹的胰腺癌已经在我母亲体内不知不觉地扩散。在威尔士王子医院（Prince of Wales Hospital）为我母亲开刀后，道奇只能再把刀口缝合。"琼，我无能为力了。"他对我说，"已经太晚了。"在我的建议下，道奇告诉我母亲说"情况看起来不妙"，但没有解释她病症的性质。在当今，医生必须要告知病人他们的预断病情，但是道奇知道"癌症"这个词对我母亲是不能提起的。当时人们对癌症仍然讳莫如深，似乎一经提起，它就会导致死亡。

　　我从没告诉母亲她患了癌症，她也没有问道奇或我。尽管如此，在妈妈和我之间，沉默的力量总是更加不同凡响。我确信她了解自己的病情。也许母亲不询问细节，是因为她害怕死亡，否认事实是她希望奇迹发生和战胜不可避免的命运的一种方式。她也知道那些症状。我们认识很多死于癌症的人。她的眼白已经变成蛋黄般的颜色，她的皮肤出现了黄疸并且发痒，人变得非常瘦削。她经常吃东西难以下咽。我母亲已经命在旦夕。

　　这时，我已经卖掉了贝尔维尤山的家，并且在罗斯蒙特花园（Rosemont Gardens）买了一个带阳台并可以观看海港全景的大公寓，它是在乌拉拉的劳埃德·琼斯地产的一部分。我在那里住了22年。我搬进去不久后，我的孩子们就不断在谈恋爱、换工作和出国的间隙回来小住。后来有两年的时间，母亲来与丽莎和我同住，她睡在马克原来的房间。她感觉身体好些时就回到我们在伊丽莎白湾（Elizabeth Bay）买的公寓，但是不久又回到我这里迁延时日。

　　我母亲意识到她需要我的照顾，但这并不意味着她向癌症低头。有些日子，她声称自己好起来了，穿上能盖住她瘦骨嶙峋的身体的条纹土耳其长衫，化上妆，染了指甲，宣称她要去购物，然后挎上个篮子沿着海洋街（Ocean Street）去埃奇克利夫购物中心（Edgecliff Centre）。但到下午，她就会疼痛难忍，卧床不起。我们家渐渐变成了单人医院。唯一能减轻她痛苦的就是止痛片和道奇每天下午的来访。他会和我母亲喝一杯苏格兰威士忌并握着她的手。他是妈妈和我的定心丸。能有一位值得信赖的医生和朋友上门出诊真是轻松不少，省了我们在医院候诊室苦熬时间，也不用四处奔波找医院和医生做例行检查。

　　生活还得继续。我依旧忙于监管学校和经纪公司的事务，晚上还要上课。我竭力保持振作，但我能感到一股强大的逆流要将我打垮。我清楚记得工作一天后冲回家给我母亲准备晚饭，然后再开车去伍伦贡教夜课的感受。午夜回到家时，一股疲惫的大浪将我几乎击垮。我浑身麻木无力。道奇劝我把母亲送到医院。

　　我母亲的病情进一步加剧时，我正要带队进行首次——结果也是唯一的一次琼·达领–霍特金斯欧洲时尚美丽之旅（June Dally-Watkins Fashion and Beauty Tour of Europe）。一群悉尼妇女签约参加旅行，行程包括参加华伦天奴（Valentino）、纪梵希（Givenchy）和伊夫·圣罗兰（Yves St Laurent）的时装发布会，巴黎和伦敦著名的成衣时装展活动，以及在巴黎、佛罗伦萨、威尼斯和伦敦开启的疯狂购物之旅。我在对旅行团和对母亲的职责之间进退两难，期盼着母亲的病情会有所好转，就没有告诉那些女士有关我母亲生病的事，更没有说她已经一病不起。我一直等到最后时刻才告诉她们我不能同往，那时她们都到机场准备出发了。我请求当时在米兰的凯瑞尔陪同她们。不久，我派丽莎去帮凯瑞尔，有了妹妹的陪伴使她放松了很多。当时住在伦敦的马克和提姆在这次旅行中也和他们的姐妹有短暂相聚。对于 17 岁的丽莎来说，要忍受外婆日渐恶化的健康状况非常痛苦。她不能请朋友到家里来或听音乐。因为生意上的问题和照看母亲使我内外交困，我没有足够的时间关注丽莎。让她承受这样的生活似乎不公平，所以，当凯瑞尔主动提出让丽莎去意大利和她同住时，我想这是解决困境的最好办法了。我的小女儿不喜欢学校，所以我并不在意让她在中学的最后一年离开。当丽莎跟她的外婆道别时，她知道她们再也不会相见了。

现在只剩下我母亲和我——我们两个人。从前一直是这个样子。我知道我母亲不想死在医院里，我也为不能带她回家而感到内疚，但是我已经无力再照料她了。过了这么多年，死亡的逼近才让母亲的个性变得柔软，这使我的负疚感更加五味杂陈。她的痛苦压倒了任何对我驱之不去的怨恨。我们之间再也没有恶言相向。在她去世不久前，她把我多年前送给她的大块蓝宝石戒指给了我；我现在经常戴着它。正如我们习以为常的那样，我一切随她，不会迫使她直面命运，但是我多么希望她说："琼，我知道我要死了，咱们谈一谈吧。"我想郑重道别。经过两年的为生而战之后——这与道奇预期的母亲能够与癌症抗争的时间差不多长，我母亲得以解脱了。她在威尔士王子医院去世时，我握着她的手，道奇在我身边。那是 1979 年 10 月 6 日凌晨 1 点。她享年 75 岁。

母亲去世时我的孩子们都在巴黎和旅行团在一起。我没有要求也没有期望他们回来参加葬礼。我也没有期望前夫约翰来参加。朋友们都全力相助，但是我无法向他们倾诉我对母亲过世的真实感受。幸好有海伦的安慰，只有她了解我们的母女关系是什么样。我与海伦心照不宣。我永远不会忘记在母亲生命中的最后几个月中索尼娅·麦克马洪的热心和关爱。我最早的学生之一玛丽·斯派斯（Marie Spies）和她的丈夫伊恩，一位丧葬承办人，把葬礼安排得细致完美。在葬礼结束后，我和细心体贴的朋友们待在一起，道奇和丧葬队伍负责把我母亲的遗体火化。那是我实在无法面对的。

母亲和我有时关系紧张，但这并不意味着我不会伤心或减少对她的思念。我母亲的葬礼之后不久，我来到米兰和凯瑞尔在一起，以缓解母亲去世带来的伤痛。我的生活还要继续，所以要尽量忘记并向前看。过了很久，我才真正能够为母亲的过世而伤心哭泣。母亲活着的时候受了很多罪，也在无意中给我的孩子们和我带来了痛苦，所以她从痛苦中得以解脱对于我们来说也是一种解脱。我浑身感到轻松，我卸掉了一生都压在身上的责任重担。就像一个幽闭恐惧症患者最终被放出了密室，我终于可以自由呼吸了。只有一种麻木的疼痛潜伏在那里，在后来的年月中它会不知不觉地悄然浮现，使我压抑得喘不上气来。

18年零4个月过去后，我才敢撬开那道我自己封上的锁，去探索母亲对我的真实感受。在母亲与癌症抗争的时候，我意识到她一直在一个"大笔记簿"上写关于我的事情，但是我从来没敢问，也没敢看。她去世时，它就放在她的床边。我对自己说："我明天会看的。"收拾她的遗物时，我再次看到了它，却想："我现在没时间。我改天再读。"14年以后我才翻开那些大张蓝格的纸张，又过了差不多4年的时间，我才深入地阅读它，并彻底释放了我的悲哀。为什么会用这么长时间，我自己也不清楚。我是害怕发现她恨我，她爱我，我是谁，或她是谁吗？她说什么似乎并不重要，只是我知道看着她痛苦的笔记，发现她的思想，会打开我情感的闸门，迫使我面对件件往事。那会让我崩溃，我感到害怕。不去看她的手稿，我就能够控制自己的情感，将往事彻底尘封。

当我终于深入地阅读手稿时，那似乎正是在对的地点和对的时间。1998年，自学校创建以来我第一年没有上课，因为我决定离开一段时间，不是为了庆祝我的半退休，而是去香港探望朋友，在丽莎生第一个孩子时去佛罗伦萨，并为写这本书整理思绪。为此，我需要离群索居，远离澳大利亚，让记忆重现于我的头脑——我也称之为我的"颈上电脑"。

凯瑞尔住在米兰时，我通过她结识的朋友克莱尔·利特尔伍德及其前夫詹马里亚·伯莱塔，把他们在费利库蒂岛上的别墅提供给我，那是西西里岛以北伊奥利亚群岛中的一个胜地。岛屿形成了一个新月形海湾，这轮月亮又可以成为我的倾诉对象了。我已经万事俱备。但是，有很多美妙的东西会使我从阅读母亲的思想和构思自己的写作中分神。每天太阳升起时，温暖的光流泻在我的身上。从别墅里可以俯视卡普·葛瑞济安诺山（Capo Braziano）上一些青铜时代的遗迹。这座山在小岛的最尖端，在墨蓝色的第勒尼安海（Tyrrhenian Sea）中拔地而起。天气晴朗时，我能看到西西里岛的埃特纳火山（Mount Etna）喷出一团团的灰烬和蒸汽。我的朋友们来和我做伴，她们是前澳大利亚冲浪小姐珍·卡莫迪和莫林·戴利，后者的女儿是多年前我做过评委的莫斯曼歌舞小姐选秀的第一位冠军。珍只是短暂小住，而莫林计划的两周之访变成了两个月。

当地大约有 250 人，他们让我们感觉像家人一般，尽管我们对彼此语言的理解只有只言片语。他们谈到我时会说："她在写她的回忆录。"我们很快就适应了他们简单而愉悦的生活方式。我们看着当地人在因火山灰而变得肥沃的土地上耕耘，照料他们的葡萄藤、刺山柑、黑莓、无花果、鼠尾草、茴香和橄榄。他们长时间在海边享用午餐，其他时间会游泳或去其他岛上访友，最远甚至可以到意大利大陆南端的勒佐·卡拉布里亚（Reggio Calabria）。晚上，我们到当地人家里和他们在阳台上跳舞，然后举着火把沿着一条羊肠小路一路小跑下山回家。夏天，这个沉睡的岛屿就会被每年如期而至的游客惊醒。为了躲避只有夏天开业的迪斯科舞厅的喧闹声，并消磨掉去佛罗伦萨前的最后几周时间，我住到了小岛另一端一座位置僻静的别墅里。这栋别墅的主人是澳大利亚人乔和卡梅尔·马科拉（Joe and Carmel Moccora）。当我最终离开小岛去和我的女儿丽莎以及她的新生儿娜塔莉亚·琼（Natalia June）相聚时，我百感交集。很多新朋友都来为我送行，我乘舟离开前往那不勒斯，远远望见一轮巨大的橘色落日没入山岛背后。我将永远铭记他们的友情。

尽管我在岛上从 1998 年 4 月住到 8 月，但直到 6 月 23 日我才抗拒住岛上的诱惑，翻开母亲尘封的手稿。我专门随身带上它，打算作为这本书调研的一部分来阅读它。

这本未完成的记录正是最初让我觉得我应该书写自己的一生的重要原因之一。我打算完成母亲未竟的工作，但是我要用自己的语言按照自己的版本书写我的一生。我们一直是一个团队，我的故事属于我也属于她。怎么能不是呢？即便到了另一个世界，母亲似乎还在那里督促我继续前进，去开创一项新的事业，开辟一条尚无人涉足的道路。如果她能知道这本书的完成是由她那本笔记簿中的想法促成的该有多好。

当我阅读母亲的笔迹时，我终于流下了在她去世时无法哭出的眼泪。我更多的是为她的生活和痛苦而不是死亡而哭泣。在多年的彼此争吵之后，我意识到我并不了解或完全理解她，对于这个令人费解的女人和她对我的想法还有很多需要认真思考。然而，回顾母亲的一生仍然让我心潮澎湃。

母亲写的看起来像是有关我的传记初稿。她甚至给它取名为《淑女本色》（*Portrait of a Lady*），所以她也许读过亨利·詹姆斯（Henry James）的同名小说并认为这是个很合适的临时标题。她写了一些我的生活片段：我在乡村度过的童年，我初访香港和澳门，我的朋友和四个孩子。她对我生活细节的记忆使我感到惊讶。想到她生命中痛苦不堪的最后几个月都用来写我让我悲不自胜。她在写作中也提出了明智的建议，那是她多年来一直给我的忠告。

> 接受一些农村教育；如果有机会，不要害怕去那里。越艰辛坎坷越好。
> 模特是一项艰苦的事业。你需要投入大量的时间和精力。模特行业的本质就是赚钱。一个女孩应该要做专业模特，以做到最好为目标，要靠它尽可能多地赚钱。
> 懒惰是危险的。
> 如果你要干一份工作，你就应该干好，要么干脆不干。
> 不要总是拿你的问题去麻烦别人。
> 尤其要让自己振作起来，做出一个灿烂的微笑。

然而，最让我吃惊的是她对我表达的爱意。在我的一生中，她经常对我说我可怕极了或其他难听的话，但是在这里她却只写了我的种种好处。她曾经把自己的命运归咎于我，但是她的字里行间丝毫没有流露出那种怨恨或痛苦，因而阅读她内心最深处对我的想法和情感有一种非常特别的感受。

我为女儿以这样一种漂亮、迷人的方式使澳大利亚扬名世界而感到无比自豪。

琼已经让当今的人们知道，生活比呼吸更重要。她优雅的举止和永远的微笑完全来自辛勤的工作和觉悟的热情。我感觉她的勤奋已经成为周围人灵感的源泉。

（描写在学校毕业晚会上的我）没有一点迟疑，没有任何错误，一直微笑，面对每一个人随时倾听和交谈。

有人问我："琼受过伤害吗？"啊，当然！但是琼永远愿意做那朵玫瑰，而不是践踏它的那只脚。

她非常推崇职场妈妈。她认为你只有工作才能获得满足感，并且，对于职场妈妈来说，孩子们看到妈妈高兴，他们也会高兴。

经过 30 年的努力奋斗，你不能说琼·达领－霍特金斯只是幸运。好运是降临到她身上，但她是靠冷静的头脑抓住这些机会并充分利用它们的。

我读着这些话，伤心不已，满心满眼都是泪。我将永远渴望我能够张开双臂拥抱她，并对她说："我爱你，妈妈。"

❀ 1961 年模特选秀的前四名参加了有史以来第一次在香港举行的澳大利亚模特表演。从左至右是朱迪·琳赛（新南威尔士纳罗迈恩人）、洛伦·奈特（悉尼人）、露丝·卡尔马尼奥拉（新南威尔士卡姆登人）和帕特里夏·达菲（新南威尔士坎多斯人）。

❖ 个人精修学校中的两位可爱的姑娘，右边那位有中国血统——早在那时就有中国学生来我的学校。

❖ 与我的模特学校和模特经纪公司的模特们。

❀ 已经生了四个孩子，做这样的动作有点尴尬，但是为了鼓励我的学生，我还是把瑜伽带入了澳大利亚，并且鼓励学生们学习。

❀ 介绍个人精修课程和模特学校的毕业生。

❀ 在 1961 年的礼仪课上，玛格丽特·罗斯在迪莫克斯大楼地下室的琼·达领－霍特金斯 T 台上为全班同学展示。

❋ 我的个人助理为我统计，我做了 8000 多场选美的评委，我说这绝不可能。

❖ 与我亲爱的友人罗伯特·梅尔维尔医生在一起。我母亲去世时他陪在我的身旁，而且在我母亲罹患癌症的两年中他一直悉心照料着她。

❖ 1966 年与母亲在学校。很多年里她都是我们学生的顾问。母亲和我是一个团队，她为我做出了牺牲，所以不管我取得什么样的成功，我都想和她分享。

十八　幻影归来

　　我正在上课，他突然像个幽灵般站到了教室门口。我认出徘徊在教室门外的这个男人就是我父亲。我们最后一次相见的记忆使我不禁暗自战栗。我在学生面前尽量保持镇定，直到上完课才与鲍勃单独见面。"我有一种强烈的预感我应该来见你。"他声称。我告诉他妈妈仅在几个星期以前去世了，他似乎很惊讶也很伤心。他肯定看到了《每日镜报》（Daily Mirror）头版上"模特的母亲去世"那条新闻了吧？我脑子里思忖着鲍勃的出现和我母亲去世之间的"巧合"，但是随着他情感的流露，这些想法很快烟消云散了。鲍勃声称他的确爱过我母亲，只是我的外祖父母错判了他，并说服她拒绝他。他很抱歉没能对她有所补偿。他不想错过做我父亲并在我生活中扮演更重要角色的机会。"你刚出生的时候我把你抱在怀里，一下子就爱上了你，而且一直都爱你。"

　　自从在20世纪40年代戴维·琼斯的时装表演会见到他，我就想驱除我们相见的所有记忆。在我母亲去世以前还发生过两件与我生父有关的事情。它们打破了我的平静，而且告诉母亲只会让我们两个都不开心，所以这些见面只有我一个人知道。凯瑞尔和提姆还小的时候，约翰和我曾带着他们和他们的保姆玛丽·雷德芬一起，去黄金海岸度假。住在冲浪者天堂很时髦，当时那里还没遭到破坏，不像现在一到下午高耸入云的公寓大楼就把海滩笼罩在一片阴影之中。一篇报纸提到了我们在此度假，直到现在，我的中国合作伙伴张洋睿（James Zhang）告诉我，黄金海岸的游艇上还有我当年的照片。第二天早晨，一个男人打电话说他是我的父亲。我哑口无言，甚为惊讶。他解释说，他从写简讯的记者那里得到了我的电话号码并前来表明他的身份。他说他想认识我，并想让我见见他的家人。"就是这样。"我想，"他真的想认识我。如果他想让我见他的家人，他一定是很爱我。我要去认识他们，并最终成为一个家庭的一部分。"当他开车来接我们去他家做客时，我从鲍勃的脸上看出了自己的样子。在去那里的路上，我毫不费力地交谈。公开演讲的经验使我很擅长与陌生人"寒暄"。我心想，到目前为止一切顺利。但是，在我们到了之后，他对他的妻子和两个年轻的儿子介绍说我是他的侄女。我面无血色，感觉就要晕倒了。我不想在他的和我的孩子以及约翰面前大吵大闹，于是很快找了个借口离开了。他为什么把我介绍成他的侄女呢？他只是想把我当成一个名人来炫耀吗？他的妻子后来告诉我，鲍勃对她说起过他的名人女儿，但是没对他的儿子们解释过我的存在。

当我们下一次见面时，约翰和我已经分手了。20世纪70年代早期，我已经是一个成功的女商人，并且是赛贝尔城市洋房酒店（Sebel Townhouse）一次晚宴舞会的主宾。一位年轻女性走到我跟前有些紧张地说："我叫帕蒂（Patti）。我是你同父异母的姐姐。我们父亲是同一人，他也没有娶我的母亲。"我非常震惊。在300位宾客面前坐在首席，我尽量保持镇定并一笑而过。幸亏人们正在起身去舞池。我不觉得那个女人长得像我，于是对她置之不理。后来帕蒂为以那样一种公开的方式找我表示了歉意。那是一个她的母亲也从来不谈起她的父亲的人的一时冲动之举。她当时太急于找到谜团的答案。帕蒂比我只大几岁，她在5岁之前一直和鲍勃住在一起。自那以后，他随心所欲地在她的生活中时隐时现。

赛贝尔城市洋房那晚之后又过了一段时间，帕蒂打电话请找到她家吃饭。"我想认识你，而且我们的父亲也会来吃饭。你愿意来吗？"我愿意相信我父亲是一个被我母亲的家人误解了的好人。也许是了解我母亲的秘密的渴望和要揭开父亲神秘面纱的想法使我去接触这个陌生人。我对鲍勃很好奇，而且渴望有家人，所以我独自惴惴不安地开车去了帕蒂位于北岸（North Shore）的漂亮房子，把孩子们留给一个看护的人照管。在与鲍勃、帕蒂和她的家人一起的正式晚宴上，我尽量保持平静镇定。之后，我父亲宣布他想在另一个房间和我单独待一会儿。我们换到书房进行我们第一次真正的交谈。我不知道自己有什么期待，但是接下来的谈话让我困惑而受伤。鲍勃对我没有任何感情流露，而是大谈他自己，夸耀说他曾经在一个商船上做海上船长。他经常去美国，他在那里的投资很多。他许诺说，终有一天这笔财富会归我。这种天方夜谭的故事好得让人难以置信，而且果不其然，我再也没有听他提起过一句关于我继承他财产的事。

时间飞逝，几年过去了，鲍勃几句同情的花言巧语就让我把那些痛苦的记忆都忘记了。他填补了我生命的空白。因为母亲已故，没有丈夫，四个孩子都在海外，我渴望鲍勃能够填补空虚，给我一种家的感觉。母亲的过世也意味着我觉得有自由去拥抱他这个父亲了。我再次接受了前去他在冲浪者天堂的家中的邀请，这次做客使我有理由相信他的话是真诚的。鲍勃公开承认了我是他的女儿。我得知他的一个儿子在一艘商船的轮机舱事故中触电身亡，所以就更加同情他。他的妻子非常热情好客，我接受了她做我的继母。鲍勃和他的妻子带我去购物并给我买了一件裙子，还送给我一枚他们的珠宝店中的镶金和钻石的黑色猫眼石胸针。在我看来，这些礼物是我父亲向我示爱并使我愿意回报这份感情的象征。这时我已经是个成年人，但是却像小孩子一样渴望得到我从未经验过的父爱，并成为一个可以被礼物收买信任和爱的人。

然而，我对父亲的幻想逐渐破灭了。1980 年 6 月，我去托斯卡纳区（Tuscany）卢奇尼亚诺（Lucignano）的一栋别墅和我的四个孩子一起度一个月的假期。凯瑞尔正准备回澳大利亚，丽莎沉浸在意大利的生活方式之中，两个男孩从伦敦前来。间或，我们会长途驾车，沿途经过葡萄园、黄色野菜花和赤陶色农舍等宜人景色，到阿雷佐（Arezzo）接乘火车来的新房客——有英国人，也有澳大利亚人，都是孩子们的故友和新欢。一天，我带着从澳大利亚寄来的信回到家里，把孩子们聚到一起给他们读一封他们从未见过的外祖父鲍勃寄来的信。

> 亲爱的琼，我感到欢欣鼓舞……
>
> 我在明月之巅笑傲苍穹，
>
> 因为她与我完全息息相通，
>
> 那个可爱的女孩名叫琼，
>
> 我的欢乐无以复加，
>
> 我几乎流出喜极而泣的泪花，
>
> 因为我在七月就将见到她。

把最深切的爱和父亲的吻送给克利福德家所有人。一位记者到访我家，并说她采访过你和丽莎。她说你是一位可爱高贵的女士，而丽莎则清新可人，就像一股充满活力的春风（这让我着迷）。她跟我要照片……我给了她一些在我们花园里拍的快照。随信所附的文章有几处不太确切的小细节，但是我想你可以称之为可以接受的新闻误差。

> 我是爱你们的亲人，
>
> 老水手和他的大副。

随信附寄了从《黄金海岸公报》（ *The Gold Coast Bulletin* ）上剪下的一篇文章，是关于"老水手"的两个名人女儿的——一个是上过《格雷姆·肯尼迪秀》（ *The Graham Kennedy Show* ）的迷人的同父异母妹妹珍，一个是我。

这封信是对我的尊严的狠命一击。只有海伦和雪莉·韦克菲尔德（Shirley Wakefield）知道我新近与父亲的团聚。当我告诉她们我总爱佩戴的那枚猫眼石胸针是谁送的时，她们都非常惊讶；多年来我一直告诉人们我父亲在我还是个婴儿时就去世了。他"复活"的消息激起了轩然大波。我本打算在我认为合适的时候告诉与我亲近的人——而不是按鲍勃的时间，并以这种公开的方式。那些认为我父亲已经死去的人会怎么想我呢？我感觉自己的隐私被暴露了，羞愤交加。鲍勃肯定认为我是个傻子，竟然告诉我记者不知怎么偶然找到了他，我甚至根本就没对记者提起过他。我猜鲍勃肯定是主动找到那个记者并拿他的两个名人女儿自吹自擂。不先征求我的意见，他怎么竟敢这样擅作主张？我知道帕蒂，但那篇文章根本没有提起她，而只是他另外一个"名人"女儿，对于她我之前一无所知。他的行为轻率而残酷，他的信让托斯卡纳的阳光都失去了温暖。

我的孩子们知道鲍勃回到了我的生活中，但他们没有见过他们的外祖父。他们知道我在沃森溪跟着外祖父母和母亲长大，并把各种蛛丝马迹拼到了一起，但我没有真正对他们谈起过我的私生身份对我有过怎样的影响。因为我太想要一个父亲了，而且相信他也是受害者，所以我又给了他一次机会。我包扎起自己的伤口和尴尬，努力想忘记那篇报纸文章。这是我知道的处理棘手问题的唯一方法。我一生都在这样做。不管怎样，我已经安排好要在香港和鲍勃以及他的妻子见面，我将在那里举行一个时装秀。凯瑞尔也在那儿。我把他们介绍给了我的朋友们，他们提供给我们住房、劳斯莱斯汽车和船只。鲍勃竭力取悦于我，不跟他摊牌，不拿我的问题和忧虑当面质问他似乎更好一些。

当我返回悉尼时，鲍勃和他妻子继续去了伦敦。我告诉过他，提姆住在那里，也说了他的工作。没有提前打任何招呼，鲍勃直接走到提姆工作的饭店的酒吧并宣布："我是你外公。"提姆不知道该怎样应对这个陌生人，于是告诉他先找个座位，等他有空了就过来和他说话。那个地方人很多，没有机会讲话，鲍勃甚至连再见都没有对提姆说就走了。这就是鲍勃试图闯入我们生活的典型的满不在乎的方式。在同一次欧洲之旅中，鲍勃和他妻子在佛罗伦萨逗留时找到了丽莎。鲍勃在一家皮货商店柜台后找到了她。他没有表明身份，而是问店里是否出售马具。"不。"丽莎告诉他，"但我知道你是谁。"从他绿色的眼睛在店里落在她身上的那一刻，她就看出了他与我的相似之处。祖孙两个相拥而泣。鲍勃和他的妻子与丽莎和她的男朋友保罗（Paolo）共进晚餐。那是他们唯一一次相聚。马克和凯瑞尔在回到澳大利亚时见到了鲍勃，但是对他没有感到任何亲近。

很快我就有了同感。作为在黄金海岸的康拉德·朱庇特举行的一次集会的演讲嘉宾，我开始对观众讲述我在沃森溪的成长过程，以及我母亲如何成为我成功背后的动力。我告诉他们我们刚到悉尼时是如何拮据，以及开办学校时没有任何人资助。鲍勃的妻子是那次集会上的客人，我的话让她很难过。"我难以理解为什么你把帮你创业都归功于你的母亲，却一点儿也不感激出资帮你开办学校的父亲。"她在开车回他们家的路上说。"为什么你对你的父亲没有任何溢美之词？他为你做了那么多。"我怀疑，鲍勃到底对她灌输了什么样的谎言？我开始创业的唯一基金是我做模特的微薄收入。

我住在鲍勃和他妻子家里时正为此感到非常烦恼，我的父亲又给了我最后的致命一击。我们坐下来要吃早餐时，他对我发出了也许是对我没有在演讲中认可他的回击："琼，我不确定你是我的女儿。"尽管浑身发抖，我还是从桌边站立起来。"我再也受不了了。"我喊道。"我尽力了，但我已经忍无可忍。你是个狠之又狠的人。"曾经有几次我因深受伤害而大发雷霆，并有些歇斯底里，但是这次没有。我努力抑制住眼泪，收拾好自己的包，在既定日期的前一天匆匆离开前往机场。我再也没有见过鲍勃，也没有试图和他联系。他也没联系我。

过了一段时间以后，一本妇女杂志发表了一篇关于我的报道，其中有我的成长过程和丽莎最近刚从意大利回国的消息。文章没有提及我的父亲。鲍勃缺乏对媒体运作方式的理解，他似乎认为丽莎对文章的内容施加了影响，而他本来觉得他与丽莎在他们唯一的一次意大利会面中建立起了深厚的感情。他因为文章没有提及他而怒火中烧。他寄给丽莎一份他遗嘱的复件，并故意滑稽地把边缘烧焦。这真是莫名其妙。随信还附寄了那篇杂志的文章和一份怒斥的信，说这篇文章使他取消了孩子们和我的继承权。那是很大一笔钱。但到这时我已经不想和鲍勃有任何瓜葛，而且我也怀疑那到底是不是一份有法律效力的文件。

我开始怀疑鲍勃其他夸夸其谈的故事。我意识到鲍勃对我讲了太多的谎言，我无法分辨哪些是真，哪些是假。鲍勃的行为使我相信他无论如何不是一个有爱心的父亲，而且我外祖父母对他的了解都是对的：他是一个以自我为中心的人，他的骗局就是诱使我相信他比自己的真实面目更加高尚。他是个英俊的男人，他有使人倾倒的巨大能量，但是我再也不会受他迷惑了。我可以看出他患有妄想狂。

他对他的妻子说是别人使他不能做另外两个女儿和我的父亲。当她盘问他时，他就对细节遮遮掩掩，转换话题或指责别人的恶毒。他相信自己是正确的，并坚持认为别人都是错的。他的妻子愿意相信他。毕竟，她对他一见钟情，可能像他引诱的其他女人一样，包括我的母亲。所以，她一直和他站在一边，直至 1990 年耶稣受难日（Good Friday）那一天，他死于癌症。我没去参加葬礼，尽管另外两个被他疏远的女儿参加了。我认为没有理由和他的妻子断绝联系，她成了我亲爱的朋友，我很喜欢她。

她最近给了我一个文件夹，里边有鲍勃收集的有关我和我母亲的新闻剪贴，我母亲也在报纸上出现过几次。他这样关注我的生活也许我应该觉得很荣幸、很感动，但是我相信他感兴趣的是我作为公众人物的地位。如果我一无所成又会怎么样呢？如果我没有成为我母亲和我付出如此大的努力而成为的"名人"又会怎样呢？那样他还会愿意认我吗？《黄金海岸公报》那篇文章很明显只提到了他的两个出名的女儿，而没有提到不知名的第三个。我没有办法全面了解我的父亲，以及他与我母亲、外祖父母之间的关系。也许将秘密保守这么长时间是不明智之举，因为再想了解它们就已经太晚了。它们只能溃烂成无法愈合的伤口了。

十九　光华褪去

　　我的事业与我的身份如此紧密相关，以至于凯瑞尔在办公室里为了引起我注意而不再喊我"妈妈"，因为当别人叫我"达领小姐"时我会更快地做出反应。我的工作是我孩子们生活中不可避免的一部分。他们在个人精修学校、模特经纪公司、漂亮的人们、选秀和时装表演中间长大。这个行业就是他们的第二天性。这些年来，我所有的孩子都进入过这个行业：当他们对这个行业感到好奇而想学习的时候；当他们不确定选择什么人生道路的时候；在其他工作或海外旅行的间隙；为了帮助他们的大姐解决困难并为了自己成长的时候。不管什么时候他们有需要，总会有某个位置可以让他们进入。让他们加入经常能满足我的目的。然而，我也很担心让他们这样毫不费力地获得舒适的生活方式和事业选择会阻碍他们追逐自己独立创造的梦想。能否有一个母亲、孩子和事业都双赢的情况呢？

　　随着母亲的过世和几个不忠的员工变为竞争对手，我自然很急于让自己的孩子进入企业。我认为他们每个人都有能力承担一个重要角色，并且希望到了我要放手的时候，他们中至少有一个人可以接手掌管。就像我母亲孕育了我的梦想一样，我也为我的孩子们构想了各种各样的计划。我想象他们都能随心所愿，有所成就，不论是承担令人瞩目的职位，还是和我一起工作。事后想来，也许我的期望和抱负都是不现实的。

提姆为我工作的时间是所有孩子中最短的。提姆为我工作是在他住伦敦一段时间，和回悉尼与人合开的小酒馆歇业之后。他是个天才的摄影师，他提出以其他摄影师报价的一半价格为我的学生们试拍，并为其照毕业照。这是我无法拒绝的划算交易，但是从长期来看，为妈妈工作对提姆没有吸引力。他买下一家园林企业，然后搬到新南威尔士北部经营一个热带水果农场。婚姻和为人父使他安定下来。他把自己受过的酒店管理和商业训练充分发挥，和他能干的妻子薇姬（Vicki）一起在蓝岭（Blue Mountains）开了一家大的比萨店，在梅特兰（Maitland）开了一家小餐馆。他们有两个儿子，严肃的杰克（Jack）和淘气的布罗迪（Brodey），他俩我都很喜欢。提姆现在为一个庞大的矿业公司培训员工。他很有教学能力，这可能是继承了我的教学天赋，我一直认为能教育他人是一种值得感恩的天赋。他在约克角半岛（Cape York Peninsula）韦帕（Weipa）的力拓集团（Rio Tinto）工作了两年。这是一段难忘的经历，尤其对他的两个儿子来说。好像命运安排一般，他工作的行业离我的领域并不远。但是，如果他没有自己经历曲折，也许不会取得今天这样的成就。

凯瑞尔还在蹒跚学步时，有时当我处理经纪公司的事务时她就坐在我的膝盖上。凯瑞尔在精修学校的学历和她独立于我而做出的时尚行业选择，都为她在这个行业的出类拔萃做了充分准备。她所做的每一步事业选择都好像是通向学校和经纪公司的企业领导地位的更高一级训练模式。从瑞士的精修学校和欧洲之旅回来后，凯瑞尔成为露华浓公司的销售代表。然而，她决定追求她从外婆那里继承来的对音乐的嗜好，并通过上私人声乐课来训练自己用优美的歌喉唱歌剧。她到经纪公司工作，并由此找到兼职的模特工作，打算攒够钱再返回意大利。她回到那里计划进修意大利歌剧和意大利语。但是命运又把她带回了模特行业。

我经常去米兰参加各种时装表演并与其他经纪公司的老板交流。一次，我和当时最主要的经纪公司之一时尚模特（Fashion Model）的老板乔治·皮亚齐（Giorgio Piazzi）共进午餐时让凯瑞尔做我的翻译。乔治经营着一家很著名的经纪公司，该公司与福特模特有紧密的联系。碰巧他需要一位有经验又会讲英语的模特寻选人来负责联络从英国、美国，以及少数从澳大利亚来米兰的模特。凯瑞尔是符合这些要求的绝佳人选。在接下来的四年中，她为模特做预约，磨砺自己的行业知识，并为米兰女性时装做目录模特。她在莎朗·斯通（Sharon Stone）和格里泰·斯卡绮（Greta Scacchi）成为知名演员以前为她们预约演出，以致成为要好的朋友。黑发碧眼、皮肤完美、微笑迷人的凯瑞尔成功地登上意大利版《时尚》杂志，并飞往德国、瑞士和法国进行拍摄。然而，她在这个行业做的这些实际工作主要是作为赚钱和旅游的方式。

因为不喜欢聚光灯下的工作，并思念澳大利亚和她的家人，凯瑞尔在 22 岁时返回了家乡。掌握了国际时尚行业很多人脉的凯瑞尔将欲开一家经纪公司的想法告诉了我，它将只经营在巴黎、伦敦、米兰、纽约和东京这些国际时尚之都工作的顶级模特的业务。我接受了这个主意——这个经纪公司不会和达领公司有竞争，而会和它并驾齐驱。1980 年 9 月，世界模特（Models Worldwide）被吸收进琼·达领－霍特金斯集团公司，并在我的经纪公司所在的同一栋楼里开业。它很快声名大振。三年后，凯瑞尔就实现了她推出人才和让顶尖模特登上全世界杂志的目标。但是这三年无休止的工作让凯瑞尔失去了休息的时间，并精疲力竭。为了追求她向往的自由，她索性把模特们安置到其他经纪公司，进军房地产业。我对她放弃了一个梦想感到失望，但又无法劝阻她放弃这个行业。回想起来，我本应以更好的心态接受她的决定。

凯瑞尔进军房地产业的尝试持续了五年，并且在业余时间成了一位有执照的经纪人。但是，当她成为一个单亲妈妈后，其工作时间就不适合她了。那个时期，女权主义者不断对年轻女人说，除了孕育孩子之外她们不需要男性伴侣，她们什么事情都可以自己做。凯瑞尔曾有一段认真的感情，然而还是决定独自抚养孩子。一个充满爱和支持的家庭对渡过单亲难关至关重要，凯瑞尔有我们。得知我愿意让她更自由地支配工作时间，她又回来帮我管理班克斯顿（Bankstown）的学校。我因该地区不断增多的暴力事件使父母们不敢给女儿报名来上学感到忧虑。晚上下课后，学生需要被护送到她们的车上，或需要安排人来接她们。我们最终把这个分校关闭了。

分校关闭后，凯瑞尔来到城中的旗舰学院并接替了科莱特·雷恩斯的管理职位。

她发现自己经营着从悉尼到汤斯维尔的整个集团公司。尽管凯瑞尔不打算承担这个责任，但她非常能干，可以按照我不成文的规定监管整个企业。这并不意味着我们事事都能达成共识，其中包括对以我的名字命名的护肤系列——达领精华的发展潜力的认识。我在布里斯班的一个男模特告诉我，一位生物化学家发现一种曼陀罗提取物可以成功治疗皮肤癌，我试图开发这一生产线。鉴于我认识的人中死于癌症者的数量，并急于实现我长久以来希望生产一种能保护澳大利亚人皮肤的护肤品系列的愿望，我会见了这一突破技术的智囊——比尔·凯姆博士。比尔原本是加勒比岛屿阿鲁巴岛（Aruba）人，当地人把库拉索芦荟汁抹在身上以防风吹日晒对皮肤造成伤害，所以我对他用这种有润肤效果的植物提取物开发一个护肤系列的建议信心十足。我们达成了协议，比尔出品达领精华系列，包括洗面奶、眼霜、除痘霜、日霜和晚霜，而我负责开发市场。

比尔在家里配出了第一批达领精华。达领精华在 1985 年首发上市时却没那么低调，索尼娅·麦克马洪和推广人麦克斯·马克森（Max Markson）在悉尼希尔顿酒店举行了达领精华的产品推介会，之后又通过我的 80 年代最美面容选秀进行推广。这些产品效果良好又不太昂贵，拥有巨大的市场潜力。最初，它们是通过我的学校和经纪公司出售。凯瑞尔认为公司的业务变得太过繁杂，对卖出更多的产品不像我那么热心。经过一些反思，我也开始认同我生意中的一些细枝末节转移了我们对核心业务的注意力。尽管达领精华夭折了，但我对它很有信心，现在正计划让它重新上市。

在我个人和职业生活中，每当一扇门关闭，通常会有另外一扇门打开。我和科莱特在菲律宾度假后又去了香港。在那里我们遇到了约翰·海勒斯和另一位朋友，亿万富豪、地产开发商西塞尔·赵（Cecil Chao，赵世曾）。我通过 20 世纪 60 年代在亚洲时装巡演时结识的酒店业有影响的人士见过西塞尔。每当我带人到香港进行时装表演，西塞尔就会安排一个司机和他车库里众多劳斯莱斯之一的金色劳斯莱斯来机场接我们。他拥有一个有直升机降落场的水景豪宅"乐居"（Happy Lodge），那里是模特们和我欢聚的地方。我们在他的游泳池里举行游泳比赛。取胜的总是澳大利亚人。

　　这次，他为我们准备的款待同样令人难以置信。在希尔顿酒店的鹰巢饭店晚餐时，西塞尔建议我在香港开一所学校。"我建了两栋楼。你来选择地点，我会尽我所能帮助你。"这个提议似乎好得难以拒绝。我们的计划是让科莱特回去做一个开办学校的可行性研究。我选择了皇后大道（Queens Road）88 号华光楼（Wah Kwong building）19 层，并在 1984 年 10 月新开了一所礼仪和模特学校，由科莱特担任业务经理。

　　后来我每年都带模特来到香港，君悦酒店接待我们，那个时候我最喜欢的酒店工作人员 Larry Tchou（朱民康）现在已经通过自己的不懈努力，在君悦酒店成长为亚太区集团总裁。我认识他的时候，他只有 18 岁，他对我们的模特非常尊重，提供最好的服务，多么有潜质的青年！

　　我也把我的女儿丽莎招募到香港学校。此前一年，她住在意大利做全职的走秀模特。丽莎十几岁刚到意大利时，她是一名互惠生，并在佩鲁贾大学（University of Perugia）学习意大利语。在 17 岁做兼职酒吧服务生来贴补收入时，她遇到了她一生的爱人，保罗·康苏米（Paolo Consumi），一个医学院的学生，现在专门研究口腔医学。他的家人让丽莎住在他家，并像女儿一样对待她，他的母亲婕玛教丽莎做一种让人一想就会垂涎三尺的托斯卡纳美食。丽莎和保罗几乎做好了对彼此承诺一生的准备，但是，作为一个年轻独立的澳大利亚人，丽莎却拒绝了一个意大利妻子的传统生活方式，尽管丽莎爱保罗。我想我对男人的某些不信任影响了她。自那以后，她在她的祖国和佛罗伦萨之间飞来飞去。

　　我的香港工作邀请发出时，丽莎还没做好离开保罗的准备。但我给她写了一封私人信件，解释了这次投资，并附上了可行性报告。他们都被我说服，相信香港的学校将会成功，对他俩也是个巨大的机遇。

　　因生来就接触这个行业，丽莎熟知我对员工和学生的期望。她知道我想让我的企业怎样经营，很少有我需要向她解释而她不理解的东西，再加上她在意大利做模特的经验，这使我觉得丽莎可以胜任香港学校的最高教职。

　　我把香港看作让丽莎增长技能，并训练她有朝一日接管我的礼仪和模特学校的机会。同样，在我的梦想中，我也将凯瑞尔看成我企业的首席执行官。凯瑞尔比丽莎更有商业头脑，做事一丝不苟。我认为她更善于掌管幕后的工作。丽莎更善于和人交往，是做台前工作的理想沟通者，所以她们两个将会组成一个强大的团队。当我把我的宏伟计划告诉丽莎时，我认为她能够胜任领导的想法让她受宠若惊。心中有了这个计划后，我让丽莎飞往纽约参加国际模特大会，安排她做环球小姐大赛澳大利亚代表的官方监护人，并让她负责编排亚洲的时装表演。

　　在丽莎执教香港的一年中，她逐渐意识到模特行业并不适合她。也许她感觉按照她母亲的原则和指导教学使她没有发挥自我创造力的空间。她需要摆脱我的阴影来表达自我，按照她自己的方式而不是我的方式取得成功。从为她母亲工作的保障中脱离需要深刻的自我反省。一个星期六的下午提供了契机，当时丽莎正在九龙的一个舞蹈工作室为一些模特排练时装秀。她已经编排了香港和该地区的很多场时装表演。她注意到一些年轻男孩和女孩练习舞蹈动作。其中一个高大俊秀的年轻人叫吉米·斯图亚特（Jimmy Stewart）。他和他的朋友们也注意到了她。他们问她排练结束后能否和他们一起喝茶。他们在受训成为无教派基督教组织——青年使命团的传教士。丽莎与他们到他们在太平山波老道（Borrett Road）的基地共进晚餐，并留下来参加了祈祷会和唱歌。

　　她给我打电话时心平气和，我问："你经历了什么美好体验吗？"她问，我怎么知道，但是一个母亲——即便她在世界的另一端——也了解她的孩子。丽莎给我讲了她的青年使命团朋友，并问如果她受洗，作为基督徒重生的话我是否会感到沮丧。意识到这个团体对她的正面影响，我高兴地祝福她，并感谢她能问我。成为一个重生的基督徒给了丽莎寻找自己人生道路、离开我的生意和保罗、从事记者行业的信心和力量。知道她在香港并不开心，而现在她心中有了一个固定的职业目标，相较于凯瑞尔之前从我企业离开，我更好地接受了丽莎的辞职。

　　于是，丽莎返回了澳大利亚。因为有人说她的声音适合广播，丽莎赢得了麦考瑞新闻网（Macquarie News Network）奖学金，到位于悉尼赖德（Ryde）的澳大利亚电影电视和广播学校（Australian Film, Television and Radio School）学习新闻专业。毕业以后，她在本迪戈（Bendigo）和悉尼做电台记者。然而，因为想念保罗，她又返回了佛罗伦萨。他们的爱情长跑终止了一段时间，又在多年后重新燃起激情。在他们一次约会期间，我在前往罗马和香港之前到佛罗伦萨探望了他们。但当我返回悉尼，丽莎已经先到了家，她再次离开了保罗。

经过很长时间的深思熟虑，丽莎决定嫁给保罗。意大利的婚礼已经计划好，丽莎的婚纱也设计好，150 份请帖已寄出去，我的朋友苏珊·雷诺夫和索尼娅·麦克马洪都在盼望着出席一场托斯卡纳式的婚礼。我的飞机票已经买好。想到家里要有件喜事发生，我感到异常兴奋。然后，丽莎打电话来，说她不想结婚了。

她返回悉尼，有五年半的时间与保罗没有联系，而我在他生日时还寄贺卡，对他们情况的改变还抱有一些希望。在此期间，丽莎加入澳大利亚电视台十频道（Channel TEN），成为出名的电视记者，然后，又做了其午夜新闻公报的制片人。感到经济上有了保障，她改行从事自由写作。她与人合写了一部畅销指南《漫步悉尼》（Walking Sydney）。当一家报纸赞助丽莎报道意大利的奇闻秩事时，她从米兰打电话给保罗，告诉他她将访问佛罗伦萨。"我会开车去接你。"保罗主动要求，然后又说，"你的订婚戒指还在我的保险箱里放着呢。"三个月后，丽莎带着这个戒指回到悉尼。1998 年，他们在佛罗伦萨结婚（在初次相见大约 19 年之后），现在有了两个可爱的孩子，娜塔莉亚和里欧。我是他们的琼妮奶奶。丽莎和她的家人曾住在一座多年属于佛罗伦萨贵族的古老别墅里。它被巨大的花园围绕，据佛罗伦萨市中心只有 10 分钟的路程，就在古城墙的外边。现在，他们住在基安蒂（Chianti）和佛罗伦萨交界的地方。别墅四周是橄榄树和花园。在同一社区俯视着他们住宅的是著名时装设计师罗伯特·卡瓦利（Roberto Cavali）的家。每天早晨他的直升机都会起飞前往某个国外目的地。有时他们挥手告别。

二十　不止香槟

　　丽莎不是唯一在香港获得启示的人，科莱特也被香港的兴奋生活所感染。随着丽莎1987年离开香港，科莱特也辞职了。自然，我匆忙赶到，试图收拾残局。飞机上，我一再阅读丽莎送给我的关于青年使命团的书——是这个基督教团体导致了丽莎的精神觉醒。这本薄薄的宣言，《那真的是你吗，上帝？》（*Is That Really You God?*），重新燃起了我压抑多年的思想和情感。这个团体的创始人，洛伦·康宁汉姆（Loren Cunningham），在书中写了他自己皈依基督教的历程和他怎样开始实现自己的梦想，招募各个教派的年轻"传教士"在各自的社区里教授关于《圣经》和上帝的知识。这激发了我长期压抑的想法。我一直相信有某种保护天使在我的生命中保护我。我愿意把那个"天使"想成是我的外公，但这无法解释我小时候也感觉到他的存在，和他依然在我左右的感觉。那么我感觉到的存在是谁呢？是谁分享了我的孤独？是谁安慰我，鼓励我说一切会好起来？我打算见见丽莎的基督徒朋友们以寻求解答这些问题，但是香港让我无暇顾及这些；它占去了我所有心思并将我卷入商铺林立的街道中。过了三周，我还没有联系他们，这时命运之神插手了。一天下午，我感觉有一个声音催促我去买一个我并不真正需要也承担不起的昂贵的黄金晚会手提包。当我沿着毕打街（Pedder Street）正要去买这个包，并与这样的放纵做思想斗争时，有人抓住了我的胳膊。我转身看到了诺玛·扬（Norma Young），格雷斯兄弟公司和凯蒂斯时装连锁

（Katies fashion chain）的前时装顾问。诺玛通常驻悉尼，所以我看到她时很吃惊。当这位生活在快车道上的女商人告诉我，时装界已经对她失去了吸引力，她已经成为一个青年使命团的传教士时，我更是倍感惊讶。我错误地认为只有年轻人才能做这个团体的成员。诺玛明确告诉我，它接受所有年龄和背景的人。我也错误地以为重生的基督徒不会化妆，他们衣着朴素，只会与去教堂的人交往。诺玛说，做了基督徒并没有变得不时髦或有什么不同，只是更快乐了。

我相信，我们的相遇是我注定要找到青年使命团的一个征兆，于是我开始尝试着参加这个团体的祈祷会和教堂礼拜，更多地思考和认识上帝和我自己。青年使命团是一个精神绿洲，在之前的香港之行中我从来不知道它的存在。在这个地方找到上帝有些不同寻常。如果看劳斯莱斯、赌场和三合会的不法行为的数量，这似乎是一个不信上帝的地方。实际上，似乎上帝遗弃了这里成千上万的居民——拖着沉重的手推车的老妪、沿街奔跑的人力车夫、拥挤在高层公寓里的家庭。

我经常纳闷，我的人生已过大半，为什么会在香港让上帝完全住进我的生命？一种猜测是，多年来我一直全力以赴地忙于努力领导别人，所以经过这么长时间才遇到一个能向上帝臣服并允许他指引我的机缘。我宗教意识的觉醒发生在我需要精神力量来理解为什么丽莎和凯瑞尔离开我的生意，也需要内在力量继续为它奋斗的时候。拥有信仰也会帮助我度过以后将面临个人困难的时刻，所以，也许它需要在那时播种在我内心，为将来做好准备。

当只有我一个人的时候，我经常大声喊叫："上帝啊，你为什么要惩罚我？你太残忍了。我恨你！我恨你！"我把母亲尖酸刻薄的个性、婚姻的破裂、时运不济和我生活中任何的不如意都归咎于上帝。偶尔，而且只有在我生活处于低谷的时候我会祷告，但更多时候我否认任何神的存在。一直有些征兆召唤我过一种更虔诚的精神生活。尽管宗教不是我儿时生活的一部分，但是少年时期我也寻求过宗教，在塔姆沃思去过各种教堂。我孤独的童年使我渴望属于某个团体，成为一个局内人而不是局外人。当我嫁给一个天主教徒，尽管只是名义上的，唤起了我外祖父母留给我的关于天主教的记忆，但是直到丽莎已经出生和我的婚姻变得不稳定时我才皈依。我的朋友海伦·纽汉姆是天主教徒，她帮忙安排了我的皈依仪式。完美主义对我来说既是赐福又是祸患，我开始尽我所能做一个最好的天主教徒。我变得很虔诚。不管我的工作有多么劳累，每个周末我都让我的四个孩子穿上最好的衣服，带他们去罗斯湾的圣抹大拉马利亚教堂（Saint Mary Magdalene Church）。教区牧师米克·哈菲尔德神父（Father Michael Harfield）年轻、英俊、外向。他给这些弥撒注入了一种新鲜的、积极参与的方法，使教堂会众情绪高涨。凯瑞尔在星期六晚上的弥撒上弹吉他并和一群少年唱歌，马克做圣坛侍者。米克神父和我跟孩子们一起到邦迪海滩冲浪，他很自豪地微笑着听孩子们喊着"快点，妈妈。快点，神父"。人们会对我们评论说："你们的孩子真可爱。"在罗斯湾工作了 15 年后，他突然被调任。米克神父最终离开教职，娶了前澳大利亚小姐克里·道尔（Kerri Doyle），并成为了米克父亲。他离开后，罗斯湾开始了一种传统的、不太友好的弥撒风格。结果，孩子们不再去做弥撒，渐渐地我也不去了。我无法认真遵守某些教义和规则，也感到不被教堂中的传统主义者所接受。也许我的感觉是错误的，但是他们的语气似乎有所暗示："但你从小根本不是天主教徒，是吗？"我经常感到自己做了或说了冒犯天主教徒的事，但也许这更多是我对自己天主教徒身份自我怀疑的反映。虽然离开了天主教，但我尊重这个宗教，并感到很欣慰我在意大利出生的孙辈们从小被作为天主教徒来抚养，因为那是他们国家最主要的宗教，也是他们父亲的宗教。我也对我认识的加入某个宗教团体的很多人极为尊敬。

不管怎样，青年使命团充实了我的灵魂，给了我参加其他教会从来没有经验过的内心的快乐。我学会了放手，不再企图控制一切，以及相信上帝。我开始敞开心扉，并第一次直面作为一个母亲的担忧。我问吉米·斯图亚特："我怎样才能最好地处理我和我孩子们之间的关系呢？"他的建议很简单："只要无条件地爱他们。"这些话使我对我与孩子们之间关系的认识彻底改变了。我从没想到以这种方式爱他们。我深深地爱着他们——全心全意——但是我确实给这爱加上了条件，试图去指引他们过本属于他们自己的生活。我一直相信引导孩子是父母的责任。我感觉自己年轻时错过了给他们这种引导的机会，而且在某种程度上正因如此，我缺少给予他们所需要的指导的技巧。如果我能在家多一些，我也许有时间深入解释我的观点，以及我是怎样通过不同的经历得出它们的，而不是仅仅说"做这个，做那个"。我突然顿悟到，孩子们有权去寻找自己在人生中的角色和道路，即便是通过一种艰难的方式。有时，这将是对我梦想的无视和伤害。我不得不接受这种叛逆，而且脱离我是他们长大的必要过程，如果这使我心痛，我只能自己承受。我明白了一个父母真正拥有的所有权力就是给子女提出建议，并希望他们在自己的人生中做出正确的选择，正因为如此，我几乎成了学生和年轻朋友们抚养孩子遇到困难时的顾问，我总会给她们一点建议，让她们觉得茅塞顿开。

作为重生的标志，我在离香港不远的南丫岛（Lama Island）附近的中国南海（South China Sea）中受洗。我的新朋友们把我浸入水中，和我一起祷告，唱歌，弹吉他。在这样一个耀眼的行业里待久了，能够通过这种简单的仪式让光芒散尽，并寻找真正的自我是一种全新的体验。这一经验使我顿悟。我过去常想，如果我余生可以尽享香槟，就算大功告成了。我第一次意识到生命的意义远不止如此。

尽管我在返回香港三周之内找到了上帝，但这并不意味着我一定就会忽视我前去那里的原因。在接下来的五个月中，我全力以赴使香港的生意继续保持运转。我夜以继日地工作，出席各种商业集会以建立关系网并宣传我的企业。但是，我不理解中国人精明的商业头脑，当他们对我的课程费用讨价还价时我感到大吃一惊。我不知道居然可以以这种方式做生意。而且我意识到香港并不是我的目标市场的理想地点。我想选址在更富声望的地段，但是可能成为我招生对象的人都住在九龙区。也许一所商业精修学院会吸引更多的生源，也许我本应推迟学校的开业，也可能我应该多一点坚持。假设可能会发生的事情很简单，但是商业决断需要在了解现有金融状况后快速行动和一个冷静的头脑。我必须采取行动。在六个月的努力后，我关闭了学校。这次经历并没有让我两手空空或充满遗憾。我在香港结交新朋也得续旧谊。其中一位员工，考林·冯（Colleen Fong），现在管理我在悉尼的星期六学校。我返回澳大利亚时有一种感觉，似乎我命中注定要去那里开学校，即使仅仅是为了找到上帝。

返回世俗的澳大利亚后，朋友们说我看起来像变了个人，当我解释自己的内心变化时，他们却眯起眼来觉得我是不是疯了。我朋友们真正看到的是一个之前高度紧张的人已经找到了内心的平静。我看起来更快乐了。很难跟他们解释清楚我为什么内心不再空虚、孤单或孤独。外祖父或者母亲代表的上帝已成为无所不在的陪伴。

现在，我随时随地都与"上帝"交流。我从不感到孤独。对我来说，去什么教堂都无关紧要。我不相信什么教派，甚至也不称自己为基督徒，但是我会对那些邀请我给他们讲话的基督教团体演讲，分享我的人生故事和我的信仰。我只是相信基督教的道德观念，认为所有的宗教都应该彼此包容。在工作的时候，我也记得"上帝"是我的指引，是鼓舞我、支持我、激励我的灵感源泉。"上帝"最终向我揭示出我的一些人生转折背后的目的，我终于能够明白为什么在自我发现的路途上有时会充满痛苦。我经历过的隐秘和痛苦突然都有了意义。我的生命被赋予了新的意义。即便从那些把我引领至生命现阶段的痛苦岁月中，我也能看出日常生活中的奇迹。奇迹还将继续发生。我当时不知道的是，我还要经历更大的痛苦才能看到它们显现并改变我自己。

二十一　急流勇退

我从香港返回悉尼的时机恰到好处。租用了迪莫克斯大楼 28 年后，20 世纪 80 年代中期那里的租金暴涨，所以迪莫克斯将整栋大楼收归己用。我在亨特街（Hunter Street）租下了其他的市内经营场所。经济不景气，我被迫革新企业，放弃一些盈利较少的活动，尽管慈善活动占据我很多精力，我还是决定继续做。因为学校在教育市场上独树一帜，所以可以在重组的过程中得以保全。何况，我对学校和个人精修课程的需要非常有热情。不管在我的个人生活中发生什么，我对学生的献身精神从未动摇。我很享受激励他们追求成功和提高自己的成就感。

模特经纪公司成为我生意中最牵扯精力和最令人心痛的部分。尽管达领模特管理在布里斯班几十年如一日保持地方市场的领军地位，其悉尼的分公司却开始面临残酷的竞争。这个行业的竞争变得越来越你死我活。我清楚地感到悉尼经纪公司将需要我投入大量精力。我决心关掉它，以全力投入的心脏和灵魂——学校和学院。我也已经厌烦了应对模特们的喜怒无常。

在成为模特经纪人的早期，我从发现众多美人中获得了满足感。当有人在一个琼·达领－霍特金斯的模特涉足 T 台前就能够选择他／她让我感到非常自豪。在我把年轻的男孩和女孩打造成模特时，我对他们的声誉、举止、仪表的关注不亚于对他们形体相貌的关注。尽管如此，当时还是有很多模特并不完全理解我对他们的付出：为了给他们找到海外的工作在深夜或凌晨拨打的电话，还有为她们圆满答复来自她们的母亲或男友的关于各种私事和公事的电话。新从乡村或外州来的模特住在我贝尔维尤山家中的独立公寓中——而且是免费——直到他们找到住所。很多人离开时连"谢谢你"都没说一声。他们不理解我私生活中面临的个人压力，我也从没跟他们讲起我的麻烦。我的家人有时也不得不承担起照顾新来的模特们在大城市生活的责任，逐渐开始抗议让模特留宿，所以我逐渐杜绝了这些对我们家庭生活的搅扰。

安排模特住在家里可能在其他行业看起来很奇怪，但是要成为一个成功的模特经纪人就需要这样。事实上，我是模仿艾琳和杰瑞·福特为新来他们经纪公司的模特在家提供食宿的做法。现在福特模特有一排公寓供模特们居住，未成年的模特还有同住的监护人员。尽管福特夫妇对模特们非常慷慨，但满足他们的要求也使艾琳倍感压力。我永远不会忘记她对我的明智建议："模特们想要你的血。一旦你给了她们，她们就接着要你的骨头和你的皮肤。"我想，如果说模特们通常都是自我为中心的索取者，因为自己的美貌而习惯了要别人有求必应的话，虽然有些以偏概全，但也不无道理。当她们不能随心所欲，她们就求助于那些愿意帮忙的人。当然，如果我不承认有很多杰出的例外也会失之偏颇。以我的经验来看，那些在行业中出类拔萃并保持清誉的人并不总是最美的，但他们是工作努力、待人真诚和品格优秀的人。随着我塑造和推出模特的精力日渐不济，我对这个行业的热情也开始衰减。模特界与我在澳大利亚创业时相比已经有了天壤之别。据我所见所闻，我不愿再积极地参与其中。广告界对模特日益增长的需求激化了模特经纪公司之间的竞争，也使大量新的公司不断涌现。那些想留住或猎取人才的经纪公司提高了模特的报酬。20 世纪 70 年代后期，欧洲的很多经纪公司抽取模特报酬的 50%，但是模特们通过在欧洲非法工作仍然能够捞取令人艳羡的收入。我听说有些模特将钱藏在衣服或行李中乘飞机离开罗马。这是在机场安装 X 光摄像机之前的事。还有些在米兰工作的女孩开车穿越边界到瑞士把钱存到她们的瑞士银行账户里。

争取客户和模特的交易是在米兰、巴黎、伦敦和纽约这些时尚之都的高级酒店中通过漫长的酒醉神迷的午宴或晚宴达成的。福特夫妇在罗马的帕克·德·普林西皮酒店长期预定了一个套房，他们每天都在阳台上用三小时的午宴款待宾客。我出席过这些午宴和其他的行业宴会，多数都是在凯瑞尔在米兰的时尚模特公司做模特寻选人的时候。凯瑞尔和丽莎都不喜欢这个行业里流行的必要的人际交往，以及取悦并满足模特们的虚荣心的需要。我喜欢这些社交聚会和在纳潘特（Nepenta）迪斯科舞厅跳舞，但是我渐渐注意到情况有些不妙。一些雇来的花花公子开始一起参加行业宴会，宴会后所有人都去迪斯科舞厅。有些人彻夜狂欢，很多人服用毒品。

一些经纪公司开始使用非正统的手段，或有所顾忌或无所顾忌地将模特诱入他们的囊中。他们利用模特的虚荣心和不安全感，让她们过着纸醉金迷的生活，有些甚至不惜让她们沉迷于毒品和声色。过去几十年中和当今，都有很多超级模特曾在工作中遇到过她们的克星。娜奥米·坎贝尔（Naomi Campbell）、凯特·莫斯（Kate Moss）和凯伦·穆德（Karen Mulder）是当代模特中公开承认吸毒和酗酒的。甚至有些英俊的花花公子将孤独、年轻、想家的女孩笼络到他们的羽翼之下，有时还会诱奸她们，并靠把女孩子介绍给新的经纪公司收取报酬。这些花花公子成为了无知的年轻模特和一些经纪公司之间不可或缺的掮客。一些卑鄙的经纪人付给这些花花公子佣金把模特引诱到他们的经纪公司。他们举行周末狂欢，用免费供应的毒品引诱他们选中的新秀上钩。凯伦·穆德称，一家世界顶级模特经纪公司的成员强奸了她，并违背她自己的意愿强迫她与别人上床以获取更好的签约机会。并非所有的模特都不情愿或太天真——很多人享受这种伴随吸毒和狂欢而来的关注、到处旅游，以及所谓的迷人魅力。然而，一些没有经验或不通世故的模特被酒精、毒品、性和金钱套牢。

其他模特的经历导致她们没有料到或不想要的怀孕。凯瑞尔察觉到有些经纪人为未成年的模特安排堕胎，这样女孩们就能继续工作，而她们的父母全然不知。这使一些经纪人对模特有了更多的掌控权力。

凯瑞尔和我都听说过有关毒品的传闻，但没有亲眼见过——只见过很多喝香槟的。有时，如果照片拍摄现场没有香槟，模特们就会坚持让人送去。凌晨1点钟的罗马，应一些加班的模特的要求，我和艾琳·福特把她们要的酒送去以让模特们好彻夜工作。在每季度开始参加新时装系列 T 台表演的女孩们都很辛苦。有些人一天预约了几场走秀，晚上还要对她们在白天走秀时穿的时装进行拍照。第二天她们还要重复前一天的工作。在幕后，从上午 10 点第一场走秀开始时香槟就被打开了。有些人会喝点酒，服用一剂可卡因，然后走上 T 台，面对世界时尚名人和一大群摄影师。毒品能让她们保持瘦削，有精力工作和欢宴，并愿意不惜一切保持她们的习惯。这些年轻女人认为她们能够应付得了，但这却使她们容颜憔悴、头脑迟钝。由于化妆和造型师的巧夺天工，也因为拥有让吸毒减肥进一步凸显骨架，她们还可勉强工作。这种新的生活习惯让我震惊。我做时装模特时，模特们从来不用靠毒品或酒精才能工作。我仅仅靠坚毅和勤奋赚钱扬名。

摄影师们越来越多地拍摄青春期前的或"宝宝"模特，这种需求的增长是因为她们青春的面庞不需要灯光技巧来遮盖皱纹。聪明的化妆和发型技巧以及成人服装可以隐瞒这些年轻模特的年龄，但是她们的手——通常光滑无痕又孩子气——总会背叛她们世故而性感的目光。市场对于宝宝模特的需求让我感到不安。宝宝模特们冒着被剥削利用的危险。我知道一些父母把他们的孩子交给经纪人是因为得到他们的许诺——孩子会受到监护照管，而且他们挣的钱是他们做梦都不敢想的，但他们最后得到的只是失望和孩子的童真被剥夺。

凯瑞尔也曾努力想继续留在这个行业。她在这个很多主要竞争者都没有任何底线的市场中举步维艰地试图按我的标准使经纪公司运营。我知道经营这个经纪公司已经让凯瑞尔精疲力竭。我意识到我们都不能付出使经纪公司在竞争中崛起所需要的血泪和汗水，更不能放开底线。在近 40 年的经营之后，我关闭了悉尼模特经纪公司。

布里斯班的经纪公司和学校一样繁荣。它们的现址在爱德华大街（Edward Street）的琼·达领－霍特金斯中心，由能干的第三任接班人朱迪·贝奇－迈克里恩领导。世界时尚之都的模特经纪公司需要预约本地美女表演时，或寻找新面孔加入他们的经纪公司时都会找到布里斯班经纪公司；他们曾一度拒绝到悉尼以外进行尝试。多亏朱迪，我很自信学校的价值标准得以坚持，而模特们也受到最好的照管。她具备在这个行业中生存所需的毅力和激情。她十几岁从我的布里斯班学校毕业，在学校担任教职前是一名成功的模特。在她的领导下，布里斯班继续辉煌，也成功地培养出了不少超级模特，比如米兰达·可尔和凯瑟琳·麦妮尔。事实上，我的绝大多数教师都是以前的学生或模特。

我不适应今天的模特界，不管是做模特还是模特经纪人。有人鼓励今天一些高级时装秀上的模特拱肩垂臂，耷拉着头，用一种称为"小马步"的姿势散漫地走上 T 台。她们几乎面无表情。她们故意做出百无聊赖或心不在焉的样子，有时还对观众做些猥亵的动作。她们的头发像缠在一起的油腻的意大利面般垂在脸上，或是被做成惊世骇俗的发型。嘴唇丰满而皮包骨头的青春期女孩无处不在。一些模特经纪公司说，他们并不鼓励模特太瘦，但是骨瘦如柴的模特容易得到预约，所以，她们的经纪人当然不会告诉模特去增肥。很多模特们在 T 台上穿的衣服都光怪陆离，对很多人来说既不实用又不体面。它们被设计出来似乎完全是为了惊世骇俗，以此引起媒体的关注。那种 20 世纪 90 年代流行的"服用麻醉毒品后的神情"（heroin chic look）已经过时了。实际上，今天的时装表演中很少有我喜欢的元素。个别几个设计师，如五十川明（Akira Isogawa）[1]、亚历克斯·佩里（Alex Perry）[2]和克莱特·蒂尼甘（Collette Dinnigan）[3]，为这个行业注入了优雅，艾拉·麦克弗森（Elle Macpherson）[4]也功不可没。但从总体上看，我作为模特和为我的模特们努力争取的那种优雅似乎已经不复存在了。小马步、粗俗的姿态、放在屁股上的手和离经叛道的风格仅仅是为了哗众取宠。祈盼终有一天品质和优雅还会重来。

总之，在我关闭了悉尼经纪公司后把全部精力投入到了我的下一项事业：开办南

1　五十川明，澳大利亚著名设计师。2015 年 4 月 17 日悉尼时装周，他的模特们以贴满亮片的妆容亮相 T 台。

2　亚历克斯·佩里，澳大利亚最有魅力的设计师，凭借其设计的华丽的红毯礼服和晚礼服受到追捧。

3　克莱特·蒂尼甘，第一个登上巴黎时装周举办全线女装高级成衣时装秀，并扬名巴黎的澳大利亚设计师。

4　艾拉·麦克弗森，1964 年 3 月 29 日出生于澳大利亚。她的照片曾连续 6 年刊登于《Elle》杂志的每一期。

半球第一所商业精修学校。在凯瑞尔不在的情况下，马克的妻子特瑞希（Trish），一个精明的女商人，辞去了自己的工作来做专职。我考虑开商业学校已经有一段时间了。多年以前，我就梦想拥有一所振奋人心又最新式的学校，一所我自己都很愿意上的学校。事情的诱因是我的接待员离职去海外旅行了。寻找一个合适的代替人的过程暴露出很多蹩脚的求职者。我给其中的佼佼者一个试用机会，却惊讶地发现她们缺少工作必需的专业素质。有些人在前台工作时嚼口香糖，另一些书写时有拼写和语法错误。我注意到很多求职者都有工作意愿，但需要完善她们的技巧和举止才能找到一份好工作，或在社交和工作场合有自信优雅的表现。我认为按照我自己的标准培训一个求职者比找一个合适的人更容易些。当然，其他雇主是否也面临着相同的困境呢？只有一个解决办法：开办琼·达领－霍特金斯商业精修学校（June Dally-Watkins Business Finishing School，现在叫学院）来培养我想雇用的那种人。

"精修"这个词很合适，因为学生们会得到精修形象的培训，这包括形象管理、演讲、情绪态度管理、仪态等。课程的目的是要打开学生们的眼界，这样他们就能应对任何社交和工作场景。这使他们对各行各业都有广泛的了解，这可以帮助他们找到最好、最快乐的人生方向。很多人毕业后高兴地上了大学。

商业精修学校的学生必须穿统一的校服。我的朋友和之前在罗斯蒙特花园的邻居梅尔·克利福德（Mel Clifford）设计了一身有白衬衫的紫褐色套装。我相信这使学生和学院都显得很高贵。这也避免了学生们相互攀比。我不想让我的学生依靠衣服和品牌来确立自己的身份，我发现其中一些学生有足够的钱每天换一个不同的普拉达的手提包。我希望他们内心有所成长，建立自己的品质和风格，而不是依靠设计师的标签来证明自己，很多东西是用金钱买不到的。在第二个学期，学生们在星期五上个人发展和自我提高课时要穿职业装。这些课上会讨论对合适的工作装的要求。通过这些课程，学生们参加工作时就已经积累了一些职场服装，这也属于课程的小一部分。

在客观评估了我未来精力应该投入的方向之后，我不再举办耗资巨大的选秀活动。在我取得澳大利亚小姐的举办权时，我已经放弃了环球小姐、亚太小姐、青少年小姐和80年代最美面容在澳大利亚的举办权。全球选美盛会国际小姐大赛，1961年始于加利福尼亚，我的三个学生赢得了这一令人觊觎的桂冠：坦尼亚·沃斯戴克（1963）、珍妮·安妮特·德里克（Jenny Annette Derek，1981）和柯尔斯顿·戴维森（Kirsten Davison，1992）。我做过三年的国际小姐大赛的国际决赛评委会主成员，比赛通常都在日本举行。

我开始意识到我从来都不喜欢评判别人。那意味着我要对人进行评价和比较，因为我的决定，连同其他评委的决定，只能让一个人胜出，而使其他的参赛选手成为失败者，但我很在乎，她们所有人都付出了同样的努力。

1992年，凯瑞尔答应再回公司。凯瑞尔和我决定让她来负责经营——到了我该减负的时候了。我也知道应该这样做。我在1997年停止了教学，但还作为创始人继续前往学校工作，主持作为学生的文化活动之一的午宴，给每年的欧洲教育之旅做领队，在学生第一天上课前和毕业时致辞。似乎我现在有自由可以重新规划我的生活了，但是，认真说来，作为一个母亲，我怎么能够停止照顾包括生意在内的我所有的孩子呢？

❖　为大女儿凯瑞尔登上意大利版《VOGUE》杂志封面感到自豪。

❀ 1993 年，澳大利亚总督授予我澳大利亚勋章，以表彰我对商业的贡献。

❖ 我被授予"澳大利亚杰出女企业家"奖。

✤　那个时代的著名时尚达人们，我也是其中之一。

✤　在家中与我喜爱的几幅画作合影。

二十二 见证奇迹

一个人、一个小的行为或时刻都可能永远改变某个人的一生。你可以认为这些是外力干预、巧合或命运，但在我看来它们是微小的奇迹。1997 年 6 月 30 日上午——香港从英国移交给中国的重大日子——我的一个电话给我的人生带来了新方向。几个月前在悉尼，我在一个大型的圣诞午宴上致辞，提到我计划在香港移交之前组织两批毕业学生团去那里——这是科莱特和我多年前彼此约定无论如何都要实现的一次聚会。观众中有一位女士，珍·亨德森（Jane Henderson），问我到香港后是否可以联系她的朋友。我给珍的朋友——萨利和马尔科姆·贝格比（Sally and Malcolm Begbie）打电话转达了她最诚挚的爱和祝愿。萨尔（Sal）在手机上说他们在海港附近，正在雨中挤在伞下边，为的是占一个好位置观看晚上的交接仪式。我感觉与萨尔的交谈很自在，就邀请他们到我酒店的房间，这里看海港视野非常好。我还安排了与萨尔和马尔（Mal）第二天在酒店一起吃午饭。此间，我前往科莱特和麦克斯·亨特在半山（Mid Levels）的公寓——就在去太平山顶的半路上，去庆祝这一重大历史事件。在这个特别的夜晚，我们站在他们公寓的阳台上，俯视着海港，观看迷人的焰火。

第二天与萨尔和马尔吃早午餐时，我被带入了另一个世界。我得知他们在 1986 年就已来到香港。马尔科姆是会计，萨尔做公关。他们在空闲时都从事慈善事业，直至他们走到他们人生的十字路口。1995 年，中国南方暴发洪水后，他们一直提供帮助，却无法满足需求，之后他们放弃了自己的工作，与他们的儿子戴维（David）和乔舒亚（Joshua）一起创立了一个慈善机构——国际十字路会。自那以后，十字路会[1]就在本地和世界各地分发各种捐助物资。他们收到了如洪水般涌至的来自工厂、酒店、医院、学校和私营企业的高质量捐助物资。他们把这些运往有需要的地区，帮助那些由于战争、自然灾害、医疗和教育条件欠缺和贫困而处于苦难中的人们重建他们的生活。他们将物资运往亚洲、非洲、欧洲和南美洲的许多地方，还把最贫困地区的手工制品运到香港进行公平贸易。香港特别行政区政府允许十字路会免费租用老启德机场旧航站楼里的仓库储备物资。十字路会团队住在大屿山的一个旧度假公寓街区里。贝格比一家生活在贫困线上，还要感谢别人给他们的捐助。70位来自世界各地的志愿者住在那里。十字路会志愿者中的澳大利亚人越来越多，他们做包装者、办公室职员，或在执行任务时担任司机或运输员。志愿者只需为他们的食宿付少许费用。

因为很敬佩贝格比一家和他们的慈善工作，在去佛罗伦萨探望了我刚出生的外孙女娜塔莉亚之后，我回程中转时又去拜访了他们。我当时在准备去马尼拉的途中，为讲述这本书去重温旧日的记忆。但是，我的计划搁浅了。正要离开香港时，我在报纸上读到菲律宾航空公司暂时取消了所有的航班并停止运营。在与萨尔和马尔共进早餐时，我考虑了我下一步该做的事。我在乘机返回悉尼之前还有两周时间。萨尔和马尔邀请我住到十字路会接管的一栋空楼里。尽管马尔提醒说那里的住宿条件很简陋，我还是觉得应该接受贝格比夫妇的提议。

在接下来的两周中，我睡在曾经属于帕斯卡莱·亨特（Pascale Hunt）的一张单人床上。科莱特和麦克斯向十字路会捐赠了很多他们孩子的东西，包括帕斯卡莱的旧床。在十字路会基地中公共生活方式的精神鼓舞下，我掌握了在一个狭小的共用厨房里做饭的技巧，用非常简陋的厨具为志愿者们做费利库蒂风味的意大利面。能够有用于人

1　国际十字路会，1995年成立于中国香港的非营利机构。其主要工作是通过收集各公司及组织赠送的物品，为世界各地有需要人士提供可再用的物资。

和被人需要的感觉非常好。萨尔注意到在我逗留期间很愿意帮助志愿者，便问我是否愿意担任十字路会的巡回大使。这个慈善组织需要一个在全世界范围内有广泛交往的人，在有需要时可以作为一个有经验的演讲者帮助十字路会传播消息，并争取他人的支持。尽管很荣幸能被邀请，也很愿意负起这个责任，但我对怎样担任这一职务一无所知。我觉得自己不配得到这个重要的头衔，并要求在我证明自己能够不辜负这个荣誉之后再印出十字路会的名片。

　　我的考验很快就到了。中国北方的洪水使成千上万的人财产被毁、无家可归。冬天临近，很多人只有身上穿的衣服。十字路会想提供帮助，但是安全运送成了问题。麦克斯·亨特在香港有很多关系，所以我第一个向他征求建议。麦克斯建议我联络港龙航空（Dragon Air）的罗尼·陈（Ronnie Chan，陈启宗）。他们每天都有航班从香港飞往中国内地的很多城市。我试了两天都没能联系上罗尼。在返回悉尼前的半小时，我又试了一次。这次罗尼接了电话。我解释了自己打电话的原因。他让我联系一位澳大利亚同事劳拉·克兰普顿（Laura Crampton），以确认航空公司是否可以帮忙。在我启程前的几分钟，港龙航空答应帮助十字路会。它许诺每个月提供两个坐席给十字路会的代表以及他们携带的装满了给洪水灾民生活必需品的货运箱。洪水消退之后，港龙航空的慷慨之举没有停止。这一系列的事件证明，每一次行动都会引起一个反应，有时甚至是重大的连锁反应。这可以叫作涟漪效应，你永远也说不清涟漪会散向哪里。关键的是要投下那颗石子。

　　萨尔在悉尼给我打电话说，我赢得了自己的名片。我也做好了接受这个荣誉的准备。我向自己保证要切实践行这一职责，而不是只把这个头衔当成一种装饰。在消减了公司的工作时间以后，我需要一个新的出口来释放我的精力，而这一角色正是避免消极思想抬头的一个方式，我必须让自己忙碌起来，所以十字路会的工作来得正是时候。

　　尽管我迫切希望不辜负我的新头衔，但我还是有些迟疑是否接受萨尔的新挑战。她提议我加入戴维和她在1999年9月去巴尔干半岛国家（Balkans）访问十字路会人道主义援助的行动。我在大屿山逗留期间和萨尔浏览了柯莱特给我的一些杂志。其中一篇报道使萨尔受到极大震撼。1998 年一期的《你好》（Hello）杂志中报道了肯特公爵夫人（Duchess of Kent）访问马其顿王国的比托拉（Bitola）。那里有很多一出生就被遗弃的严重残疾的婴儿注定只能在资源短缺的福利院里过着无人疼爱的生活。读了这个故事后，萨尔表现出了她的女实干家本色。给白金汉宫写信之后，她收到了公爵夫人秘书的回信，并开始使十字路会致力于帮助这些孤儿。十字路会的志愿者们聚集在储物仓库，为孤儿们选择和包装物品。几个轮船公司提供了一个巨大的集装箱来运输物品，萨尔设法提前抵达比托拉，在货物运到时亲眼看着箱子被卸下，并把里边的东西分发给需要的人。她和她的儿子戴维带着相机和摄影机，决定把这些礼物的接受过程记录下来，以向捐赠者和十字路会的帮助者证明他们的努力是值得的。

　　我已经计划好在大致相同的时间去意大利访问丽莎和她的家人，然后去莫斯科，所以没有理由拒绝萨尔的邀请，但是后来我摔断了腿。1998 年圣诞期间，丽莎、保罗和娜塔莉亚，与保罗的妈妈婕玛和姨妈玛利亚（Maria）来访。婕玛和玛利亚出发去戈斯福德（Gosford）时，我的外孙本（Ben）和我陪她们去悉尼中央火车站。当我走进火车厢告诉她们坐在什么地方能看到沿途的景色时，我踩在一个油腻的东西上滑了一跤——原来是一个炸圆薯。我躺在车厢的地板上，看到小圆薯被踩烂并粘在我的鞋上，还有另一颗在地板上。我的左半身受到倒地冲击影响。医生说我的腿永远无法从创伤中完全复原。显然，做手术是没有必要的，但是我需要戴大约六个星期的腿部支架。直到能用脚承重时，我才意识到我的脚踝也扭了。几个月后，我脖子和肩膀的剧痛也被归因于这次事故。这次事件在新闻报道中被当成"笑话"——想象一下，礼态女王竟然会摔倒，并需要接受怎样走路的培训。

　　八个月后，我本以为身体已经复原了，便按计划开始了我的欧洲之行，但是很快，我发现疼痛只是暂时潜伏起来了。旅行唤醒了我左臂的搏动性疼痛和腿上的肿胀。我似乎有了一个正当的理由不加入萨尔和戴维的行程。在内心深处我感到松了一口气。我一直很担心那个地区的安全。巴尔干国家在新闻中只有在涉及战争、死亡和毁灭时才会被提到。我在澳大利亚的家人认为这次旅程太危险了，不让我去。他们警告说："你不应该去。你有可能会中弹身亡。"这时候我已经错过了萨尔和戴维行程的第一部分——访问比托拉的孤儿，但是萨尔还是不想放弃我。她发电子邮件说："琼，在波斯尼亚和马其顿王国之后，戴维和我将去克罗地亚的里耶卡（Rijeka），你可以在那里和我们会面。我想，从意大利坐船或飞机都很容易。"我对这将很"容易"表示质疑，我打电话给一个旅游经纪人，在得知航船自开战以来一直没有恢复后我感到如释重负；而坐飞机非常复杂，一种火车、飞机加公共汽车的选择听起来更加困难。我已经忘记奇迹每天都能发生，不管多小。正当我要放弃这次任务时，保罗建议了另一选择路线——乘火车从佛罗伦萨到意大利北部边界的的里雅斯特（Trieste），然后乘公共汽车到坐落在亚得里亚海边缘的里耶卡。保罗让我相信这次旅行将会有一路风光。萨尔向我保证旅行很安全，于是我们安排好在里耶卡最好的酒店博纳维亚酒店（Hotel Bonavia）大厅会面，然后再去找便宜的地方过夜。

我独自出发去了的里雅斯特。途中，我在米兰停下，访问了戴维·布朗（David Brown），一位我在澳大利亚的世交。他现在经营自己的经纪公司，但当时是里卡多·盖伊模特管理公司（Ricardo Gay Model Management）的老板。年轻漂亮的女孩们拿着模特文件袋在经纪公司进进出出。戴维和我讨论了模特行业的事务，包括艾拉·麦克弗森（Elle Macpherson）、娜奥米·坎贝尔、克劳迪娅·希弗（Claudia Schiffer）和凯特·莫斯。第二天上午，我被送到了一个迥异的世界——而这只需一天的行程。

我从的里雅斯特坐上一辆公共汽车，沿着崎岖的山路前行。我俯视着亚得里亚海和远处的意大利。在斯洛文尼亚和克罗地亚的边界处，守卫命令一些人下车，盘问乘客，两次检查护照，并搜查每个人的行李。我无法再克制自己的担心，就问："发生了什么事情？"我说得很大声，希望有人能听懂我的话。让我吃惊的是，一个美国人告诉我说，守卫们在搜查毒品，因为沿海岸再往下走就是斯普里特（Split），克罗地亚的毒品之都。当接近里耶卡时，我告诉那个美国人："我要到博纳维亚酒店和我的朋友们会面。"车上的另一个声音大声说："那个酒店已经被拆掉，正在重建。"我倒吸一口凉气，不知我让自己陷入了怎样的境地。当公共汽车驶入里耶卡时，夜幕已经降临，我把自己疲惫惊恐的脸贴着汽车车窗上试图寻找答案。让我感到庆幸的是，我看到了萨尔灿烂的微笑，那和她给我的拥抱一样温暖。

我的恐惧消退了，但饥饿又开始咬噬我的胃。我从上午 11 点就没有吃饭，而现在已经是晚上 8 点 15 分。我满怀希望地说："我又饿又渴。我听说克罗地亚有很好的啤酒。"萨尔又给了我当头一击："琼，现在太晚了，已经过了吃饭时间。克罗地亚人只吃一顿正餐，通常是下午三四点钟，他们一天就吃这些。我的背包里有些奶酪、橄榄和面包。我们要过很久才能吃到其他的东西。"听到这个消息，我真想打道回府。因为长途的劳顿和口渴，我向萨尔抗议道："我已经几个小时没喝任何东西了。能不能让戴维给我找杯啤酒，一杯凉啤酒？不然我会渴死的。"我们把一些罐装克罗地亚冰啤藏进戴维的背包后，走向将带我们去住处的汽车。如果早知我将见到一个真正特殊的人，也许我的饥渴会得到缓解。我们的司机是斯特沃·德雷塔（Stevo Dereta），他把自己的时间和关怀都给予了一个基督教组织，"我的邻居"（Moj Bliznji）。通过"我的邻居"，斯特沃已经努力建成了一些难民营，并给波黑人们带来了和平。

经过一个小时的南行，我们抵达了茨里克韦尼察（Crikvenica）——一个深受欧洲人欢迎的海滨度假地，现在已经盛名难负，只剩空壳了。我们登记入住和平中心（Peace Center），这栋大楼是"我的邻居"的志愿者们重新修建的，为的是让孩子们暂离那个充满暴力、死亡、强奸和饥饿的残酷世界。我们到达的时候没有孩子在那里，但是通常一些饱受战乱之苦的北部城镇的父母会乘公共汽车把孩子送到这个中心暂避三个星期。"我的邻居"的成员们给了这些孩子短暂的不一样的和平生活。

我们找到该中心的公共厨房，一位优雅的女士热情地微笑着拥抱我们，给了我们果茶、奶酪、切片的冷火腿和黑面包。我们很感激地接受了她给的食物，但是量太少，根本解不了我的饿。那个女人不会讲英语，但是脸上一直挂着热情的微笑。萨尔的联系人，"我的邻居"的另一成员，斯雷克·伊利斯诺维科（Srecko Ilisinovic）到来后，向我们解释说，这位妇女是克罗地亚难民。她的丈夫是靠近塞尔维亚边界的一座克罗地亚北部城镇的市长。他们在战争中失去了一切，除了逃亡别无选择。他们是克罗地亚报复行为的受害者。我们对克罗地亚为什么惩罚自己人感到困惑，斯雷克解释说，那是惩罚她嫁给了一个塞尔维亚人。现在我理解那个女人的丈夫为什么在白天不露面了。夜晚时，他站在阴影里给孩子们的避难所当守卫。这个避难所只能为这对夫妻提供六个星期的庇护，之后他们必须找一个更长久的地方。没有钱，没有抚恤金，没有财产，家又被毁掉了，他们如何生存？所幸，这些我不知道姓名的人的将来有斯雷克、斯特沃和 Teo Secen。

当戴维、萨尔和我把我们的房间安顿好时，大约已经晚上 11 点了。上床之前，戴维和我狼吞虎咽地吃了萨尔背包里的零食，还喝了啤酒。没有比那更好喝的啤酒了。困意很快袭来。我睡在一个上下铺上，卧房里装饰着小熊维尼和唐老鸭等卡通角色的画像。他们似乎和我一样跟这个地方格格不入。

当问及斯特沃和斯雷克十字路会怎样帮助这个地区的难民时，他们建议我们可以帮助装备"我的邻居"的难民营。

现在是星期天的下午 3 点，我已经 40 多个小时没有吃一顿像样的饭了。我正在怀疑克罗地亚人是不是根本不吃饭，斯特沃说："咱们吃饭吧。"这时坐在户外正温暖适宜，还可以从比特拉支·里斯托兰（Bitoraj Ristoran）山上饱览湖光山色。我们大吃着可口的山中野餐——红烩鹿肉、野猪肉、熏猪腿、泡菜、蘑菇、萨尔马（sarma，包菜卷）、法兰克福香肠、意大利熏火腿、奶酪和布雷克（burek，一种好吃的薄饼）。我们看着当地的克罗地亚人载歌载舞，看到还有一些人买得起食物和享受生活，感觉真好。之后，我们在附近的中心看到一群难民。一种纠结的情感在我内心翻腾——内疚、绝望和希望。他们不在唱歌、跳舞、吃饭，他们目光忧伤，身体病弱，生活条件非常艰苦。一些人看起来比实际年龄老很多。他们一起分享的石头建筑窗户破碎，急需在入冬以前修好，当时天气已经很冷了。他们没有足够的毯子，也没钱买油生炉子。他们没钱治病就医；很多人没有工作；有些人的家已经被剥夺。

一位七个孩子的盲父绝望已极——他们所有人挤在一间狭小的屋子里，他拒绝离开他的床。一个 30 几岁的癫痫病患者没有任何药物治疗，为反复发作的病痛所困扰，无法离开他与妻子、两个儿子一起住的房间。他的妻子绣桌布，希望能卖给来访的人。一位叫马格达莱娜（Magdalena）的老妇人已经住在中心多年，梦想能与她的儿子、儿媳和孙女重新团聚。塞尔维亚人毁坏了她在沃科瓦（Vukovar）附近的家。她通过翻译对我说："上帝把我们带到这里，并对我们说晚安。"另一位难民告诉我："我们到这里不是为了开始新生活，而是为了慢慢死去。"这些人打动了我们的心，我想要告诉马格达莱娜和她的朋友们："上帝把我们带到这里来帮助你们。我们保证一定回来，竭尽全力让你们的生活更舒适。"给他们希望。

我们返回和平中心时已经很晚。厨房里那个微笑的女人已经做好准备招待我们进餐。她给每个人端来两根水煮法兰克福香肠，还给萨尔、戴维和我一些黑面包和蘑菇汤。我怀疑她也许牺牲了属于她自己和她丈夫的那一小份。通过斯雷克的翻译，我们问她为什么在这么困难的环境下还显得如此开心。"现在我和我丈夫一无所有，我们也不知将来会如何，但这是我一生中最幸福的时候，因为上帝来到我的生命中。我们坚信上帝会照顾我们，就像我在这里也遇到你们一样。"

我们身心俱疲，睡了 5 个小时之后在早晨 4 点离开，驱车前往里耶卡。戴维和萨尔坐火车去了法兰克福，我乘公共汽车返回米兰。傍晚时分，我抵达米兰的万豪大酒店（Marriott Hotel）。我精疲力竭，泡了很长时间澡，并暗忖如果我死了，要花多长时间才能找到我。第二天，不顾劳累和左臂的疼痛，我开始了另一项任务。我的目的地是莫斯科，此行的目的是在国际妇女俱乐部（International Women's Club）发表演讲。我以前从没梦想过去莫斯科，直到我的个人精修课程的一位毕业生和她的丈夫在莫斯科做了传教士，并跟我提起了这个俱乐部。我因为断腿而卧病在床，只在课程的最后一天在悉尼见过这位女士一面，但是不知她对这个团体怎样介绍我是一个公共演讲者的，这让我收到了演讲的正式邀请函。这次旅行的资助者是一位美国人，吉尔·菲利普斯（Jill Philips），她是这个俱乐部的成员，致力于帮助贫困者。

到达后，吉尔的司机把我安置在伊斯梅洛夫斯科维三角洲（Ismailovskovy

Delta）——一座每层独立经营的多层酒店。底层的前台工作人员留下我的护照，但到了 21 层还得登记入住，一个盛气凌人的女人要求我付现金在这里过夜。我信用卡的详细记录没有从意大利传送过来。因为不愿意应对那个高大的女人，我付了两次钱。房间很简陋，我因为独自远离家乡而忧虑不安。晚上 11 点时，我接到一个声音低沉的俄罗斯男人打来的电话后就变得更加紧张了。"你孤独吗？我愿意到你房间来陪伴你。"又惊又怕的我把听筒摔在电话机座上。

第二天上午，我搬到了吉尔和杰瑞的公寓里。吉尔为莫斯科和全俄罗斯有需要的人提供帮助，所以她减少了自己的工作。贫困、犯罪、酗酒和绝望无处不在。尽管这块土地的很多地方遍布贫困，但是它也装点着富裕、历史和荣耀。他们的礼貌、他们对歌唱的热爱、他们的勇气和忍耐都打动了我。吉尔的志愿者朋友们建立起流动厨房，并走访那些贫民区的任性少年，希望能够从犯罪的边缘挽救他们。他们也建立了非正式的教育团体，并设法得到电脑来教给这些少年最新的信息科技。萨尔和戴维在回香港途中在莫斯科逗留。在见过吉尔的朋友们后，他们承诺十字路会将为一所孤儿院和那些有教育需求的少年寄送物资。我留下来在国际妇女会议上演讲。在一位翻译的帮助下，我对大约 800 位俄国和美国的妇女发表了演说。为欢迎我的来访，俱乐部组织了一场以俄罗斯著名设计师埃琳娜·佩列维纳（Elena Pelevina）的设计为主打品牌的时装表演。埃琳娜的母亲在幕后忙碌地工作着，按照衣服的式样组织表演顺序，并在表演完之后清理打包。当她自豪又充满爱意地望着她的女儿时，我回想起了我的母亲和她为我的成功付出的辛劳。

到了该回家的时间了。因为极度疲劳并忍受着左肩和左臂的无法缓解的疼痛，回家的旅程似乎永无尽头，被机场数小时的等待一再拖延。我中途停下来访问了我的香港十字路会大家庭。萨尔和我的关注焦点又回到了讨论我们见过的那些难民和我们怎样才能把更多的物资运送给他们。然而，在考虑下一次克罗地亚之行以前，恢复健康是我的首要任务。

回到悉尼后，我为我的左臂和肩寻求治疗，但是各种治疗都不能缓解我的疼痛。

晚上我独自躺在床上痛苦地哭泣。结果，我手臂和肩膀的疼痛实际上是由那次火车事故造成的颈部受伤引起的。最后，阿尔弗雷德皇子医院的一位专家为我注射了可的松，使我立刻得到缓解。在我的腿和胳膊做了大量理疗之后，我的身体有所好转。但是，我的健康状况仍然不佳。在我的左侧乳房发现了一个可疑肿块后，我悄悄地到威尔士王子医院把肿块切除了。谢天谢地，它是良性的。在凯瑞尔的照顾下，我恢复了健康。

相较于克罗地亚基本医疗物资和设备的缺乏，我接受的治疗当然提醒我感恩我生活在一个幸运的国家。我现在对那些满腹牢骚的澳大利亚人很不耐烦。有些人不想听其他地方遭受的不幸，生怕这会影响他们的舒适。那些失去所有东西，背井离乡来到这里，面对新的习俗和一门不同语言的移民会遇到怎样的困难呢？我听到一些批评，他们说我应该待在家里——澳大利亚有足够多的问题，并且应该被优先考虑，而不是帮助那些遥远国度的人们。尽管我也关心澳大利亚有困难的人们，但是这个国家有福利安全网络，而且已经有很多非常慷慨勤奋的澳大利亚人在帮助那些穷困的人。而我见到的那些难民，尤其是福兹尼村的那些人，没有抚恤金，没有就业前景，没有基本的生活条件，甚至没有希望。

二十三　笑对人生

　　由凯瑞尔经营悉尼的学院，其他家人各自为业，由乔迪（Jodie）负责布里斯班的业务，使我在 2000 年 5 月返回克罗地亚。在过去的 11 年中，一直由我带领商业精修学校的学生进行每年一度的欧洲文化之旅。我喜欢带小型旅行团并与大家分享我对欧洲的热爱，所以我很高兴能把这个旅行和我的克罗地亚之行合二为一，为我的难民朋友们提供援助。我在佛罗伦萨离开团队，有 3 天的时间运送物资，然后在威尼斯与团队重新会合。这是一项非常艰巨的任务，所以当两位精修学院的学生热心陪我前往时我非常感激。露丝·马杰迪克（Ruth Margetic）在上中学时已经为柬埔寨提供过人道主义援助；约翰·汉纳福德（John Hannaford）是一位有奉献精神的学生。另外两位报名参加欧洲之旅的商业学校毕业生也决定去克罗地亚。

　　在这次旅行的准备阶段，我作为演讲嘉宾在各种团体中募集了 3000 美金。我的家人恳求我不要随身携带这样一大笔现金，但是福兹尼的难民中心急需这笔钱来购置物资。他们害怕我会因走私美金而被捕，在某个边界检查点被盘问也非同小可。我认为冒险是值得的。在去克罗地亚途中，我把钱放在几个钱袋里绑在腰间，就连上厕所也钱不离身。我也从各种零售商和朋友那里募集了实物形式的捐助。哈维·诺曼（Harvey Norman）提供了福兹尼在冬天急需的毛毯。打折商店捐助了 T 恤衫、玩具和能装各种东西的大塑料袋。海伦和瓦尔交给我一些安利维生素和化妆品。我的发型师乔（Joe）

捐赠了一些他不再穿的时髦款式的衣服。我的儿子马克也给了一些他的衣服。商务着装课星期六班的学生带来很多衣服并帮忙打包。包裹太多、太沉，学生们和我在旅行中无法携带，所以我比旅行团提前两天出发，到香港卸下四大包毯子给十字路会。得益于一路上很多人的慷慨和帮助，所有物资才最终抵达克罗地亚。

当我在香港与负责人碰面时，他们带了另外十个大塑料袋的货物，再加上他们自己的行李。我们住在新建的美丽华酒店（Miramar Hotel），40年前我在这里举行过我的第一次海外时装秀。我已经对香港非常熟悉，没有浪费一天中转的任何时间。当晚，我们把堆积如山的行李放到酒店门外时，门童坚持要我们为每件行李付一份昂贵的费用才把它们装上机场大巴。我以一个蔑视的"不"字坚定地回绝了他的要求。看到我准备把鞋底站穿的样子，那个门童扬长而去。最后，一辆空大巴不知从哪里开来——又是一个奇迹。它没收任何费用把我们带到了机场火车站。

神奇的是，在通往机场的火车站的路上，一位地勤女士走上前，跟我说："我得到指示，你们所有的行李检查后便可直接抵达罗马。"萨尔联系了汉莎航空公司驻香港经理，解释了我们团队为什么会带这么多行李旅行。他了解克罗地亚的所有困难。从那天起，汉莎航空无时无地不在尽可能帮助国际十字路会。

学生们首次抵达欧洲的表情总是给我极大的快乐。在罗马，当我带领学生参观这座古老城市的一些名胜时，对于格里高利·派克的记忆又浮现在我的脑海中。我给了学生们一张地图，打印了旅游指南，让他们自己去发现这座城市的惊喜。这也给了他们自由、自信和责任感。我总能和学生友好相处，但是我也意识到，因为年龄差距，没有我，他们会更开心。在对他们放权之前，我总是提醒他们提防四处遍布的扒手，还有那种专门盯着女游客企图占她们便宜，有时也骗她们钱的男人。他会跟女孩说她很漂亮，他爱她——为了一夜情，无话不说。第二天晚上，他又鹦鹉学舌般把同样的话讲给另外一个女孩听。每当看到有花花公子和我的学生搭讪，我就上前自我介绍说我是她们的监护人，那些年轻男子转眼就变得对女孩更礼貌更尊重了。

到了佛罗伦萨，保罗雇了一辆卡车把我们的行李送到我们住的小旅馆。在佛罗伦萨与丽莎和她家人相见的兴奋掩盖了我对前路的忧虑。当该起身乘火车去的里雅斯特时，我们五个人带着十一个大包和手提行李，简直不堪重负。所幸，斯雷克开了一辆小面包车来的里雅斯特接我们。然后，我们继续前往克罗地亚福兹尼的旅程。当我们到达福兹尼的希望中心时，我欣欣鼓舞地看到，一年前还是一个破旧空壳的建筑，已经在重新建设和重新装备下大为改观。这种三层楼房已经适宜居住，并能容纳很多人。当时那里还没人居住，于是我们晚上就借宿在此处。天气冰冷，所以我们穿着大衣，戴着手套和帽子睡觉。

第二天，我们访问了附近的难民中心，我发现那里的情况也大为改善。难民中心已经很多个月没有收到政府的援助。政府贪腐盛行，剥夺了最穷困的人获得医疗和牙科服务的权利。可惜，亲爱的马格达莱娜不在那里。这里很难具备治疗她的高血压的医疗条件，所以她被送往里耶卡住院治疗。斯雷克和其他志愿者参与了整顿这里。污水仍然排到不卫生的露天下水道里，但是一些窗户已经更换，厨房设施也有所改善。狭小的宿舍也因有了更多的捐助显得更像家的样子。难民妇女们绣花桌布和织袜的家庭手工业有了起步的迹象。但是，最大的不同还是孩子们嬉戏的温馨场景和中心五十几位居民的笑脸。我又见到了他们中的一些人。前一年不能离开房间的那位癫痫病父亲如今已经能到户外活动了——这要感谢人们捐赠的药品和御寒的帽子。

美国空军人员和他们的家人从威尼斯附近的阿维亚诺（Aviano）空军基地开了一个车队来帮助这里的难民。他们对我说，他们对米洛舍维奇的轰炸造成了克罗地亚的无家可归和大面积毁坏，他们来访是一次向这里的人民偿还的机会。复活节前的周末，他们带来了礼物和食物：火腿、火鸡、玉米、豆子、豌豆、红薯、面包卷和意大利蛋糕。我们把礼物平均分开，发给住在中心里的每一个家庭，把这一天变成更大的节日庆祝。孩子们收到礼物时的欢乐使我们眼含热泪。为了表示她们的感激，难民营的妇女们在长桌旁招待了美国人和我们，为我们献上她们最喜欢的食物——布雷克。

我们完成使命后，第二天开车去了海滨度假小镇欧帕提亚·里维埃拉（Opatija Riviera），以前欧洲富人的度假胜地。它在战争中已经被人们遗忘，但是它气势宏伟的

19世纪的酒店仍然完好无损。看到这个度假小镇正恢复到一个新的和平旅游时期非常鼓舞人心。我们在第二天黎明前去往的里雅斯特，从那里坐火车到威尼斯。

在和我们的旅行团安全会合后，我们当晚乘火车前往米兰，因为我意识到自己的疲劳程度，有意选择了与在克罗地亚之行中使我们保持镇静的约翰和一位温柔的学生凯伦坐在同一车厢。我需要安静和休息。我总觉得高谈阔论很消耗人的精神，尤其是劳累的时候。而旅行团里恰有一个滔滔不绝的人，所以我打算睡觉。年轻些的女孩在一个车厢，年长的在另一个。我给了一个年轻学生我们在米兰住的小旅馆的名字和地址，告诉她传给年长的一组，因为我们到达后需要三辆出租车把我们送到住处。

火车到达米兰后，突然有五个警察上前阻拦我们。两个意大利女人抱怨地指点着我们团里那些年长的女人。当警察要求看我们的护照时，她们当中的一个人说："不要给他们。"这是个大错误，这只起到了激怒警察的作用。他们对年长的那组女人们说："现在到警察局来。"我担心她们被逮捕了。因为不想进一步激怒警察，我没有质疑他们。事后看来，我本应该陪同年长的一组。但是，我选择了和不熟悉米兰的学生们待在一起。在9点半钟的雨夜，我觉得没有人陪伴她们去宾馆是不负责任的。在警察把年长的一组女人带走后，我才得知，我托付她传递小旅店的名字和地址的那个学生没做我交付的事。因为她试图这样做时，那些年长的学生暗示她们的车厢里有了麻烦，并让她走开，她们不想把她牵涉在内。她们还加了一句说："别告诉达领小姐。"听到这个消息让我非常恼怒。毕竟，我是这个团的领队。旅行中不管发生什么事情，我都要负责。如果我早知道这个问题，以我对意大利语言和文化的了解，我本可能将问题化解。时至今日，我也不知道那个车厢里到底发生了什么。

我相信被警察带走的那些女人被释放后不知要去哪里找我们，所以不情愿地让其他学生坐出租车去了小旅馆，而我自己留在车站，盯着每一个出口寻找我丢失的团员。在有座位的候车区不能观察到每个出口，所以我在站台上站了几乎四个小时。我又累又饿，大约晚上11点，我从远处看到年长的那组人兴高采烈地笑着从一个饭店走出来。我的反应就像和丢失的孩子重聚的父母。父母因孩子的出现而如释重负，而对他们的焦虑却燃烧成了怒火。我从没有那样恼火过。我要求知道警察为什么盘问她们，而她们拒绝告诉我。我就叫那群人里说话的人"闭嘴"。可悲的是，长期的友谊就这样无可挽回地破裂了。

是她们联合起来捉弄我吗？她们在叽叽喳喳地取笑我吗？自我怀疑开始隐隐地咬噬着我。多年来，我曾被人恶搞过，也曾受到过很多人身攻击——这是成为公众人物的一部分，我能接受这些。很多时候，我还很喜欢人们表现自我的方式。20 世纪 60 年代中期，高登·蔡特（Gordon Chater）经常在讽刺节目《迈韦斯·勃拉姆斯通秀》(*The Mavis Bramston Show*) 中搞笑地模仿我。在他的滑稽剧里，他扮演一个没有教养的澳大利亚人，一个带着松松垮垮的帽子，穿着溅满肉饼污渍的汗衫的粗鲁男人，直言不讳地取笑珍·迪领·帕博金斯（Jane Dilly Popkins），即我的化名。我每周三晚上都迫不及待地等着这个节目开始，并会笑得在地板上打滚。当 1993 年狂欢节（Mardi Gras）大游行中的女同性恋拿我取笑时，我也同样大笑不止。她们身披印有"排斥琼·达领－霍特金斯"字样的选美游行绶带，戴着书堆状的帽子，举着在脸上画了胡子的我的头像。然而，她们这次旅行中的行为，使我感觉她们不仅对我不尊重，也漠视其他学生。它就像我童年在沃森溪时人们投来的流言蜚语那样伤人。它触及了我的痛处，揭开了过去的伤疤。尽管我竭力遏制，往事还是像幽灵一样复活并缠绕着我。

回到小旅馆，我听到学生给他们的父母打电话，说五个警察把年长的一组人带走了。第二天上午，学生们草草地徒步参观了米兰。我心不在焉。我已经心如死灰，精神萎靡。这次火车事件唤醒了我对于自己的潜在焦虑。我突然感到没有安全感，衰老而迟钝——我在火车站的事故之后潜入我头脑中的那些消极想法又一次挤了进来。我开始被抑郁所困。我假装自己并不消沉，但是自己越来越深地陷入它的魔爪。

我们乘火车到了巴黎。学生们刚从一次介绍性游览得到一些方位感就自由独自参观了。我拒绝和年长那组中的一个女人同住，选择和另一些学生睡在一起。她们抱怨我打呼噜。我开玩笑说，如果她们对任何人提起我打呼噜的事，年终时我就不给她们发毕业证。我还没有完全失去幽默感，但是我感到头晕目眩。但是，我头脑中有一个威胁的声音开始对我讲话，将我从现实发生的事情中拉走。它吼叫道："你必须受折磨。不然的话，你的孙辈们就会受到伤害。"我仿佛真能听到一个人的声音。"你受的折磨越多，你的家人就越安全。"我不知为什么我会一再听到这个声音对我说这些，但是它驱使我进一步走向反思和自责。我违心地笑得太多了吗？有人意识到我的状况吗？谢天谢地，学生们忙得没有时间注意。当那个黑洞的巨口越张越大时，除了微笑，我别无他法。

我们来到了伦敦。语言不是障碍，文化也很接近，所以学生们可以不用我做陪护，安全地参观各个旅游景区。感谢能有机会在自己的房间里，我埋头不起。我从床上挣扎起来只赴了一次约会——我和前模特多恩·弗雷泽每年一度的午餐长聚。我们在维多利亚车站的格罗夫纳·希斯尔酒店（Grosvenor Thistle Hotel）见面，享受传统的英国美食——烤牛肉和约克郡布丁。我们开怀大笑，多恩没有注意到我有任何异样。我把她送上火车，又回到床上，回到绝境的边缘。行程已近尾声，我也许在团员们面前显得很疲惫，但是我成功地掩盖了我自我毁灭的想法和情绪。当学生们回到悉尼，她们和她们的父母都没有抱怨米兰的警察事件或旅行的其他方面。

学生们回家以后，我返回佛罗伦萨和丽莎住在一起。到达女儿公寓时，我已经身心俱疲，毫无力气。我能做的只是坐在那儿看着丽莎忙碌地照顾娜塔莉亚。自然而然，她所有的关注都投入到她的小女儿身上，所以没有时间注意或理解我无精打采的原因。因为我袖手旁观，不帮她，她感到失望，我们之间的关系也变得紧张起来。孩子们都希望他们的妈妈在他们需要安慰和帮助的时候扮演慈母的角色。在适当的时候，他们愿意我们做朋友。只有明智的母亲才能看出什么时候孩子想让她做朋友或母亲。孩子并不真想面对父母的问题，他们自己的问题已经足够多了。父母能做的最多是帮他们的孩子变得独立；在他们的孩子希望或需要的时候支持他们，然后继续自己的生活。

一件本来无关紧要的小事最终导致我彻底爆发。丽莎给了我一本她建议我阅读的书，然后开始做饭。过了一段时间，我听到她说："妈妈，你为什么还不摆桌子？"这惹火了我。我不记得自己说了什么，但是我变得歇斯底里起来。我感到无法控制自己。

我冲进我的房间，开始用拳头不断地敲打自己的头，丽莎无法让我平静下来。回首往事，我这一行为与 60 年前在春谷时妈妈逃到丛林中用棍子打自己的头惊人地相似。丽莎的话唤起了我阴暗的记忆。我当时正在读一本书，外婆说："你这个懒家伙。你住在我家里，让我照顾你，供你吃，供你穿。把书放下，出去抱些柴来。"外婆要保证我和妈妈永远不会忘记我们欠她和外公的。早年在沃森溪的痛苦记忆像洪水一样席卷了我。在听到丽莎的话之前，我一直将那些不受欢迎的感觉深埋心底。我的出现没有给她帮助反而给她添了麻烦的感觉挖出了它们。在那之前，我本以为过去的毒疖已被割除。发现那个创口并没有完全愈合，令人感到震惊。我已经和丽莎待了两周，本应在第二天离开。现在我一分钟都不想再待下去。丽莎和保罗都无法劝慰我。我把自己的东西打好包，保罗开车送我到一家宾馆，我在那里度过了一个不眠之夜。第二天，我离开了佛罗伦萨，没有向我的女儿解释我的行为，也没有道别。

　　带着一颗伤痛的心，我登上火车，开始了通往未知世界的又一次旅程——这一次是去克罗地亚首都萨格勒布（Zagreb），然后去波黑首都莫施塔尔（Mostar），在那里我将会遇到萨尔。连夜独自旅行感到很紧张，我的祷告得到了回应，我找到一个可以独自使用的卧铺包厢。不过我是那节车厢里唯一的乘客，所以我还感到紧张。我好不容易才睡着。午夜时分，包厢门上的一声巨响惊醒了我，一个男人的声音喊着我听不懂的外语。我听到钥匙开门的声音，然后门在安全链的范围内被撞开。我此时惊恐万分。警察要看我的护照，我从门缝里递了出去。让我感到安慰的是，他们检查后又把它递了回来，关上了门，然后我听到门锁旋转的声音。我浑身颤抖，无法入眠。我在那天清晨抵达萨格勒布，并很欣慰战争没有染指这座城市。我悠闲地逛了几个小时后，见到了萨尔和负责用相机记录我们访问的十字路会工作人员雷顿·乔伊斯（Leighton Joyce）。在萨格勒布逗留一天后，我们坐长途夜车前往莫施塔尔。我掩饰了我正在滑向一个抑郁深渊的感觉。我不知萨尔是否注意到了我的不安——如果她注意到了，她也从没提起。即便她注意到，也很容易把这归因于两夜三天没有睡觉和目睹了太多战争的破坏。不过，她的确注意到我前额上的一大块淤伤。太尴尬了，我没有告诉她那是我自己造成的。

我永远也不会忘记坐车沿山路前往内雷特瓦山谷（Neretva Valley，不久前被称为"死亡之谷"）和莫施塔尔的那段惊心动魄的旅程。在过去 10 年中，这个地区被卷入了暴力：科索沃人、克罗地亚人、塞尔维亚人、波斯尼亚人、阿尔巴尼亚人、马其顿人都以这样或那样的方式陷入了战火。在莫施塔尔，我们见到了两名杰出的志愿者，伊冯和卡尔梅洛·克雷森扎（Ivon and Karmelo Kresonja），他们把我们带到一个被战争破坏的十层公寓街区。轰炸使每一面外墙千疮百孔，窗户都已经没有了，一些曾有家庭生活过的地方被炸开了洞。除了我们将要居住的一个公寓外，其他所有公寓都已经废弃了。一位足球运动员把他拥有的这栋公寓提供给爱加倍基金会（AGAPE），一个在克罗地亚和波斯尼亚提供援助的人道主义机构。在萨尔和戴维前一次访问这座城市之后，十字路会运送了捐献的家具来装备这个公寓，爱加倍已经对它进行了修复。坐在餐桌旁，周围都是来自香港豪华酒店的家具，真有些超现实的感觉。

莫施塔尔的主干道就像一个考古挖掘现场。莫施塔尔的心脏，有四百年之久的宏伟的莫斯塔古桥（Stari Most Bridge）已经被摧毁。对立的种族在各自那方开战，而战争爆发时有些战争的受害者被困在了对方一边。一个妇女回忆道："战争爆发那天我正在马路对面看牙医。道路被封锁了，所以我在四年半中不能回家。当我回到家时，我的房子已经被毁，我找了很久才找到我的家人。"我们的男主人告诉我们："我的奶奶也被困在城的另一边。她再也没有能够回家。六个月以后，她孤独地死去了。我们过了很多年才得知她去世的消息。"一条马路成了生离死别的界限，简直令人难以置信。那条街道本身并不比悉尼的威廉大道宽，中间有一条绿色隔离带。由杰勒德·凯利（Gerard Kelly）和洛厄尔·谢泼德（Lowell Sheppard）编辑出版的《莫施塔尔的奇迹》（*Miracle in Mostar*，Lion，Oxford，1995）引用斯特沃·德雷塔的话说：

> 种族战争在没有一枪一炮之前就爆发了。它是一场通过每天的报纸和电视打响的唇枪舌剑和仇恨之争。仅仅用了几个月的时间，和平共处 40 年的人们就开始

了相互仇恨。他们对大量涌来的谣言毫无防御能力。不信任和仇恨的力量像脱缰的野马一样无法控制。枪炮邪恶，但仇恨更邪恶。

当返回澳大利亚时我已深陷抑郁的绝境，我觉得不值得再活下去。我画地为牢，不让任何人走进来。我对着镜子，看到的是一个越来越像我妈妈的女人。我曾认为自己是一个有新思想的人。而现在，不管我说什么，我觉得都会被认为是错误的和过时的，所以我不再像以往那样表达自己的观点。我可怜的孩子们不了解我的思想状态。我需要从我的孩子那里得到爱的安慰，但是我越是远离他们，就越没有机会从他们那里得到这种爱的讯息。我感觉我只能从我的孙辈那里得到爱，但他们太小，还不理解我是一个多么糟糕的人。与我的孩子们保持距离只能使我更加害怕他们不爱我。这加剧了我的不确定感和不安全感。我觉得他们不够关心我，所以看不穿我沉默背后的原因。

凯瑞尔建议我去求医，因为我的状况很不好。我想她并没有猜出抑郁已经在多大程度上控制了我的生活。有谁猜到呢？其他人也只知道我精疲力竭，情绪低落。我一直对自己说："我太可怕了，我太糟糕了——难怪我的家人恨我。"当这些恶魔般的思想在我头脑中时，它们控制和填满了我的头脑，阻断了我与我的老朋友上帝的交流，我无法再听到他的声音。

我一直相信让别人知道我情绪低落是没有任何益处的。当我不得不在公开场合露面时，我就换上一副笑脸，但它似乎是属于另外一个人的。而我脸上挂着的微笑又是那么熟悉。有多少次我在公开场合都面带这样的微笑——即使在我劳累时，在我的婚姻遇到麻烦时，在与我母亲关系紧张时，或面临工作压力和员工不忠时。

那么，我怎样才能复原呢？我重访过去，回到了沃森溪。我相信我只有重新回到那里才能帮助我自己疗伤。我已经很久没能去溪区了。在我外祖父母和莱斯舅舅去世后，我没有亲戚可走。我又重新认识了我的表兄伯特·斯库斯，他在塔姆沃思城外不远处的库丁加尔创建了一个基督教团体。伯特带我接触了相隔三四代的斯库斯表亲们。

现在，我终于成为了一个庞大家族的一分子。他们用爱和热情接受了我。伯特邀请我在一次礼拜仪式上做演讲嘉宾，在老沃森溪大厅举行，就是我儿时那些舞会的地点。现在那些瓦楞铁都已经生锈了，舞池的地板也翘了起来。

我意识到我之所以很难面对自己的童年是因为我从没直面过去。我总是假装一切正常。我假装我的父亲已死，所以不去想在沃森溪的那些岁月中的不快和孤独。到了生命的这个阶段，我才发现儿时发生的事情几乎能把我摧垮，想到此我感到很震惊。我没想过有这种可能。也许这就是为什么我对学生怀着一种温柔的情感。我童年时受到的恶语中伤和痛苦使我意识到我对学生潜在的多愁善感，这让我想教给她们对自己要有良好的感觉。

偶尔到访商业学院也有助于我的康复。商业学院的年终毕业典礼来去匆匆。学生们令人愉悦，她们的父母多有溢美之词，这些就像另一种"恢复健康"的补药。周围人对我的肯定和赞美像一道光开始出现并引领着我走出我跌入的深渊。我开始看到出路。渐渐地，母亲和外祖父出现在我的梦里，我感觉到了他们，和他们对我的关爱。现在，当魔鬼的声音再对着我低语"你一定要受折磨"时，我逐渐能够不去听它，并将那些想法驱走。

尽管我竭力独自和抑郁作斗争，我还是需要家人的安慰。我的孙辈们拯救了我，他们的贴心和爱的拥抱拯救了我。本那时9岁。他总是和我待在一起。从我在悉尼中央火车站摔断左腿时他就和我在一起。那天，他一整天都陪着我，表示对我很关心。马克的孩子，本和3岁的卡梅伦（Cameron），还有提姆的儿子，7岁的杰克（Jack）和4岁的布罗迪（Brodey），都来看我。他们的亲情和拥抱正是我所需要的。凯瑞尔的儿子克里斯尽管已经17岁，也拥抱了我，并对我说："我爱你，外婆。"听到他们这样说有助于我康复。小孩子的爱是那样甜美。我渴望拥抱我在佛罗伦萨的唯一的外孙女娜塔莉亚和即将出生的外孙里欧。2001年的圣诞节成为了转折点。当丽莎从意大利打电话来时，我在澳大利亚的家人，包括约翰，已经聚在一起吃圣诞午餐。自从我在佛罗伦萨发作之后，我还没有跟丽莎通过话。她在电话上和我的前夫约翰交谈，他感觉出我们有些关系紧张。他恳请我跟她讲话。我迟疑地接过电话，听到电话那头说："我爱你，妈妈。"这些话就像咒语一样驱除了我的绝望。治愈的疗程开始了。似乎我一直在等着她的原谅，这样我才能原谅并重新喜欢自己。丽莎从没对我在佛罗伦萨的行为盘问我。好像什么都没有发生过，这让我难过地想起我母亲和我怎样处理我们情感纠葛的余波。不管怎样，她的话解放了我，使我能够回馈她的爱，并对我其他的孩子说我爱他们，也得到了爱的回应。

我曾经认为，通过给予孩子们优越的生活条件和用我全部的爱抚养他们，我就能够确保得到一生的爱，但是我开始意识到我需要不断为我和孩子们之间的关系而努力。现在，我总是对我的孙辈们和朋友们说我爱他们。从他们那里得到的爱是我最大的快乐。他们的爱是一种赐福，我从不干涉我的孩子教育他们的子女，只会偶尔单独和他们表达我的观点。生命中没有他们将空洞无味。学生们也感觉到我对他们的关心，他们也有所回应。得到学生的爱和尊敬是我一直把学校开下去的最大原因。它从来不是纯粹的生意，而是补给我营养的东西。在我成长的过程中，至少在我的小世界里，人们都不善于表达感情。我的外祖父母似乎是爱我的，但从没告诉过我。我母亲以我为荣，但她也不拥抱我或告诉我她爱我。我很感恩，我学会了无条件地爱我的孩子们。

我的抑郁转变成了一个自我和精神的成长期，所以我对这次经历没有什么遗憾。通过这次经历，我正视了自己婚姻中的问题，以及我与孩子们和母亲的关系。我对自己了解了很多。我一直不敢去爱，害怕会遭到拒绝。像所有人一样，我经历了一些艰难时刻。它们或者会把我们击垮，或者让我们变得更强壮。俗语说："最热的窑能产最好的瓷。"自从能够直面我的过去，我就自信自己再也不会消沉了。至少我现在知道自己已足够坚强，能够一直保持微笑。

二十四　新的开始

　　基于我的个人信仰，我的商业课程旨在改善我认为现如今正在每况愈下的语言、语法、礼貌、礼仪、着装、仪态、态度和行为。今天的人们似乎不太想以最佳面貌示人，更喜欢看起来显得没有刻意打扮。现在的潮流是偏爱低俗的大众口味。人们随便说脏话，衣服要么太紧，要么太松，又是文身，露着松弛的腰部和低胸领口招摇过市。这个世界已经远离了我认为能够让一个人卓尔不群的标准。

　　作为半个多世纪以来澳大利亚礼仪、时尚和品位的权威人士，我感觉自己有权对当今的潮流发表一下自己的观点。广告商为了左右我们的思想而战。人们越来越崇尚名人、暴力、性和毒品。时尚和年轻人追随这些令人质疑的榜样。人们的性思想是一种快餐模式：如果你感到冲动，就会逞一时之快，全然不顾其情感伤害。流行歌曲、杂志、电影、电视节目都告诉人们，如果他们性欲不积极就肯定有什么问题。也许我太老派了，但我认为生活中除了性，还有很多东西。我相信爱情，而不是欲望和一夜情。男人不再尊敬女人也并不奇怪。我不认为女人为了平等需要与男人竞争并削弱他们。我们应该作为人来相互竞争，并彼此尊重和爱戴。

　　如果父母和学校不能以"严厉的爱"进行规范，孩子怎能学会自律呢？你只有告诉他们，孩子才会知道对错。世界越来越像一个丛林，但是动物王国也是有规则的。难怪年轻人会感到困惑。我祈祷这个世界重新获得高尚、自尊、道德和爱，而不是恨。

为儿子和女儿报名参加我的课程的父母们也为当今社会的心态感到忧虑。他们的赞赏和多年来我和他们其中很多人建立的友谊比他们想象得还要重要。在我的商业生涯中，钱从来都不是最重要的因素；能为学生提供高质量的教育和培训是对我更大的奖赏。我宁愿留下身后的好名誉，而不是把钱带入坟墓。

我希望年轻人相信，不管境遇如何，他们都能够成功。人生有百分之十是挫折，百分之九十是学习怎样应对它们。至关重要的是不要气馁，并坚持正确的道路，在人生中有所作为。我发现正路总是万无一失而且最为快捷。歪门邪道会让你偏离正轨，要消耗很多时间精力才能再走上正道——而且有些人再也回不来。

为了帮助年轻人找到他们的道路，我决定将经过 52 年经营的学校进行翻新改良，同时依然保持其价值观和高标准。我将它粉刷成令人惊叹的颜色。商业学校变成了学院。应家长和学生的要求，我保留了造型课。在学生的要求下，校服也依然保留，只是我将其改得更加休闲、时尚。我鼓励更多的年轻男子加入学院。我确保学院生活多姿多彩，这样学生们在星期一早晨醒来会对未来的一周充满热情。我的教育理念是鼓励、激发和以身作则。最近，商业学院的一位男生写道："达领小姐，感谢你所有的支持。你是我的英雄和救星。"这就是我得到的回报。

如今，布里斯班的学校与达领模特管理公司合并，其模特在世界各地工作。我的职业模特课程涵盖所有年龄段，为电视广告、摄影和时装秀培养从孩子到成年男女的学生。个人精修、商业培训、造型化妆艺术和护肤品化妆品鉴课的上课时间在周六、学校假日和晚上。悉尼的重心有所不同。为青年男女开办的商业精修学院独树一帜，其毕业生都将是未来商界呼风唤雨举足轻重的人物。在学校放假期间，琼·达领－霍特金斯教育和培训学校（June Dally-Watkins Education and Training School）增设个人精修、商业成功项目和模特培训课程。

经营生意使我有成就感并充满活力；而生意也欣欣向荣。即便这样，我依然把剩余的所有精力投入到做国际十字路会的巡回大使中。部分原因是教师和员工与我分担了管理生意的任务。考林·冯、克丽·阿洛特（Kerrie Allott）、朱迪·麦克伯尼（Judy

McBurney）、特瑞希·鲍尔斯（Trish Powers）、玛格特·阿米特（Margot Ammitt）、基莉·哈蒂根（Keelie Hartigan）和玛格丽特·威利（Margaret Whealy）已在公司效力多年。

我希望拥有自我。我不想被完全限定于祖母或被赡养的母亲的角色。当我的六个孙子和一个孙女需要我时，我很高兴做他们的祖母、朋友和知己。我很讨厌老年人被当成脑力不济的人对待，好像他们应该被束之高阁。我们是过来人，犯过自己的错误，并从中吸取了经验教训。我的大脑从来没有停止思考；它不断想出我会付诸实施的商业新构想。我用心经营我的事业，因此，这会导致心痛，但是我充满了梦想、热情和乐观精神——这是我母亲赐予我的礼物，而且我拥有儿女们和孙辈们的爱，这些足以让我笑对人生。

❖ 1993 年，访问波斯尼亚和黑塞哥维那的莫施塔尔。枪林弹雨使建筑化为瓦砾，生命惨遭涂炭。

❖ 我的学校开了65年，而我依然25岁。

❖ 与好莱坞影城服装创意总监John Hayles，我亲自推荐给玛丽莲·梦露的服装设计师。他为梦露的电影设计了40多套剧服。当我再去看望他时，订单堆满了他比华利山庄的豪宅。

❖ 2015年11月9日，我以评委的身份亲临第65届世界小姐中国区总决赛彩排现场，为42位佳丽传传授授优雅秘诀。（中新社供图）

❀ 2015 年 9 月 15 日，
与傅莹女士亲切攀谈。

❀ 很多男性成为我的终生挚友。与澳大
利亚著名的电台主持人 Alan Jones（中）及
我的中国合作伙伴张洋睿先生（右一）。

❀ 2013 年，我的合作伙伴正式邀请我进入中国。我爱这个国家。我在前世应该是一名中国人。

❀ 事过境迁，时至今日，我依然充满了梦想、热情和乐观，微笑依然。

后记

自本书首版至今已经过去 8 年。2015 年 2 月 JDW 教育和培训学校举行了 65 周年校庆；商业精修学院举行了 26 年校庆，而我依然 25 岁。让我接着续写这本书并非难事：我很感谢自己拥有过目不忘的记忆力。我一直在思考，这是独自一人长途跋涉前往沃森溪只有一位教师的乡村学校时养成的好习惯。独处总是适合计划、思考和梦想的时间。

我坚信，年龄不是问题，能力才是关键。年龄意味着阅历。我也许是澳大利亚第一个拥有自己企业的女性。然而，我并不认为自己是一个精明的女商人，我主要是一位教师，亲身示范。我热爱我从事的职业，引导和呵护各年龄段的人，尤其是年轻人，鼓励他们做最好的自己。

无论我走到哪里，都会有热情微笑的人们让我驻足："达领小姐，达领小姐，记得我吗？我 50 年前（或 20 年前）上过你的课。"他们都说在学校的时光对他们来说是多么意义重大，而且他们对每件事都记忆犹新。这是我莫大的快乐。它让我欢欣鼓舞。对我来说，这是比金钱更宝贵的奖赏。熟悉自己的业务并对学生有触及内心深处的关切，能让他们倾听和接受，是一种伟大的天赋。有些教师只是站在前面侃侃而谈或用幻灯片演示图片。他们被称为培训师。我相信这个头衔是不对的。马和狗才被培训。我认为人类应该被教育。

21 年前，我意识到需要开办一所商业学院，致力于帮助年轻人找到他们真正的人生方向。我也想把"内外精修"包括在内，所以把它命名为商业精修学院；这在澳大利亚是首创，也许在世界上也是，因为它完全出自我自己的理念。我相信很多人离开他们的学校时还不知道他们真正的和最快乐的人生方向。并且，我感觉他们应该有改变的能力，不会被锁定在一个方向上。我意识到很多年轻的男孩和女孩没有做好上大学的准备，尽管他们的学校和父母坚持如此。很多人因为准备不足而在 3 个月内中途辍学。

我们商业精修学院的学生令人赞叹——我是如此为他们感到骄傲。他们仪表堂堂，充满自信，能说会道，举止大方，热情洋溢。我们提供的为进入商界做准备的教育出类拔萃。我们涵盖了所有专门的行业，而不仅仅是一个领域。经过一年的学习，他们不仅做好进入大学的准备，而且也可以随时接受进入社会的挑战。我们的商业精修学院赢得了很多奖项，其个人精修、商业成功、商业培训、模特课程和少年模特课程仍在开设。

我的布里斯班分校仍然一如既往地充满活力。那里有一个充满爱心的团队，由乔迪·贝奇－麦莲（Jodie Bache-McLean）领导。她管理那里的琼·达领－霍特金斯已有 23 年，她的母亲桑德拉（Sandra）是我们的会计，也一起在那里工作。达领模特经纪公司仍然由托马斯照管，现在有梅丽莎（Mellesa）做助手。瑞秋（Rachel）已经成为母亲，有了可爱的诺亚（Naoh）。戴安娜（Diana）管理着教育和培训学校，她自从 1992 年在悉尼做我的个人助理时就加盟了 JDW。世界名模凯瑟琳·麦妮尔（Catherine McNeil）也是从我们的模特课程毕业，并在布里斯班的达领模特（Dally's Models）起步从业，她出国进行模特表演之前也曾为米兰达·可儿（Miranda Kerr）做代理。

科莱特做了 20 年的布里斯班经理。多年前我们也曾一起在香港开办琼·达领－霍特金斯，她仍然是一位坚定而忠诚的朋友。时间允许时，我会到他们位于巴厘岛沙努尔（Sanur）的好莱坞风格住宅访问亨特一家。他们的女儿帕斯卡莱是我们的公主，现在就读于悉尼大学，攻读硕士学位。他们的儿子尼古拉斯在巴厘岛上学。

　　近年来，我受邀在我最热爱的城市——香港和中国内地演讲。我在中国上海做世界妇女联盟的演讲嘉宾。有太多的人来找到我，邀请我在南非、马来西亚、新加坡、甚至香港重新开办学校，我只是担心如果开设的课程不能深度贯彻我的理念，我宁可不做。但如果我物色到真正理解我平生所教的人，我会很乐于将 JDW 推广到亚洲国家。在翻译这本书的时候，我的中国分校已经在合作伙伴张洋睿先生的不懈努力之下不断壮大，中国对我意义之重大将会超过所有读者的想象。我非常感恩，我已经为我的下一版个人传记找到充分的内容，那就是我接下来在中国发生的所有故事，我所到过的中国地名和学生、朋友的名字我已经记下来一串串，只要想一想这些新内容，我都会很兴奋！

　　旅游仍然是我生活的一部分，我相信——正如那句谚语所说——世界就像一本伟大的书，但那些足不出户的人只能读到一页。近些年，每年我都带领我们的商业精修学院学生到中国香港进行文化之旅，我们还乘坐高速列车去深圳。我们的团队通常会有学生的父母、祖父母和朋友参加，我们总是会一起度过一段美好而难忘的时光。香港是一座迷人的城市，对我们的一些学生来说是一个惊喜。

　　我们也总去访问位于香港的十字路会村（Crossroads Village），那里距离九龙约50分钟车程。我为能做十字路会的巡回大使深感荣幸。十字路会为孤儿、老人、残障者、穷人、难民和灾难受害者提供物品，以及医疗和教育所需。

　　十字路会在 1995 年像滚雪球一样快速建立起来，并继续以始料未及的速度成长。有需要就有给予。自从第一个项目以来，它就像一个从天堂打开的通道，无数的货物像洪水一样涌进他们的仓库，等待向全世界那些有需要的人发放。如果任何一位读到这本书的人愿意到香港十字路会来致力于扶贫济困，他们也同样会感到幸福。

　　创始人马尔科姆、萨利·贝格比，以及他们的儿子 DJ 和乔希（Josh）都是人中翘楚。DJ 现在已经娶了来自悉尼的利兹·沃森（Liz Watson），她是一位出色的女性，他们有一个刚出生的儿子，可爱的卡勒姆（Callum）。十字路会的每个人都像是一个大家庭中的一员。他们给了我极大的快乐。

我永远都会记得 2009 年 10 月 1 日的那个夜晚，马尔、萨尔和我，只有我们三个人，坐在新界附近屯门之上的一座大山顶上，俯视着中国南海，观看庆祝中华人民共和国成立 60 周年的焰火。白天我们一起参观了香港迪士尼乐园。我没想到那会是一次如此激动人心的经历。我很喜爱《狮子王》(*Lion King*) 和《小小世界》(*It's a Small World*)。这是我和贝格比夫妇共度的又一次珍贵时光。

在为这本书做新版补充期间发生了我生命中的最大惊喜之一。作为北新南威尔士格洛斯特风光俱乐部 (View Club Gloucester) 的演讲嘉宾，我获赠了一本关于历史上著名的绿林好汉"霹雳"的书，他曾在新英格兰山脉的这一地区活动。我打开书，映入眼帘的是蒙克顿 (Monckton) 这个名字。它像一枝利箭射在我的心上。那是我父亲的姓氏。我从未想到过我父亲的家族。我肯定有从未相识的祖父母。那位绿林好汉威尔·蒙克顿是一位近亲吗？我开始了查询。

我在协助 G. 詹姆斯·汉密尔顿 (G. James Hamilton) 写作《霹雳：丛林之祸》(*Thunderbolt: Scourge of the Ranges*) 的巴里·辛克莱 (Barry Sinclair) 的帮助下进行深入查询时，他寄给了我这本童书中的几页。在描写年轻的威尔·蒙克顿时，书中说：

> 威廉·蒙克顿和他的母亲及继父住在阿米代尔附近的一个农场上。他没有上学，但干农活很卖力。他的继父是个高大粗糙的男人，对他的妻子和家人非常严苛。当小威廉做事出错时，他的继父就用赶牲口的鞭子狠狠揍他一顿。
>
> 威廉在家里很不开心，经常独自到丛林中长时间行走。一天，他在丛林中看到一个陌生人骑着一匹健壮的黑马，还牵着另一匹。陌生人驻足和他交谈。他举止不俗，看起来像位绅士。
>
> 陌生人把行李从马上拿下来。每样东西都整齐干净。他生起一堆火，烧了一铁罐水沏茶，并坐到一根原木上吃饭。威廉很喜欢这个友善的男人，很快忘记了他令人不悦的家。
>
> 饭后，陌生人站起身来，开始收拾他的东西。"我把这些带到我遇到的下一条

小溪边去清洗。"

"你要去哪？"威廉问道。

"四海为家，"陌生人哀伤地答道。

"你没有家吗？"

"没有。你知道，威廉，我是霹雳！"威廉惊得眼珠几乎夺眶而出。他听过很多关于这位著名的绿林好汉的传说。霹雳咧嘴笑着说："别害怕，孩子，我不会抢劫你。"

威廉开始快速地思索：这是一个逃离继父的机会！

"我可以跟你走吗？求求你了霹雳。"

"如果你想来，你就可以。"这位绿林好汉答道，"但是我过的生活很艰苦，如果我能够从头再来，我会服刑期满，然后过诚实的生活——老天保佑，我会的！"威廉加入了霹雳，在接下来的九个月中，他们在丛林中游荡，在北新南威尔士周边抢劫邮车和车站。

我读到，1868 年 3 月上旬，威廉·蒙克顿，这位 13 岁的死党学徒劫匪开始与他的新师父"霹雳"为伍。

据说，霹雳谈起威尔时曾说："他没有做一个绿林好汉所需要的愤怒。对于像蒙克顿这样更需要生活阅历而非劳苦和服从的勇敢青年，我能给以很好的忠告。"

"我们的所作所为是一种赐福，小蒙克顿。"我会对他说，"上帝说，施比受更为有福。……只有你我这样极少数的人，以极大的虔诚和同情诚实地做这件事。"

我希望探寻更多的家族历史——探寻威廉·蒙克顿是不是我的亲戚。也许我应该参加电视节目《你认为你是谁？》(*Who Do You Think You Are?*) 来了解我的更多身世。

我的生命中有太多的事情在不断发生，自从这本书在 2002 年出版以来，我的孙辈们都长大了。大女儿凯瑞尔的儿子克里斯托弗已经 26 岁，并且在生意上非常成功——这是他的天赋。他说，他不想浪费时间上大学。马克的儿子本正好相反。本 20 岁，在上大学。他非常勤奋好学，在他拿到高中毕业证书（HSC）那年申请了普华永道（Price Waterhouse Coopers）的培训机会，在 1500 名青年申请人当中他成为被选中的 25 人之一。他白天工作，晚上上学。他后来又申请作为一名军官学员加入预备役部队。每年有数千人申请，而只有 60 到 80 人入选，本再次中选。他说身体和头脑测试是他经历过的最难的事情。现在，他将在皇家陆军学院（The Royal Military College）悉尼大学军团（Sydney Univerisity Regiment）学习两年。他的梦想是做一名维和军官。一个胸怀博大的年轻人。本的弟弟卡梅伦 13 岁，是一个突出的学生，令人称奇，数学和宗教都是前十名，而且他能模仿迈克尔·杰克逊（Michael Jackson）的歌舞。

提姆的儿子杰克 17 岁，还在上学，像大多数年轻人一样，不知将来该做什么。他在麦当劳做兼职——很棒！杰克的弟弟布罗迪现在 15 岁，也还不定性。他似乎更偏爱艺术，喜欢弹吉他。他们都在韦帕生活过一年——远在北昆士兰，约克角半岛最北部地区之一，他们的父亲在那里为一个大矿业公司工作——那是一个很好的经历。

此外，还有那些意大利家人。我的小女儿丽莎·克利福德嫁给了保罗·康苏米（Paolo Consumi），他作为一名医生毕业于佛罗伦萨大学，后来决定当牙科医生。丽莎嫁给他违反了她曾对保罗的父亲做出的承诺，即永远再也不见他的儿子。丽莎写了一本关于他们的爱情故事的书，叫作《承诺》（The Promise），它正在被拍成电影。他们有两个孩子。我唯一的外孙女娜塔莉亚·琼现在 11 岁，身材修长苗条，正在长成一位国际化的年轻女性。我这样说，是因为她会讲四种语言：纯正英语，从出生她妈妈就一直对她讲英语；美语，她在佛罗伦萨美国国际学校读书；意大利语，因为她周围的每个人都讲这种语言——她叫我 Nonna；现在她又开始学习法语。

里欧 9 岁，是个真正的意大利人。他讲意大利语和完美的英语。在最近访问澳大利亚时，他开始喜欢模仿澳大利亚口音。他喜欢戴上他的阿库巴帽和三代表亲沃伦·斯库斯（Warrem Skewes）学习抽鞭子。他跟四代表亲山姆·斯库斯（Sam Skewes）学会了澳洲腔："G'day mate, how ya goin?（好呀伙计，你咋样？）"

2009 年 7 月至 8 月意大利学校放暑假期间，我们都去了沃森溪，里欧称那里为

"呼呼"（Whoop Whoop）。在我的斯库斯亲戚的陪伴下，我们爬上了我的外祖父曾经挖锡矿的洞山。他们在我的故园周围漫步，那里曾是我跟随我的外祖父母山姆和萨拉·斯库斯成长的地方；他们也沿着我昔日的足迹踏上那条漫长而孤独的通往只有一位老师的乡村学校的小路，我在那里学会梦想和想象，梦想如果能有办法走出沃森溪我将做什么。

　　这与他们的家以及他们和佛罗伦萨名门望族的子女们一起就读的学校简直是天壤之别。里欧最好的朋友是制鞋名匠萨尔瓦多·菲拉格慕（Salvatore Ferragamo）的孙子，多年前我做模特时他曾在他的第一家佛罗伦萨鞋店里为我做过很多鞋——世界真小啊！奥黛丽·赫本的孙子们也就读于同一所学校。想想在《罗马假日》拍摄最后的日子里与奥黛丽的密切交往也使我感到难以置信，她是我迄今为止最为尊重的朋友和演员，她拥有真正的美，她的美由内而外。奥黛丽接着去拍另一部电影了，而推荐我在影片的杀青晚宴上坐在她的位置上，左右是格里高利·派克和威廉·王尔德。

　　那时，澳大利亚还似乎遥不可及。我在1952年出国旅行时，售卖机票的人用了很长时间和我确认，作为一名女性，真的要独自出国吗？外界的人们还从来没有见过一个澳大利亚人——他们还以为我来自奥地利，并惊讶于澳洲人与他们长相相似，口音却不同——非常不同。

　　2008年到佛罗伦萨访问我的意大利家人是极大的快乐。我爱我的女婿保罗·康苏米的家人。他的母亲婕玛在保罗的父亲乔瓦尼去世后嫁给了她青梅竹马的爱人奥尔多（Aldo）。还有他的姨妈玛利亚，他的表妹克劳迪娅（Claudia），她现在有了一个最可爱的小女儿萨拉（Sara）。尽管我不会讲意大利语，她们也不会讲英语，但我们相处得很好。

　　当联邦快递送来悉尼泛麦克米兰（Pan Macmillan）公司已经答应出版的丽莎的新作《山中之死》（*Death in the Mountains*）时，我很高兴能在她身边。丽莎需要校对所有修改之处，所以她独自前往亚平宁山中的康苏米农庄，那里俯视着佛罗伦萨，在以保罗的家族命名的康苏马城外不远处的一条土路上（需小心不要撞到野猪）。这本书成为一部畅销书，并因描写意大利人而获得 2009 年的维多利亚总理奖（the Premier of Victoria's Award）。

与意大利家人相聚三周后，我想我该继续上路了。从佛罗伦萨去往布拉格似乎是个很好的主意——那是我一直想看的一个城市。有一辆从佛罗伦萨火车站发车的夜间巴士，于是我乘坐了这辆车，并在车上结识了一位新朋友，达格玛·多斯特－诺尔登（Dagmar Dost-Nolden），她去布拉格是为了在布拉格美术馆举办她的个人画展。我们都会永远记得在查尔斯大桥（Charles Bridge）上伴着键盘式手风琴卖艺人的音乐一起翩翩起舞。莱斯和盖伊 [Les and Gaye Webster，我叫她妮吉（Nikki）] 与我相聚了几日，玛丽莲（Marilyn）和巴里（Barry）也来了。有朋友陪伴真好，我们一起去剧院观看《卡门》，去光顾各个饭店，品尝我最喜爱的猪膝（Pigs Knee），啜饮味道奇特的甘布莱纳斯啤酒（Gambrinus Beer）。布拉格很美。因为其杰出的历史建筑，德国人在战争中使它免遭炮火轰炸。这座城市到处飘扬着音乐。

因为去波兰的克拉科夫坐火车只要一天的车程，我决定前往那里，以缅怀我亲爱的老朋友维斯卡和伊格纳斯·李斯特万（Wiska and Ignace Listwan），他们在德国人占领他们的城市前逃出。他们曾深情地谈起那里庞大的集市和美丽的天主教堂。

坐在火车上望着窗外波兰的景色使我心中思绪万千，然而我激动的心情达到高潮还是在第二天我乘巴士去的奥斯维辛－比克瑙（Auschwitz-Birkenau），那个臭名昭著的德国集中营。很多人说他们不想去那里，但是我需要亲眼看一下。我相信每个人都应该去看看，那样他们就会永远感恩他们的和平生活。在去集中营的那个早上，我有幸有一次难得的巧遇。我上车坐下来后，旁边的女士问："你是琼·达领－霍特金斯吗？"真是令人吃惊，在远离澳大利亚的地方还有人认识我！她说："我从布里斯班来。"她还把我介绍给她的丈夫。我们有一天共同的记忆，那是我们永远永远都不会忘记的。人们在那里失去生命，受尽折磨，中毒而死，忍饥挨饿。感谢你们，安娜（Anna）和司各特（Scott）。

剩下的时间我独自一人度过，我沿着街道漫步，在那个著名集市的户外小餐馆里就餐，品尝我非常喜欢的食物格菲尔塔鱼（Gefelta fish），并就着啤酒把它冲下去。

布拉格之行开启了我对手机的体验。这是为什么我现在从来不用手机的一个原因。在佛罗伦萨，我体贴入微的女婿保罗说："琼，你必须得有一部手机，以防你需要联系我们。我们坚持要你使用里欧的。"（他那时才 7 岁）。他们没有跟我介绍里欧执意要使用的手机铃声，那竟是一部恐怖电影里的哨声。于是，我第一天包里装着里欧的手机，乘巴士从我的意大利家人居住的远郊前往佛罗伦萨市中心。我听到车里弥漫着这诡异的音乐，心里想着巴士车里怎么会有这么难听的声音，好久也不知怎么回事。我奇怪"为什么人们都那样看着我？"——一个女孩下车时还对着我吹口哨。当我到了市里的车站，走下巴士时，我想意大利简直是疯了——他们竟然在喇叭里也放同样的恐怖音乐。我走开时才意识到那个声音在跟着我走，最后我恍然大悟，并找到在哪儿把它关掉。它又一次响起时，我接了电话。是丽莎打来的。"妈妈，你怎么不接电话？我担心你走丢了。"他们坚持让我带着里欧的手机去布拉格。到达当晚，我在查尔斯大桥小城区一侧的三只鸵鸟酒店（The Three Ostriches）登记入住，上床前我发现唯一能插手机的插座在洗手盆附近，于是我把手机放在了旁边。第二天早晨我把水盆放满水，手机滑进去被冲走了。Hello Moto 的命运就这样完结了。

另一次经历使我坚信永远绝对不要用手机。事情发生在悉尼达令赫斯特法院（Court House at Darlinghurst），正值宣判谋杀了我们亲密的并深受大家爱戴的朋友卡洛琳·伯恩（Caroline Byrne）的高登·伍德（Gordon Wood）期间。那天早晨离开办公室时我已经很紧张，因为跟踪这个案子已有很多周，已经在证人席上呆过 4 个小时，而我女儿凯瑞尔也是证人之一。我的个人助理朱莉（Julie）坚持说我应该带着我的新手机以备不时之需，其实我从来没有用到过它。我根本不知道它开着机。我在旁听席上坐在卡洛琳的父亲托尼（Tony）和侦探保罗·奎格（Paul Quigg）之间俯视着法庭主区，高登在下面的证人席中，媒体列在左侧，陪审团在右侧，正前方是出庭律师和其他法律界人士。正当法官对高登·伍德宣判时，我的手机开始响起来。我不知如何把它关掉，于是奎格侦探把它从我手中夺过并拆成两半，除了高登，每个人都抬头看着我们。

法官也停止了讲话。奎格侦探看起来像是罪魁祸首。我想每个人都以为手机是他的。法官很厌恶地看了我们一眼，又继续讲下去。

卡洛琳·伯恩在 1991 年从悉尼大学心理学专业毕业后来到我们这里。她由高登·查尔斯模特经纪公司（Gordon Charles model agency）推荐，并很快融入到学校教师的集体中。我的女儿丽莎教她怎样教授模特课程，而且她们成了很亲密的朋友。作为雇主，我对这个充满活力的年轻雇员无比满意。我们关系很好，学生们也非常喜欢她。一份由所有员工完成的个人简介高度赞扬了卡洛琳的优点："有礼、周到、忠诚、守信、随和、积极、圆通、易处、有活力、会表达、知足、活泼、不伤人、心智健全、乐观、平和。"

我最后一次见到卡洛琳时她得了流感，正在喝甘菊茶，但是精神状态很好。在说服时任总经理的凯瑞尔她可以胜任更多的责任后，她已被晋升为全职销售代表和星期六学校的校长。1995 年 6 月 6 日星期二，下午 2 时 20 分，卡洛琳与她的同事们挥手告别，离开了帕克利购物中心（Parklea Shopping Centre），她刚刚在那里代表我的商业精修学院参加了一个招聘会。人们认为她去了她在帕兹角的公寓，她与她的伴侣高登·伍德一起住在那里，卡洛琳死去时他是名噪一时的股票商雷内·里夫金（Rene Rivkin）的个人助理。下午 5 点 30 分，她按约定要出席一次模特拍摄，但是她一直没有到场。这很不像卡洛琳的风格。次日上午，凯瑞尔回放了高登的一段电话留言。他说卡洛琳生病了，不再回来工作。凯瑞尔觉得很奇怪，高登以前从来没给她打过电话。他两天以后在电话中说："啊，如果你相信天地万物，她已经死了。"他对凯瑞尔说她在罗斯湾的一个人行横道上被一辆汽车撞到，而他对我说是在邦迪枢纽（Bondi Junction）。

震惊、悲伤，并疑心这些自相矛盾的说法，我立即坐出租车来到办公室。无法和卡洛琳的家人取得联系，我们打电话给警察，但是他们说他们对我们描述的事故一无所知。我们向我的女儿丽莎求助，后来又得到十频道一位电视记者的帮助。似乎没有任何人清楚一位模特被汽车撞到并死亡的事。后来丽莎与陈尸所取得联系。那里有一具尸体符合对卡洛琳的描述。我们得知，1995 年 6 月 8 日一个非常寒冷的大风的早晨，罗斯湾的警察在沃森溪盖普风景区（The Gap）的悬崖谷底找到了她的尸体。这位美丽的 24 岁女孩的身体被发现在悬崖底部，头朝下卡在岩缝中。她死于多处外伤和内伤，包括头骨碎裂、肋骨断裂和脊椎骨折——所有这些都与高能量冲击一致。两手都有淤青和擦伤，无法判断这些伤是否由于自我防卫导致。我们不能理解一个去健身房锻炼身体的人怎么会跳下悬崖来糟蹋自己的身体。

根据高登·伍德对警察的叙述，他在 1995 年 6 月 7 日下午 1 点回家时卡洛琳在睡觉。他说他又回去工作并在下午 6 点回到家里。卡洛琳不在家，他以为她在她父亲处。他坐下来看电视新闻，并打算在新闻之后给卡洛琳的父亲打电话。他说他在电视前睡着了。在星期四凌晨 12 点 40 分醒来时他开始担心，并声称卡洛琳的灵魂把他召唤到了盖普景区。他在那里看到了她的汽车。他给卡洛琳的父亲托尼和兄弟皮特打了电话，接上他们后三人一起返回盖普景区。从两名渔民那里借来手电筒后，高登觉得他能看到岩石上有一双白鞋，他相信那可能是卡洛琳的。向警局报警后，罗斯湾的警察用他们的高功率手电照明，但是什么都看不见。审讯报告提到："一个昭然若揭的矛盾是他（高登）怎么用一把性能很差的手电筒就能在暗夜中看到盖普崖下的一只鞋。"她跌落的地方荒无人烟，周围灌木丛生，离她停车的地方有很长一段距离。警察营救队的警长告诉死因调查人员，一个打算结束自己生命的人会选择头朝下的俯冲方式非常奇怪，除非他们用很长的助跑冲到崖边，而且要有篱笆阻挡，卡洛琳跳下去才会这样。在盖普自杀的人多数尸体都是在离悬崖三到四米半的地方找到，而不是像卡洛琳那样在九米以外。

据报告说，"但是到目前为止最明显的矛盾之处"是两位目击者的证词。他们认出卡洛琳是在 1995 年 6 月 7 日星期三下午 1 点和 3 点与两个男人一起在罗伯逊公园（Robertson Park）散步的女人。他们指认和卡洛琳一起的两个男人是高登·伍德和她的经纪人亚当·李。他们也作证，在同一天的下午 4 点，他们看到一辆绿色的宾利汽车开过盖普饭店，这辆车与当天伍德开的车相符。调查死因的陪审团得知，目击者本来没想提供这些证据，主要因为在卡洛琳死了几天之后在他们的饭店和我还有另外几个人的谈话，才决定去找警察。死因裁判官感谢了两位证人，并对他们说他们的证据非常有力，一定会被接受的。另有证据表明，那天下午卡洛琳买了汽油、牛奶和弗雷多青蛙巧克力，并且于下午 3 点 50 分在瓦克鲁斯的自动取款机上从她的银行账户中提了50 元钱。

在证人席上，高登否认了他在沃森溪与卡洛琳和亚当·李在一起的说法。他当天不在场的证据是他开车带着他的老板雷内·里夫金和前政客格雷姆·理查森（Graham Rechardson）在城中游览。二人在问讯中都没有被传唤作证。三年半以后，在接受了警察的盘问后，格雷姆·理查森在 2000 年 6 月 10 日《太阳先驱报》（ *Sun Herald* ）的一次高端访谈中说伍德对死因裁判官的陈述是假的。"我没想到要查我的日记；我没有，直到去年警察来问我。我相信我那天是和皮特·莫尔（Peter Moore）共进午餐。"死因调查于 1998 年 2 月 11 日星期三结束。死因裁判官公布了发现结果，并称警察仍在调查这个案件。

1998 年 4 月 30 日星期四，两名本州最强杀人案调查组的谋杀侦探在格勒贝死因裁判法庭（Glebe Coroner's Court）遇到了约翰·阿伯内亚（John Abernathy）。他们告诉这位死因裁判官，卡洛琳的尸体被从盖普崖下的岩石上找到的前一天晚上，有第三位目击者看到在沃森溪有两个男人和一个女人争吵。听到这些以及其他一些新证据之后，死因裁判官约翰·阿伯内亚命令杀人案调查组参与卡洛琳的死因调查。这个调查组的代号是艾恩代尔打击力量（Strike Force Irondale）。因为对她死亡的第一次调查不充分，死因问讯也不彻底。艾恩代尔打击力量由一队非常敬业的谋杀侦探组成，他们不得不从头查起。他们调查了 200 多位证人。这些被命令接受调查的人提供的证据都是不确定的，除非有相应的后果出现，它们才能被采纳。

2005 年，在探员们和卡洛琳的父亲托尼·伯恩的决断下，新南威尔士警局（NSW Police）模拟了卡洛琳死亡的情景以测定她是否被扔下盖普悬崖。每一步过程都显示的确如此。高登·伍德在伦敦被捕并乘飞机被押解回澳大利亚，软禁至 2008 年 8 月。

在审判中坐在证人席上是非常痛苦的经历。在我上证人席之前，我不知道出庭律师的工作就是审问证人并让其在陪审团面前出丑。不过我知道，只要我绝对说真话就会有助于卡洛琳。那是令人煎熬的 4 小时。

高登被判入狱 17 年——要规规矩矩。如果有一个人憎恨监狱生活的话，那肯定是高登。高登是个喜欢享乐的人。做雷内·里夫金的司机和个人助理当然给了他那种机会。卡洛琳死后，他曾在巴哈马群岛、瑞士的阿尔卑斯山和伦敦享受单身生活。花了13 年的时间案件才依法得到裁决，而这要完全归功于保罗·奎格探员、保罗·雅各布检察官（Inspector Paul Jacob）、麦特·莫斯警探（Detective Sergeant Matt Moss）和分析师比安卡·科米纳（Bianca Comina）的全力投入。对于卡洛琳的父亲托尼·伯恩和她的姐妹兄弟，案件终于有了一个交代。关于这个案件出了两本书和一部电视影片。全世界都在关注它。

生活仍在继续，但是我永远不会忘记卡洛琳。我也会永远敬佩托尼·伯恩的全力以赴和坚定信念，这使探员们多年来矢志不移。

我也永远不会忘记那些离我们而去的我的挚友，我衷心希望她们在天堂中享有充满爱和幸福的生活。2010 年 2 月，当贝蒂和林肯·李在他们家为我举办盛大的从商60 周年晚宴时，索尼娅是我的嘉宾之一，在宴会桌上坐在我的右手边，苏西·雷诺夫坐在我的左边。老朋友和商业伙伴和我们齐聚一堂。索尼娅很安静，她不时抓起我的手紧紧捏住，晚宴结束时她用最紧的拥抱与我道别，我没有想到那竟是永别。我觉得她是知道的。仅仅 5 周之后她就去世了。索尼娅·麦克马洪是位优雅的夫人——她仪容端庄地离开了这个世界。朱利安·麦克马洪代表她的妹妹梅琳达和黛比在悉尼的追悼会上写道："你曾经美丽，你依然美丽。妈妈，晚安，好梦，我爱你。"鲍克·乔宾斯神父（Rev. Canon Boak Jobbins）也致辞说："爱是耐心，爱是善良。不是高傲和粗鲁……"那就是索尼娅·麦克马洪夫人。

现在是 2015 年，琼·达领-霍特金斯的女企业家生涯已经开始了 65 年，我意识到我已经活了三生。一个是小女孩琼·斯库斯的，她在无名马棚出生，在外祖父母的养羊场长大，想知道悉尼在哪儿和她怎样才能去那儿，梦想着当一名模特或电影演员，但是又不知哪颗星是好莱坞！然后是第二个，我找到了悉尼，成为澳大利亚最上镜模特和电影明星的朋友。第三是结婚并生了四个孩子，却坚持做我自己并拥有独立事业的权利。我是第一个开办自己企业的澳大利亚女性吗？我是少数几个男性或女性当中在 65 年后还拥有他们的企业，而且还在发展，还在爱它的人之一吗？

我确实为当今一些年轻人，还有一些不太年轻的人，人生态度的日益恶化感到忧虑。我把他们称为"自我"一代——他们似乎只关心自己。他们很少为别人考虑。他们丧失了面对面的交流。他们总在线上——聚友网（Myspace）、脸书（Facebook）、推特（Twitter）。他们的 iPod 和手机永不离耳。他们互发信息而不是交谈。他们看太多的电视。有太多的不良影响助长了粗话、暴力、性和不得体的衣着。人们鼓励年轻人相信这是被同龄人接受的方式。我尽量鼓励学生不要盲目追随。他们应该自己判断正误、好坏、美丑。今天太多以年轻女性为对象的时尚都丑陋不堪。人们认为每样东西都要性感，不只是衣服，连汽车和食物都要如此。性在广告牌、电视和收音机上被广而告之。我坚信应该鼓励年轻人珍爱他们的身体，而不是放浪形骸。我们今天看到的短裙、短裤几乎遮不住臀部。制作短裤是为了在海滩上穿，而不是在城市里和出席社交场合穿。低领裙露出胸部。这些都传达出错误信息。是的，男人们的确会多看你几眼，但不是出于本应该的理由。

我们应该把人们的目光吸引到我们的脸上，那才是我们和其他人类交流的方式——目光接触和微笑。我们的眼睛反映出我们的身份，也是我们心灵的窗口。任何人都可以俗气，只有特别的人才在意他们自己的形象。品味总会战胜时尚并历久不衰——除非你要参加一场化装舞会。

很多人不理解拥有好的行为举止仅仅意味着对他人善良、细心、周到，随时的举止会表达一个人的内心境界，一个人离开场所的状态是这个人更加客观的写照。礼仪意味着知道在各种不同的场合怎样表现自己，包括工作和社交。一个人在餐桌上怎样表现反映了他是优雅还是粗俗。做一个粗俗的人让我们退化到更原始的时代。所有人类都应该希望在每一方面都尽力做到最好。如果我们能以令人满意的方式表现自我，我们就会受到尊敬，生活美满，有一份好工作，结婚生子，并以严厉的无条件的爱抚养他们，这样他们也会继续传承我们的重要价值观念。

当我回首往事，我意识到我和我的母亲就像来到这个新国家——悉尼的移民。我们两手空空地从澳洲的乡村来到这里。我们唯一的优势——而且是个大优势——就是我们讲这种语言——但是以一种奇怪的方式。我母亲坚持要我改掉澳洲腔。她坚持要我讲话正确，语音、语调和语法也要正确，并且注意要有好的举止。这将有助于我在任何地方在任何人中都受到欢迎——并开启成功和幸福的大门。于是，我从那个只有一位教师的乡村小学加入到社会大学中，并且仍在继续学习。

在执教 65 年并教出数以万计的三代学生后，我彻底明白那些无需花费任何东西的品质才是最重要的：高贵、自尊、言谈、好的体态、优良的举止、善良、微笑、目光交流，比最重要更重要的是爱。

以上这些没有一样是金钱可以买到的——全靠你自己获得。

我向你们致以爱意，我爱你，中国！

而且无论我生活中发生什么，我将依然微笑。

感谢

　　半个多世纪以来，我一直有一个心愿——把我的礼仪精修课程带到亚洲。这个心愿，如今得以实现，而且完全超出了我的期望。我要感谢一位名叫张洋睿的绅士，是他带我来到中国。我还要感谢一位名叫尹武进的学者，是他筹划了我于中国首次出版的自传《微笑依然》。同时，我也要一并感谢本书的出版机构——中央编译出版社。

　　现在，澳大利亚不仅是我的家，中国也是我的另一个家，是我魂牵梦绕的地方。这里的人们不但很国际化，而且对我非常关爱，我十分感恩。

　　琼·达领·霍特金斯在中国的教与学呈现一个闭环回路，那就是：付出爱，收获爱！我热爱帮助中国的女性在各方面都成为最好的自己。无论是内在，还是外在，都能绽放自己！

　　我希望人们能从《微笑依然》中得到启发，有所感悟。书中讲述了我的毕生经历和达到成功的心路历程，以及我目前在中国的生活。

　　爱是生命里最美好的礼物，我把我的爱献给大家！

　　谢谢你们！

琼·达领·霍特金斯

2015 年 10 月 10 日

各方推荐

Miss Dally 几十年来风靡时尚界，对时尚美容界的标准作出杰出贡献，为许许多多想要进入模特界或时尚界的青年男女提供了极具价值的专业培训。

——澳大利亚新南威尔士州总督　玛利亚·比莎尔女爵

Miss Dally 是澳大利亚的骄傲，希望中国成为你的第二故乡。

——全国人大常委、外事委员会主任委员　傅莹

一个发自内心自然流露的微笑，胜过千言万语。《微笑依然》告诉我们，微笑的实质就是爱，懂得爱的人，一定不会平庸。

——中国民营企业国际合作发展促进会、中国公共关系协会副会长　张维新

Miss Dally 让我刻骨铭心。除了教授礼仪标准和规范，她强调内心的东西，教人如何处理痛苦和悲伤，懂得用灵魂控制自己而不被外界掌控。

——好莱坞著名影星　维多利亚·肖

成为名模的重要一点，就是仅以一个微笑就能展露出掌控镜头、超凡脱俗的天分。《微笑依然》将带给无数有着无限梦想的少男少女们奋斗的力量。

——中国模特教父、新丝路时尚机构董事长　李小白

一个始终真诚的微笑，承载了国际礼仪与修养的无尚精神。想成为像世界小姐一样美丽而优雅的人，想像 Miss Dally 一样成为微笑一生的女性，那就一定要来读这本《微笑依然》。

——世界小姐中国区组委会秘书长　于子川

Miss Dally 的一言一行都印证了，礼仪不仅仅是程序仪式，更是发自内心的关爱。

一个人的美来自内在，但终会以外在形式被发现。这位充满爱的智者，令所到之处闪烁着真善美的光华。

——星河湾集团副董事长、执行总裁　吴惠珍

Miss Dally 是一个值得让你深爱的朋友，见到她，就特别快乐。一个微笑、一个手吻，都闪耀着灿烂夺目的光芒。她那最温柔、最亲切、最有韧性的美丽，是这个世界上，最强大、最持久、最直指内心的力量！

——万色城执行董事、CEO　才华煜

Miss Dally 散发出的那种由内而外的自信与优雅，豁达而坚强。

我会以她为榜样，做好自己，爱护环境，影响和造福于行业和社会。

——诺亚财富创始人、董事局主席兼首席执行官　汪静波

真正的美丽不会随岁月而流逝，充满探索未知的激情，保持温柔美好的内心，享受工作的乐趣，感恩家庭的温暖。遇见最好的生活，成为最好的自己！

——中国银行江苏分行财富管理与私人银行部副总经理　张怡

每一个走近她的人，才会真正明白什么是优雅，什么是魅力，什么是坚持，什么是心底里流淌出的爱！那是岁月无法磨去的痕迹，那是从人性里绽放出来的光彩！

——沪江首席教育官　吴虹

微笑是一种力量，礼仪是一种生活态度和修养。有了自信的微笑和优雅的礼仪，你的美丽从此就会插上翅膀。

——新丝路娱乐机构总裁　宁佐勤

Miss Dally 用自己传奇的一生，带给中国女性的不仅是外表、举止的优雅，更多是爱和感恩，勇敢和自信，这是我们在中国共同的梦想。

——国际知名设计师、法国 Cherry Chau 创始人　Cherry 女士

她的优雅来自内心深处，闪着慈祥的人性光辉，这是每个接近 Miss Dally 的人的感受。温暖、欢乐、带着传奇色彩充满活力，像永远的春天，带来美好和希望！

——职业艺术家　周颖超

一个成功的女商人并不需要成为女强人，需要和他人平等的灵魂，彼此尊重，还有商业技巧。"在生意场上你和男性唯一的不同是身为女性，完全有权利端庄、优雅、仪态万方。"

——《南方人物周刊》（2014 年 5 月 24 日）

一位跨越两个世纪的传奇女性，缔造了一个现实版的灰姑娘传奇。

——《南方周末·名牌杂志》（2014 年 6 月 17 日）

"女士们对自己的生命有着全部的权利"，她对自己的生命完全做主，总在梦想下一段奇遇。"将手努力伸向月亮，即便不能摸到月亮，也可以摸到很多星星。如果女性决定要有自己的事业，just go on！"

——《羊城晚报》（2014 年 11 月 20 日）

Miss Dally 的演讲震人心魄，西方人尊称她为"灵魂重塑大师"。在长达近 70 年的公众演讲历程中，Miss Dally 不借助任何辅助工具，只要有合适的语言翻译，就能把爱带给听众，鼓励女人们做最好的自己。

——《中国妇女报》（2015 年 7 月 29 日）